새로운

교육행정 및 교육경영

최미리 · 강봉규

Educational Administration

태영출판사

머리말

국가의 교육규모가 방대해지고 국민교육제도의 운영내용이 복잡해지며, 교육운영의 내적 효율성과 외적 생산성을 높이기 위한 노력이 꾸준히 추구되는 과정에서, 그와 병행하고 그것을 뒷받침하는 교육활동의 특수 분야로서 분화 · 발전한 것이 곧 교육행정이었다. 또 이에 종사하는 교육행정요원들 역시 점차 교육활동 자체에서나 다른 부분의 행정활동으로부터 분화와 전문화의 길을 밟아왔다.

요컨대 교육규모의 확대와 교육활동의 복잡화, 교육의 공공성 강화와 국가의 역할증대, 교육의 전문화 촉진 등으로 교육행정 활동이 교육활동 자체에서부터는 물론 일반행정 활동에서부터도 분화 · 독립되고 교육행정요원의 전문화가 촉진되었다고 볼 수 있다.

이와 같이 교육행정 활동의 분화와 교육행정직의 전문화가 촉진되는 과정에서 그것과 평행되는 노력이 곧 교육행정 현상에 대한 학문적 연구이며, 그 소산이 바로 교육행정학의 발달이라고 하겠다.

그러나 교직과목의 하나인 '교육행정 및 교육경영' 관련 교재들이 그 동안 많이 출간되었으나 주로 행정이론 소개중심으로 접근했기 때문에 교육행정이론과 교육실제간의 괴리가 없지 않았다. 심지어 강의시간에 일부학생들에 한한 반응이지만 행정이론이 너무 방대하고 많은 이론들이 교육학이나 교육현장과의 관련성이 크지 않다고 생각하는 학생들이 없지 않았다.

그래서 본서는 교육행정학에서 꼭 다루고 넘어가야 할 기본적인 개념, 이론, 원리, 접근법 등을 폭넓게 다루려고 노력함은 물론 이와 아울러 교육행정 및 교육경영의 실제 영역인 학교경영론, 학교경영 평가론, 학교경영기법, 장학론, 학급경영론, 교육법규론, 교육제도 등을 소개하고 그 응용 사례를 다루는데 큰 비중을 두었다.

본서는 교육행정학도들은 물론 교육행정의 과학화에 관심을 가지고 있는 일선 교사들에게도 최신 정보를 제공하고, 학교경영기법을 익히는데 도움이 되리라고 본다.

그리고 본서는 교육행정학에 관한 개론서이기 때문에 한 학기용의 강의 교재로 강의 분량을 적절하게 조절하여 집필되었다. 특히 독자들의 내용파악의 효율성을 높이기 위해 긴 문장으로 서술하기보다는 내용단위를 분절하여 핵심적인 내용으로 요약 · 집약화하는 서술방식을 택하였다.

집필과정에서 미쳐 착안하지 못한 미흡한 점은 독자 여러분들의 지적과 편달을 통하여 계속 수정 · 보완할 것입니다. 끝으로 본서의 출판에 대한 김현태 사장님의 성원과 편집과 교정일을 맡아 주신 오세복 선생님에게 깊이 감사를 드리는 바이다.

2013. 1.

저자 씀

차 례

제1장
교육행정의 개념과 원리

1. 교육행정의 개념
2. 교육행정의 영역
3. 교육행정의 원리
4. 교육행정의 성격

1. 교육행정의 개념

1) 개념 규정의 관점

(1) 봉사활동

교육행정을 교육의 핵심기능인 교수-학습의 효율화를 위해 필요한 인적 · 물적 제반 조건을 정비 · 확립하는 봉사적 활동으로 보는 관점이 있다.

이는 라틴어 'administrare'라는 동사는 돕는다, 보조하다, 봉사하다라는 어원에 초점을 맞춘 것으로 교육행정을 교육목적을 달성하기 위한 수단적 봉사활동으로 정의한 것이다.

(2) 교육에 관한 행정

교육행정을 일반행정의 일부로 파악하여 '교육에 관한 행정'이라고 정의하려는 가장 전통적인 관점이다. 이는 국가의 권력 작용이 입법과 사법 그리고 행정으로 삼권분리되어 있으며, 행정작용은 내무, 외무, 군무, 법무, 재무의 영역으로 구분하여 이루어지는데, 이 중 교육행정을 내무행정에 포함된 일반행정의 일부로 파악한다는 견해이다. 즉 교육행정을 입법부에서 만든 교육에 관한 법을 집행하고, 교육관계 법규와 정책의 테두리 안에서 교육제도와 시설을 유지하고 관리하는 작용이라고 정의한다.

(3) 협동적 행동

교육행정이란 고도의 합리성을 가진 집단적인 협동행동이라고 규정하고 협동행동이란 혼자서는 움직일 수 없는 돌을 두 사람이 굴리는 행동을 말하며, 합리성이란 최소한도의 비용으로 최대한도의 목적을 잘 성취하는 것을 의미한다는 것이다. 그래서 교육행정이란 "계획된 절차에 따른 인간행동의 신장을 최대한 합리적으로 성취하려는 목적을 달성시키기 위하여 교육활동과 관련된 모든 조직의 상호관계가 교육장면의 제 조건을 정비하는 합리적 활동의 방향으로 의도적 기능을 발휘하는 협동적 행동"이라고 정의하고 있다.

(4) 교육을 위한 행정

교육에 관한 행정이라는 개념에서는 근본적으로 교육을 일반행정의 일부분으로 보는 개념이다. 이러한 개념이 강했던 것은 소위 일제시대, 즉 2차 대전 이전에는 이런 개념이 상당히 지배적이었다. 교육행정을 일반행정의 일부로 간주할 때는 자연히 교육행정에서도 일반행정에서처럼 관료제도의 관료적 특성을 강조하게 되고 실제로 관료성이 강하게 작용하게 된다.

그러므로 '교육에 관한 행정'에서는, 권한이나, 권력과 같은 관계가 상당히 강조될 뿐만 아니라 법규 해석이 중요시되는 것을 볼 수 있다. 또 문서를 중요하게 여기고, 관료들은 법규해석 전문가들이 된다.

이에 비해 '교육을 위한 행정'이라는 개념은 교육이 내무행정의 대상이 아니라 내무행정으로부터 분리 · 독립된 교육행정의 대상이라고 보는 것이다. 교육자치제는 바로 교육을 위한 행정의 한 모습이다. '교육에 관한 행정'이 일제시대에 통용된 개념이라고 하면, '교육을 위한 행정'이라는 개념은 세계 제2차 대전 이후 미군정시대 이후부터 통용된 개념이라고 할 수 있다.

일반행정으로부터 분리 독립된 교육에서는 관료성보다 전문성을 더 강조한다. 전문성의 개념은 '교직은 전문직이다'라는 말에서 설명될 수 있다.

2) 교육행정의 개념

이상의 관점을 종합하여 교육행정의 개념을 정의하면 다음과 같다.

'교육행정이란 사회적 · 공공적 · 조직적 활동으로서의 교육에 관하여 공동목표를 설정하고 목적달성을 위한 인적 · 물적 조건을 정비 확립하고 목표달성의 과정에 있어 지도 · 감독하는 일련의 봉사활동이다.'

이 정의에서 봉사활동이란 중핵이 되는 교수-학습활동과 학생지도활동을 위하여 지원하고 조성하는 것이며 교수활동을 효율화하기 위하여 봉사하는 것임을 특별히 강조하고 있다.

3) 교육행정과 유사개념

(1) 학교행정과 교육행정

학교행정(school administration)은 단위 학교교육을 위한 행정이라고 할 수 있고 또 고등교육기관을 제외한 중등 이하의 공식적 교육기관의 교육을 위한 행정이라고 생각할 수도 있다. 이처럼 학교행정을 초 · 중 · 고등학교를 중심으로 하는 단위학교의 행정으로 본다면 이는 사회 전체의 교육을 위한 '교육행정'의 한 부분이 된다.

따라서 교육행정은 포괄적으로 학교교육은 물론 학교 외 교육까지도 포함한 일체의 교육을 위한 행정이라고 하겠다. 그러나 학교행정의 모든 교육적 조직과 관계되는 법규, 재정, 제도, 환경, 행정조직, 정책 등에서 확대하여 다루게 될 때는 교육행정의 개념과 엄격하게 차이를 찾기가 어려워진다.

(2) 교육경영과 교육행정

교육행정은 고도의 확실성과 구성화되고 기획화된 결정을 달성하기 위한 하나의 경영관리의 과정이며, 교육경영(educational management)은 이와는 달리 고도로 불확실하며, 구성화되어 있지 않으며 기획도 되어 있지 않은 하나의 결론을 매듭지어 나가는 경영관리과정이라고 할 수 있다. 전자는 비교적 객관적 강제성을 띠고 있는 반면에 후자는 비교적 주관적 융통성을 내포하고 있다고 하겠다. 그러나 실제에 있어서는 교육행정이나 학교행정에서도 사회와의 관련성을 동태적으로 파악하여 학교의 목표를 설정하고 사회의 필요를 충족시키는 데 역점을 두고 있다는 점에서 교육경영 내지는 학교경영과 동일한 개념으로 사용하는 경향이 있다.

위에서 설명한 교육행정의 유사용어인 교육행정, 교육경영들은 서로 비슷한 개념을 내포하고 있으면서도 강조점을 달리하고 있기 때문에 경우에 따라서는 개념의 혼란을 피하기 위하여 유의해서 용어를 사용해야 할 것이다.

2. 교육행정의 영역

이론영역면, 행정기능면, 교육대상면으로 나누어 생각할 수가 있겠다. 이들은 더 구체적으로 설명하면 다음과 같은 내용들이 교육행정의 영역에 속한다고 하겠다.

1) 행정기능 영역

행정기능 면에서는 교육행정 실무와 관련되는 교육기획행정, 교육내용행정, 장학행정, 학생행정, 교육인사행정, 교육재무행정, 교육시설행정, 교육사무관리행정, 특수업무행정, 연구 및 평가행정, 그리고 홍보행정 등을 연구대상 영역으로 한다.

① 교육기획행정에서는 교육기획 일반을 대상으로 한다.

② 교육내용행정은 교육목표, 교육과정, 교과서 등을

③ 장학행정은 직접적으로 교사에 대한 지도, 조언, 감독에 관한 것을 대상으로 한다.

④ 학생행정은 학생의 신분, 편제, 지도 등을

⑤ 교육인사행정이란 교직원의 수급, 자격, 임용, 승진, 보수, 신분, 복무, 연수, 징계 등과 관련되는 내용을 대상으로 한다.

⑥ 교육재무행정은 교육경비, 예산 및 결산, 집행 및 감사 등과 관련된 내용을,

⑦ 교육시설행정은 설치기준과 영선관리와 관련된 내용을 대상으로 한다.

⑧ 교육사무관리행정은 사무실관리와 문서관리에,

⑨ 특수업무행정은 통학, 안전, 영양 등에 관한 업무를 내용으로 한다.

⑩ 연구 및 평가행정은 정책연구 및 시행된 정책의 평가를 내용으로 하고,

⑪ 홍보행정은 관계기관과의 관계 및 대민관계를 내용으로 한다.

2) 행정대상 영역

행정대상면에서는 초등교육행정, 중등교육행정, 고등교육행정, 사회교육

행정, 특수교육행정, 해외교육행정 영역으로 한다.

① 초등교육행정은 초등학교 아동을 위한 행정을 말한다.

② 중등교육행정은 정규 및 비정규의 중등교육과정을 대상으로 하는 행정을,

③ 고등교육행정은 초급대학, 전문대학, 4년제 대학, 대학원, 사범계 대학을 모두 포함하는 행정을 내용으로 한다.

④ 사회교육행정은 학교 외 교육에 관한 행정을,

⑤ 특수교육행정은 특수아를 대상으로 하는 교육행정을,

⑥ 해외교육행정은 재외국민교육 및 유학생교육에 관한 행정을 내용으로 하게 된다.

3. 교육행정의 원리

1) 법규적 측면의 기본원리

(1) 지방자치의 원리

「교육기본법」 제5조에는 국가와 지방자치단체는 교육의 자주성 및 전문성을 보장하여야 하며 지역의 실정에 맞는 교육시책을 수립 · 실시하여야 한다고 규정하고, 그 구체적 방책으로 「지방교육자치에 관한 법률」에 의해 교육의 지방자치제도를 채택하여 실시하고 있다. 교육에 대한 책임이 교육학자나 정부의 관리에게 있는 것이 아니라 주민에게 있고, 지역사회와 주민의 민의에 의해 교육을 운영해야 함을 나타내는 것이다.

(2) 기회균등의 원리

「헌법」 제31조 제1항은 '모든 국민은 능력에 따라 교육받을 권리를 가진다.'를 명시하여 교육권을 기본권의 하나로 규정한다. 「교육기본법」 제3조 '모든 국민은 평생에 걸쳐 학습하고, 능력과 적성에 따라 교육받을 권리를 가진다.' 제4조 '모든 국민은 성별, 종교, 신념, 사회적 신분, 경제적 지위 또는 신체적 조건 등을 이유로 교육에 있어서 차별받지 아니한다.'를 규정하고 있다. 이러한 기회균등의 원리는 모든 국민에게 균등한 기회를 보장하는 의무교육을 실시하고, 능력주의에 입각하여 학업을 계속할 능력이 있는 자에게 능력을 발휘할 수 있는 기회를 부여한다는 의미를 지닌다.

(3) 자주성 존중의 원리

「헌법」 제31조 4항은 교육의 자주성, 전문성 및 정치적 중립성은 법률이 정하는 바에 의하여 보장됨을 규정하고, 「교육기본법」 제5조는 국가 및 지방자치단체는 교육의 자주성 및 전문성을 보장하여야 한다고 규정한다. 이는 교육이 그 본질을 추구하기 위하여 일반행정에서 분리 · 독립되고 정치와 종교로부터 중립성을 유지해야 한다는 것이다.

(4) 공공성의 원리

공공성이라 함은 교육에 대한 국가와 지방 공동단체의 관여와 개입을 의미한다. 오늘날 교육사업의 공익성이 강조되어 국가와 지방자치단체가 교육기관을 직접 경영하고 지원할 뿐 아니라 지도 · 감독과 지원을 하고 있다. 「교육기본법」 제9조에는 학교는 공공성을 가지며, 학생의 교육 외에 학술과 문화 전통을 유지 · 발전시키고 주민의 평생교육을 위해 노력해야 한다고 규정하고 있다. 또한 무상의무교육제도는 공공성의 원칙을 강조한 가장 보편적인 사례이다.

(5) 법치행정의 원리

「헌법」 제31조 제6항은 학교교육 및 평생교육을 포함한 교육제도와 그 운영, 교육재정 및 교원의 지위에 관한 기본적인 사항은 법률로 정한다고 규정하고 있다. 이는 행정부의 독단적인 권력 행사를 막으려는 입법과 행정의 분리, 행정의 자유재량권을 제한하기 위해 행정은 법이 정하는 범위 내에서 행하여져야 한다는 법치주의 원칙을 교육행정에 적용한 것이다. 이에 따라 「교육기본법」을 비롯하여 「초·중등교육법」, 「고등교육법」, 「지방교육자치에 관한 법률」, 「교육공무원법」, 「지방교육재정교부금법」, 「교원지위향상을 위한 특별법」 등의 제 법률과 명령, 훈령, 규칙 및 조례 등이 제정되고 이에 의해 집행되고 있다.

2) 운영적 측면의 기본원리

(1) 타당성의 원리

교육행정은 그 목표달성을 위한 타당한 활동이어야 한다. 즉, 교육행정은 그 자체의 목적을 가지고 있다기보다는 교육활동을 위하여 봉사하는 수단적 활동이며 바람직한 학습을 이루게 하고 학습지도의 성과를 얻게 하는데 그 목적이 있다. 이를 합목적성의 원리라고도 한다.

(2) 민주성의 원리

교육행정의 운영은 독단과 전횡을 배제하고, 조직체의 성원들로 하여금 교육정책의 수립에 참여하게 하여 공정한 민의를 반영케 하며, 권한의 위양을 통한 광범한 협조와 이해, 그리고 지지를 바탕으로 이루어져야 한다. 의사결정의 과정에서 각종 위원회나 심의회 등을 두어 활용하는 것은 바로 민주성의 원리에 의거하는 것이다. 그런데 권위주의 문화에서 형성된 참여를 기피하는 풍토, 과정보다는 결과를 중시하는 풍토, 또한 다양성을 용납하는데 인색한 우리의 상황은 민주적인 교육행정을 어렵게 하고 있다.

(3) 효율성의 원리

모든 자원과 시간을 선용함으로써 경제성과 만족도를 높이려는 것이며, 최소한의 경비(투입)로써 최대한의 효과(산출)를 얻고자 하는 것이다. 이것은 곧 합리성의 원리로 목표달성과 구성원의 욕구 충족을 극대화하는 원리다. 가장 빠르게, 값싸게, 정확하게 목표를 달성하면서도 구성원의 욕구충족을 통해 만족도를 높이자는 것이다. 특히 교육행정에서의 효율은 단기적 평가보다 장기적 평가에 의한 것이 강조되어야 한다.

(4) 안정성의 원리

이는 교육활동에 있어서 지속성과 일관성을 강조하려는 것이다. 모든 조직체는 그 자체의 존속을 위하여 전통을 계승하고 좋은 것을 보존하려는 보수주의도 필요로 한다. 이것은 조령모개로 무질서와 혼란을 초래하면 조직 자체의 존립을 위태롭게 할 수도 있기 때문이다. 제도의 안정, 정책의 일관성, 인사 · 재정 등 운영에 있어서의 시행착오나 급격한 변혁을 경계하려는 것이다.

(5) 적응성의 원리

안정성의 원리에 대응하는 원리로, 시간적 차원에서는 변화에 신축성 있게 대응하고, 공간적 차원에서는 환경에 다양하게 적응해 나가는 것을 말한다. 이것은 교육행정에 있어서 정태성이나 획일성을 탈피하고 신축성과 다양성을 강조하려는 것이다.

(6) 균형성의 원리

이것은 균형적 판단의 원리로, 모든 교육행정에서는 양극화를 배제하고 극단주의보다는 중용과 조화, 균형과 평형을 이루어야 한다. 즉, 민주성과 능률성, 안정성과 적응성의 원리 사이에 적정한 조화가 실현되어야 한다. 교육행정이 고도의 지성과 숙련된 경험을 요하는 하나의 기술임은 균형을 얻는데 일정한 공식이 없다는 사실에서 기인되는 것이다.

4. 교육행정의 성격

1) 일반적 성격

교육행정의 성격은 교육행정을 어떻게 정의하고 그 기능을 어느 관점에서 보느냐에 따라서 달라질 수 있다.

(1) 봉사적, 조장적 성격

교육행정이 교육목적을 달성하기 위하여 필요한 인적 · 물적 제 조건을 정비 · 확립하는 봉사활동이라는 조건정비론적 입장에서 보면 교육행정을 목적 달상을 위한 하나의 수단으로서 조장적 · 봉사적 성격을 지니고 있다.

(2) 정치적 성격

교육행정이 봉사적, 조장적 성격을 지녔다는 것은 교육행정의 내용이 고정된 것이 아니라 동적인 성격을 지녔다는 것인데, 이러한 동적 성격은 교육행정의 정치성을 의미한다.

(3) 민주적 성격

경영설(협동행위설)에서는 교육행정이 교육목표 달성을 위한 협동적 행위이므로 교육활동이 지향하는 이념이 우선시된다. 우리나라의 기본이념은 자유민주주의이므로 교육행정에서 필연적으로 요구되는 것이 민주적 성격이다.

(4) 감독적 성격

공권설적 입장에서 보면 교육행정에서는 국가가 권력작용을 통하여 교육정책을 실현하려고 하는 것이기 때문에 감독적 성격이 강하게 나타나게 된다.

2) 독자적 성격

교육행정이 타 분야의 행정과 구분되는 독자적인 성격은 다음과 같다.

(1) 교육의 효과 극대화

교육조직이 달성하려는 공동목표는 교육이므로, 교육행정은 교육의 효과와 능률을 극대화하려는 데 이바지함을 특색으로 한다.

(2) 타 분야 및 지역사회와의 고도의 협력성

교육의 목적은 학교 뿐만이 아니라 정치, 경제, 사회, 문화의 모든 영역에서 중요시된다. 사회 전반과 관련된 교육목적을 달성하기 위해서는 교육행정은 타 분야 뿐 아니라 지역사회와의 협력을 기반으로 해야 한다.

(3) 목표의 장기성 및 비긴급성

교육의 목적과 성과는 단시일 내에 이루어질 수 있는 것이 아니므로, 다른 행정의 활동과는 달리 즉시적인 대책을 요구하는 긴급한 사안으로 여겨지지 않는다.

(4) 전체 국민을 대상

현재와 같은 평생교육체제에서는 교육이 일부 국민이 아니 전체 국민을 대상으로 하는 활동이 전개되고 있다.

(5) 고도의 공개성

교육기관이 사회의 공적인 과업인 교육을 효과적으로 수행할 수 있도록 지원하는 기능을 수행하는 교육행정은 항상 국민의 여론에 민감하게 대처하면서 공개적, 개방적으로 기능하여야 한다.

(6) 전문성

교육이 고도의 복잡성과 특수성을 지니고 있으므로 이를 지원하는 교육행정은 고도의 전문성을 지녀야 한다.

(7) 평가의 곤란성

교육행정이 대상으로 하고 있는 교육활동은 그 성과가 장기간에 걸쳐 나타나므로 투입에 대한 산출의 분석, 즉 평가가 어렵다.

제2장 교육조직론

1. 조직의 개념과 원리
2. 조직의 유형
3. 학교조직풍토
4. 학교조직의 특성
5. 이상적인 학교조직론
6. 교육행정조직
7. 학교운영위원회

1. 조직의 개념과 원리

1) 조직의 개념

조직이란 특정한 목표를 달성하기 위한 2인 이상의 협동체로서 사회적 단위를 이루는 것을 말한다.

앞에서 말한 조직의 정의는 조직이 다음 두 가지의 특성을 지니고 있음을 말해 준다.

첫째, 조직은 목표를 달성하기 위해 만들어진 것이다. 조직은 조직구성원 다수·공동의 목표를 성취하기 위한 수단으로서 인위적으로 만들어낸 것이다. 또한 '목표'는 조직이 그 존재의 의의를 실현하기 위한 기본 요소이다.

둘째, 조직은 2인 이상의 협동체이다. 조직은 한 사람이 아닌 여러 사람으로 만들어진 체계로서 그 목적을 달성하고 기능을 수행하기 위해서 상호 협동한다. 따라서 조직은 일종의 사회체계이며 상호적인 이해관계를 기초로 형성되어 있다고 말할 수 있다. 한편 조직은 2인 이상으로 만들어지는 집합체이지만 구성원 개개의 단순합계가 아닌 사회적 단위로서 기능한다.

2) 조직의 원리

조직의 원리란 조직의 업무를 효과적으로 수행하기 위한 조직 활동의 기본 지침이다. 원활하고 효과적인 행정을 위해 행정가는 조직의 원리를 파악하고 조직의 특성에 적합한 원리를 적용할 수 있는 능력이 필요하다.

(1) 계층의 원리

계층의 원리는 조직구조의 상하관계와 형태를 조직하는데 요구되는 원리다. 계층은 조직의 목표를 달성하기 위한 업무를 수행함에 있어 권한과 책임의 정도에 따라 직위가 수직적으로 서열화 · 등급화되어 있는 것을 의미한다.

(2) 분업의 원리

분업의 원리는 조직의 업무를 직능 또는 특성별로 구분하여 한 사람에게 동일한 업무를 분담시키는 것이다. 분업의 목적은 행정조직이 추구해야 할 공동과업을 수행함에 있어서 표준화, 단순화, 전문화를 촉진하는 데 있고, 유사한 업무나 기능을 표준화하여 전문적 지식 · 기능을 가진 이가 그것을 담당하게 함으로써 업무수행의 효율성을 높이려고 하는 것이다.

(3) 조정의 원리

조정의 원리는 조직의 목표 달성을 위해서 구성원의 노력을 집결시키고 업무를 조정하는 것을 말한다. 업무 간 · 집단 간의 상호관계를 조화 있게 유도하는 것은 조직의 공동목표 달성에 필수불가결하다.

(4) 통솔 한계의 원리

통솔 한계의 원리는 한 지도자가 직접 통솔할 수 있는 부하직원의 수에는 한계가 있다는 것이다. 이는 인간의 능력에는 한계가 있기 때문에 과업의 성격이나 통솔자의 능력에 따라 적절하게 유지되어야 할 것이다.

(5) 지휘 통일의 원리

지휘 통일의 원리는 부하는 한 지도자에게 명령과 지시를 받고 그에게만 보고해야 한다는 원리로 조직 운영의 최종 권한은 이 한 사람의 상관에게 있어야 한다는 것이다.

(6) 적도집권의 원리

적도집권의 원리란 중앙집권과 지방 분권 사이에 적정한 균형을 도모하는 것을 말한다. 중앙부서에 권한을 집중시킴으로써 능률을 가져오는 중앙집권과 지방부서나 하부기관에 권한을 위임 · 분산하는 분권 사이에서 적정한 균형을 도모하는 것을 적도집권 혹은 적도분권이라 한다.

2. 조직의 유형

1) 공식조직

공식조직(formal organization)은 교장, 교감, 부장교사 등과 같이 조직의 기구표상에 나타난 명문화된 조직으로서 인위적 조직이다. 비공식조직(informal organization)은 학교조직 내의 동호인 모임이나 친목모임 등과 같이 조직의 기구표상에 나타나 있지는 않지만 필요에 의해 자연발생적으로 구성된 조직을 말하는데 자생조직이라고도 한다. 공식조직은 능률의 논리에 의거하여 전체적인 질서를 추구하고 있는데 반하여 비공식조직은 감정의 논리에 의거하여 부분적인 질서를 추구하고 있는 것이 일반적이다.

(1) 기능별 분류

1 계선조직

계선조직(line organization)은 지휘, 명령, 결재권이 있는 조직으로서 교육부의 장관-차관-국장-과장이나, 학교장-교감-부장 등이 이에 속한다고 볼 수 있다.

2 막료조직

막료조직(staff organization)은 계선조직에 대해 전문적인 기획, 조언, 자문, 자료의 제시 등을 해 주는 것을 주 임무로 하고 있는데, 교육부의 기획관리실, 초 · 중등학교의 교무부장, 연구부장을 비롯해 기획위원회, 인사위원회와 같은 각종 위원회 등이 이에 속한다고 볼 수 있다.

3 보조조직

계선조직의 업무가 방대하고 보다 전문적 운영을 도모하기 위해 계선조직의 외곽에 설치되어 업무를 수행하고 있는 조직을 보조조직(auxiliary organization)이라고 부른다. 교육부 외곽 산하조직으로 되어 있는 국사편찬위원회, 국정교과서주식회사, 대학에 부설되어 있는 출판부, 평생교육원 등은 이에 속한다고 볼 수 있다.

(2) 학교설립별 분류

1 야생조직

야생조직(wild organization)은 생존을 위해 부단히 노력하고 투쟁하며, 변화에 매우 민감한 특성을 가지고 있으며 사립학교나 사립학교에 근무하고 있는 교원들이 이에 속한다고 볼 수 있다.

② 온상조직

국 · 공립학교 조직이나 이에 근무하는 교육공무원 신분을 가진 교원들은 온상조직(domesticated organization)으로서 신분보장이나 생존을 위해 별로 투쟁하지 않으며 변화에도 민감하지 않은 편이다. 온상조직은 보호된 조직이라고도 한다.

2) 비공식조직

(1) 비공식조직의 형성

학교조직에서 비공식조직은 교사들의 학연, 지연, 혈연, 취미, 신앙, 교무분장, 전공, 동학년, 동연배 등이 변인이 되어 자연발생적으로 형성되고 있는 것이 일반적이다.

(2) 비공식조직의 기능

비공식조직은 공식조직의 과업수행을 돕고, 구성원들에게 소속감, 인정감, 응집력을 제공해 주며, 공식조직 내에 유용한 의사전달망을 제공하고 공식조직이 부드럽게 운영되도록 하는 윤활유와 같은 기능을 하고 있는 조직으로서 공식조직이 존재하기 위한 필요악과 같은 조직이다.

(3) 비공식조직의 역기능

비공식조직은 이상과 같은 순기능을 가지고 있는 반면에, 비공식조직이 너무 비대하거나 지나치면 파벌이나 파당을 조성하고 공식조직의 책임을 무력화시킬 가능성이 많으며, 개인적 이익을 도모할 우려가 있고, 불안감을 조성하여 조직 자체를 와해시킬 우려도 있는 등 역기능적인 면도 있다. 특히 비공식조직의 규범이나 그 성원들의 조직형성 동기가 반 공식 지향성이 높은 경우에는 공식조직의 운영을 방해하게 되고, 비공식조직으로 인한 지나친 응집성은 공식지도자로 하여금 조직운영을 원활하게 하지 못하여 공식조직의 목표 달성을 어렵게 하며, 궁극적으로는 조직의 존재 자체에 대한 위협까지도 하게 된다.

3. 학교조직풍토

1) 조직풍토의 개념

학교를 방문해 본 사람이라면 누구든지 각 학교에 대한 첫인상이 다르다는 것을 느끼게 된다. 어느 학교에서는 교사와 교장이 그들이 하는 일에 대해 열의가 있고 확신을 나타내 보이기도 한다. 이들의 또한 서로 어울려 일하는데 기쁨을 느끼곤 한다. 반면에 어느 학교에서는 조직구성원들간에 서로 유대가 없이 유리되어 갈등과 불평 속에 움직이는 것이 눈에 띈다.

이처럼 각 개인이 자기 고유의 인성을 가지고 있는 것과 마찬가지로 학교조직 자체가 가지고 있는 특성을 학교조직풍토(organizational climate of schools)라고 한다. 인성이 조직구성원 개인에게 관련된 것이라면 조직풍토는 조직 자체에 관련된 것이다.

이와 같이, 조직풍토는 한 조직을 다른 조직으로부터 구분해 주고, 각 조직의 구성원들의 행동에 영향을 미치는 일련의 조직내적 특성으로 정의할 수 있다.

2) 조직풍토에 관한 Halpin과 Croft의 연구

(1) 조직풍토기술척의 구성요인

Halpin과 Croft는 미주지역 71개 초등학교 풍토를 중심으로 1,151명의 교사들로부터 반응을 얻어 학교조직풍토를 묘사할 수 있는 8개 요인별 8개 문항씩 64개 문항으로 구성된 조직풍토기술척(organizational climate description questionnaire : OCDQ)을 개발하였다.

[1] 교사집단의 특성요인

① **자유방임요인** : 자유방임요인(disengagement)은 교사들이 주어진 과업에 관해서 최선을 다하지 않고 아무것에도 얽매려 하지 않는 경향을 말한다.

② **장애요인** : 장애(hindrance)는 교사들이 교장을 자기 일에 촉진적인 존재보다는 저해적인 존재로 지각하는 경향을 말한다.

③ **사기요인** : 사기(esprit)는 교사들이 자기 일에서 사회적 욕구를 만족시키고 있고 또 그 성취감을 느끼고 있는 정도를 말한다.

④ **친밀성 요인** : 친밀성(intimacy)은 교사들이 자기 교유의 직무 이외에 다른 교사와의 우호적인 인간관계에서 어느 정도의 사회적 욕구를 충족하고 있는지에 관한 것을 의미한다.

[2] 교장행동 특성요인

① **초연성 요인** : 초연성(aloofness)은 교장이 교사들을 비공식적 또는 개인 대 개인으로 다루는 것보다 규칙이나 정책에 의해 공적으로 다루는 것을 말한다.

② **생산성 요인** : 생산성(production emphasis)은 교장과 교사 간의 오직 한

통로(one way process)만 있다고 믿고 있고 교사들로부터의 재유환에는 민감하지 못한 반면 감독이 철저한 지도성을 의미한다.

③ **추진성 요인** : 추진성(thrust)은 교장이 직접적인 지도 · 감독을 하지 않고 교사들로 하여금 과업지향적으로 행동하도록 동기화시켜 주면서 학교를 잘 운영해 나가는 행동을 의미한다.

④ **사려성 요인** : 사려성(consideration)은 교장이 교사들의 업무만족을 중심으로 한 사기에 관심을 표명하며 상호존경, 선의와 사랑 등을 통해 교사들에게 직무 이외의 인간적인 면에서 도와주려는 행동을 의미한다.

(2) 연구결과의 시사점

Halpin과 Croft는 학교풍토의 해석을 위해 개방-폐쇄개념(open-close continuum)을 적용하였다. 이러한 개념구성에 따라 개방성(openness) 방향에 있는 학교의 풍토를 개방적이고 민주적이며, 발전적이라고 보았고, 폐쇄성(closeness) 방향에 있는 학교의 풍토를 폐쇄적이고 기능적으로 고착된 전제성이라고 해석하였다. Halpin과 Croft는 개방적 조직풍토와 폐쇄적 조직풍토와의 관계를 〈그림 2-1〉과 같이 제시하고 있다.

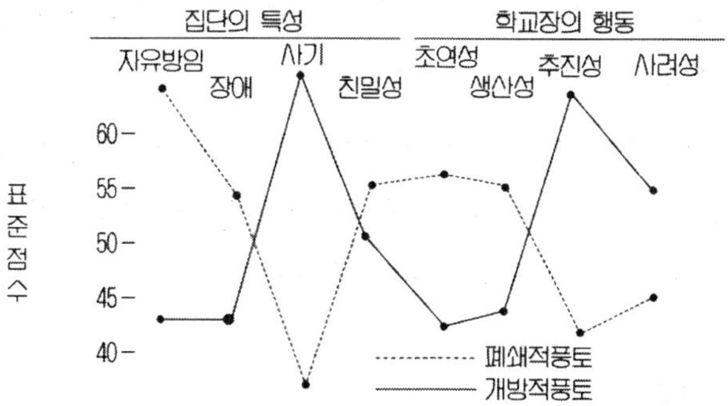

〈그림 2-1〉 개방적 조직풍토와 폐쇄적 조직풍토의 비교

개방성에 근거한 풍토의 계열은 교사들의 사기에 중점을 두어 그 점수에 따라 개방적 풍토(open climate), 자율적 풍토(autonomous climate), 통제적 풍토(controlled climate), 친교적 풍토(familiar climate), 간섭적 풍토(paternal climate), 폐쇄적 풍토(closed climate)의 여섯 가지 유형으로 분류하고 있다.

1 개방적 풍토

개방적 풍토(open climate)는 교사들의 사기와 추진성 점수가 높고, 자유방임, 장애, 초연성, 생산성 등은 낮으며 친밀성, 사려성은 보통 수준을 유지하는 것으로서 학교장이 매사에 융통성을 가지고 일하며 교사들로 하여금 스스로 협동하며 일할 수 있게 함으로써 만족감을 갖고 곤란과 좌절감을 극복하도록 자극해 주는 풍토이다.

2 자율적 풍토

자율적 풍토(autonomous climate)는 학교장이 교사들에게 교사들 자신의 상호활동구조를 마련하도록 분위기를 조성해 주고 교사들이 사회적 욕구만족을 얻기 위한 방법을 모색하도록 해 주는 자유보장풍토인 것이다.

3 통제적 풍토

통제적 풍토(controlled climate)는 과업 수행을 지나치게 중시하고 교사들의 사회적 욕구만족을 멀리하게 되는데 사기점수는 평균 이상인 상태로서 직업에 대한 만족감은 주로 과업성취감에서 얻게 된다. 따라서 학교장의 행동은 위압적이고, 지배적이며, 조직 내에서의 융통성은 거의 용납되지 않으며 행정행위를 자기 주장대로 해 나가는 풍토이다.

4 친교적 풍토

친교적 풍토(familiar climate)는 교장과 교사들 사이에 우정적인 태도가 육성되며 사회적 욕구만족은 극도로 잘 되나 목적 달성을 위해 집단활동을 지시하고 관리하는 점이 소홀하다.

5 간섭적 풍토

간섭적 풍토(paternal climate)는 학교과업수행에 교사들이 협조하지 아니하며 과업성취나 욕구충족면에서 부적절한 풍토가 조성되어 있다. 학교장의 행정행위는 공정성이 부족하며 교사들에게 과업만을 강요하는 풍토이다.

6 폐쇄적 풍토

반면에 폐쇄적 풍토(closed climate)는 자유방임요인이 가장 높고 사기점수는 가장 낮으며, 추진성 · 사려성이 낮은 것을 제외하고는 그 밖의 요인들은 보통 수준을 유지하고 있는데 과업성취와 욕구 양면에서 만족감을 얻지 못하는 풍토이다. 따라서 학교장은 교사들을 지도하는데 비효과적이며 교사들의 과업을 선도할 능력을 가지고 있지 못하며 자신의 권익만을 보호하기 위하여 교사들의 활동을 감정적으로 통제하여 교사들 상호간에 자유로운 의사소통의 길이 단절되고 있는 풍토이다.

4. 학교조직의 특성

1) 조직유형의 분류 및 특성

(1) Parsons의 분류

Parsons는 조직이 수행하는 사회적 기능에 따라 조직의 유형을 네 가지로 분류하였다. 그 네 가지 유형에는 첫 번째 생산조직, 두 번째 정치적 목표지향조직, 세 번째 통합조직, 네 번째로 유형유지조직이 있다. 학교조직은 네 번째, 유형유지조직에 속한다. 유형유지조직은 체제의 문화유형을 유지하고 새롭게 하는 잠재기능을 수행하는 조직이다. 문화를 창조, 보존, 전달하는 기능을 수행하는 공립학교, 대학, 교회, 박물관 등이 여기에 속한다.

(2) Blau와 Scott의 분류

Blau와 Scott은 조직의 혜택을 받는 주요 수요자가 누구냐에 따라 조직을 네 가지로 분류하였다. 이 때 조직은 호혜조직, 사업조직, 공공조직, 봉사조직으로 분류된다. 학교조직은 이 중에서 봉사조직에 속한다. 봉사조직의 1차적 수혜자는 조직과 직접적으로 접촉하는 일반대중이며, 이 조직은 고객에게 서비스를 제공하는 것을 기본적인 기능으로 한다. 여기에는 학교, 병운, 사회사업기관, 교도소, 정신건강 진료소, 법률구조협회 등이 속한다.

(3) Carlson의 분류

Carlson은 조직과 고객이 서로를 선택할 수 있는 정도에 따라 봉사조직을 네 가지 유형으로 분류하였다. 유형은 I부터 IV까지 있는데, 이 때 조직만 선택권을 가지는 III는 이론상은 가능하지만 실제로는 존재하지 않는다. 우선 유형 I는 조직과 고객 둘 다 독자적인 선택권을 가지고 있는 조직이다. 사립학교, 대학교, 개인병원, 공공복지기관 등이 속한다. 유형 II는 고객만 선택할 권리를 지닌다. 미국의 주립대학이 여기에 속한다. 마지막으로 유형 IV는 조직과 고객 모두 선택권을 갖지 못하는 조직으로 공립학교, 정신병원, 형무소 등이 여기에 속한다. 유형 IV는 사육조직이라고도 불린다.

(4) Etzioni의 분류

Etzioni는 순응이라는 개념에 기초하여 조직의 유형을 분류하였다. 행사 권력의 세 가지인 강제적 권력, 보상적 권력, 규범적 권력과 참여 수준의 세 가지인 헌신적 참여, 타산적 참여, 소회적 참여를 조합하면 순응 유형은 아홉 가지가 된다. 이 중에서 강제조직인 1, 공리조직인 5, 규범조직인 9의 유형만이 효과적인 조직 유형이고, 나머지는 비효과적인 유형이다. 학교는 이 중에서 규범조직에 속한다. 규범조직은 규범적 권력을 사용하여 구성원의 높은 헌신적 참여를 유도하며, 종교단체, 종합병원, 전문직 단체, 공립학교가 여기에 속한다.

이렇게 학교조직의 유형은 유형유지조직이면서 봉사조직이며 사육조직(공립학교)이고 규범조직이라고 살펴볼 수 있다. 그러나 학교는 일반적인 조직들과는 달리 독특한 특성을 지닌다. 그 독특한 특성으로는 교육의 전통, 교직의 전문적 특성, 다양한 관리이론의 발전, 학교에 대한 일반 대중의 큰 기대 등에 의해 나타나는 측면들이다.

2) 학교조직의 일반적 특성

(1) 관료적 특성과 전문적 특성

우선 학교가 점점 대형화되고 있기 때문에 기능이 복잡해졌고 행정업무가 많아지게 되었다. 그래서 효율적인 운영을 위해 전문적 관료제가 도입이 되었다. 그런데 학교조직에서의 관료제는 구성원인 교사가 전문가라는 점에서 다른 조직과 차이가 있고, 또 교사들이 자유재량권을 행사하며, 직무수행에 있어 통일된 기준이 없다는 것이 다른 조직과의 차이점이라고 할 수 있다.

(2) 조직화된 무질서 조직

Cohen과 Olsen에 의하면, 학교는 조직화된 무질서 조직이라는 조직의 범주로 설명할 수 있다. 이 조직은 불분명한 목표와 불확실한 기술 그리고 유동적 참여를 특징으로 한다. 교육조직의 목적은 예를 들면 전인적 인간, 홍익인간 이런 식으로 구체적이지 못하고 분명하지 못하다. 그리고 교사마다 가르치는 것이 다르기 때문에 교육조직의 기술은 불명확하고 구성원들에게 잘 알려져 있지 않다. 또 교육조직에서 교사는 5년마다 학교를 이동하고 학생들은 입학하고 졸업을 하면서 이동을 하게 되는 유동적인 모습을 띤다.

(3) 이완조직

학교조직은 Weicke가 말하는 이완조직이라는 개념으로 이해할 수 있다. 학교에서 한 부분에 있어서의 성공이나 실패는 다른 부분에 있어서 성공이나 실패에 크게 영향을 미치지 않는다. 예를 들어 국어과목에서 뛰어난 성취를 보인다고 해서 과학과목에서도 뛰어난 성취를 보일 것이냐 하는 문제는 알 수가 없다.

그리고 학교조직은 이완조직의 개념만으로는 설명하기가 어렵기 때문에 이중조직이라고 보는 관점에서 이해해 볼 수도 있다. 학교조직은 느슨하게 결합된 전문가적인 특성을 지니고 있지만, 단단한 결합 구조를 지닌 관료제적 특성도 지니고 있기 때문이다.

(4) 이중조직

학교는 수업 등과 관련된 측면에서 볼 때는 교사의 자율성이 인정되는 느슨한 결합구조를 가진 이완조직이지만, 행정관리라는 측면에서 보면 엄격한 결합구조를 가지고 있다. 따라서 학교조직의 이러한 특성을 나타내는 것이 바로 이중조직이다.

이상에서 살펴본 바, 학교에는 기본적으로 다른 두 가지 조직 국면, 즉 관료제적인 측면과 전문적인 측면이 존재한다. 관료제적인 측면이란 학교가 한 기관으로서 법규의 집행 및 교수의 운영, 필요한 자원의 배분, 교직원과 학생의 인적 관리 등을 말하는 것이고, 전문적인 측면이란 교육과정을 운영하는 교수-학습의 실제 과정에 관한 측면을 지적하는 것이다.

현대사회의 학교는 개방체제라는 면에서 내외적으로 많은 영향을 받게 마련이다. 때로는 조직요소나 체제가 견고하게 결합될 필요도 있고 느슨하게 풀어 줘야 할 필요도 크다고 할 수 있다. 이러한 필요 때문에 학교조직에는 관료성 대 전문성, 획일성 대 자율성, 견고성 대 이완성, 상호의존성 대 독자성 등 확실히 학교조직에는 상반된 기능이 내재하고 있으나 전문성과 자율성, 독창성, 창의성이 존중될수록 교육은 보다 효과적으로 이루어진다고 생각한다.

그러나 이러한 학교조직의 이원적 성격은 개인-조직간 그리고 관료직-전문직간이 갈등의 소지를 제공하고 있다. 그러므로 교육행정가는 조직과 교육, 관료제와 전문성, 견고성과 이완성간의 순, 역기능적인 측면들을 분명히 이해하고 이를 상황에 맞춰 적절히 대응해 나갈 수 있는 교육지도성이 특별히 요구된다고 할 수 있다.

5. 이상적인 학교조직론

Parsons는 모든 사회체제이론이 성공적으로 이루어지려면 적응, 목표달성, 상호작용, 잠재능력 등 네 가지 기본적인 문제가 해결되어야 한다고 주장하고, 공식조직에 존재하고 있는 사무적 계층, 관리적 계층, 기관적 계층 등 3계층 간에 서로 조화가 얼마나 잘 이루어지느냐에 따라 조직 발전의 정도가 결정된다고 주장하고 있다.

기관적 계층(institutional level)은 기관을 대표하는 책임자로서 그 기관의 목적, 규정 등을 설정하는 역할을 담당하고 있다. 학교 수준에서는 학교장, 시 · 도교육청 수준에서는 교육감 등이 이에 속한다.

학교조직의 평교사나 서무직원처럼 항상 반복되는 일상적인 사무처리를 주임무로 하고 있는 계층을 실무적 계층(technical level)으로 분류하고 있다. 또한 교감이나 부장교사처럼 실무적 계층과 기관적 계층을 연결해 주는 교량역할을 하는 계층을 관리적 계층(managerial level)으로 분류하고 있다.

실무적 계층은 폐쇄성 위주로 운영되고 있는 반면에 기관적 계층은 개방성 위주로 운영되고 있는 것이 일반적이다. 관리적 계층은 이 양극 요인을 조정 중재해 줄 필요가 있다.

Katz는 Parsons의 조직의 3계층적 분류를 바탕으로 하여 학교구성원들이 수행해야 할 업무를 실무적 기술(technical skill), 인간적 기술(human skill), 전체파악적 기술(conceptual skill)로 구분하고, 이러한 업무 수행에 기관적 계층, 관리적 계층, 사무적 계층이 각각 어떻게 시간과 역량을 할애하는 것이 이상적인가 하는 상호작용 관계를 〈그림 2-2〉와 같이 3계층적 접근법(three skill approach)으로 풀어나가고 있다.

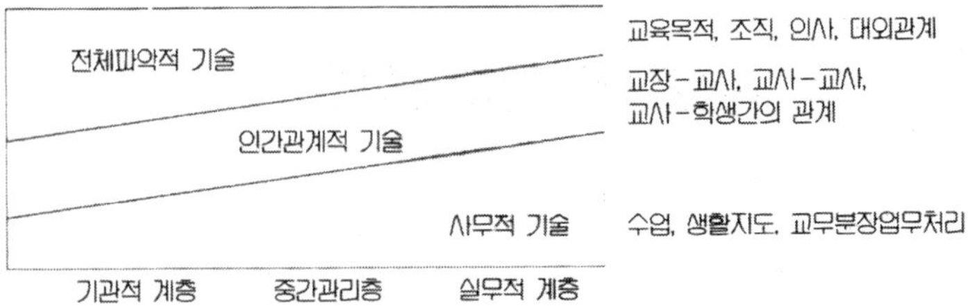

〈그림 2-2〉 3계층적 접근법

1) 기관적 계층의 역할

기관적 계층은 기관을 대표하는 책임자로서 그 기관의 목적, 규정 등을 설정하는 역할을 담당하고 있다.

학교 수준에서는 학교장이 이에 속한다.

(1) 학교장의 기본적 과업

기관적 계층인 학교장은 학교를 위해 할 수 있는 역량과 시간의 50% 이상을 전체 파악적 기술(조직의 목적설정, 기구의 구성, 인사, 대외관계 등)에 보내고 실무적 기술(수업, 생활지도, 교무분장업무처리 등과 같은 경상업무)과 인간적 기술(대인관계, 인화, 상담 등)에 각각 25% 정도씩을 할애하는 것이 이상적이라 하겠다.

학교장과 같은 기관적 계층은 근무감독과 같은 일상적인 과업에 보다는 학교정책의 수립, 대외교섭 등 보다 창조적 사고에 보다 많은 시간과 역량을 할애하는 것이 바람직하다.

「초 · 중등교육법」 제3장 제2절 제20조 ①항에서 '교장은 교무를 통할하고 소속교직원을 지도 · 감독하며, 학생을 교육한다'로 규정하고 있다.

(2) 학교장의 일반적인 직무

① 교육기본법에 규정된 교장의 직무는 법령이 정하는 바에 따라 학습자를 선정 · 교육하고 학습자의 학습성과 등 교육과정을 기록 · 관리하는 것이다.

② 초 · 중등교육법에는 교무(敎務)를 통할하고 소속 교직원을 지도 · 감독

하며, 학생을 교육하는 것이라고 규정되어 있다. 이렇듯 교장은 학교운영의 최고책임자로서 학교의 교육목적을 효율적으로 이룩하기 위하여 지도기능과 관리기능을 최대한 발휘해야 한다.

③ 교장의 지도기능에는 소속 교원에 대한 지도 · 조언과 교원의 전문성 제고 및 학생 지도활동 등이 있다.

④ 관리기능에는 학교 인사관리, 사무관리, 조직 · 편성관리, 시설관리, 재정 및 회계관리, 교육위원회 · 교육청 · 지역사회 · 교육유관기관 · 학교운영위원회 등과의 관계관리, 학교평가관리 등이 있다.

2) 관리적 계층

관리적 계층은 교감이나 부장교사처럼 실무적 계층과 기관적 계층을 연결해 주는 교량역할을 하는 계층을 의미한다. 관리적 계층은 학교를 위해 할애할 수 있는 시간과 역량을 3등분하여 전체 파악적 기술, 인간적 기술, 사무적 기술 등에 각각 1/3씩을 안배하여 할애하는 것이 바람직하다.

조직운영에 있어 사무적 기술을 무시할 수는 없지만 관리적 계층, 기관적 계층으로 올라갈수록 인간관계 기술 및 전체 파악적 기술에 더 많은 비중을 두어야 한다는 것이 일반적이다.

(1) 교감의 기본적인 과업

「초 · 중등교육법」 제3장 제2절 제20조 ②항에서 '교감은 교장을 보좌하여 교무를 정리하고 학생을 교육하며 교장이 부득이한 사유로 직무를 수행할 수 없을 때에는 그 직무를 대행한다'로 되어 있다.

(2) 교감의 일반적인 직무

교감의 일반적인 직무는 다음과 같다.

① 교무(학생의 입 · 퇴학, 학적관리, 수업, 학생지도)에 관한 사항
② 교직원의 인사관리(임용, 복무, 보수)
③ 학교시실 · 실비관리 유시에 관한 사항
④ 재무회계, 물품구입, 금전출입, 재산에 관한 사항
⑤ 일반세무에 관한 사항

3) 실무계층의 과업

실무적 계층은 학교조직의 평교사나 서무직원처럼 항상 반복되는 일상적인 사무처리를 주임무로 하고 있는 계층을 의미한다. 실무적 계층은 학교를 위해 할 수 있는 시간과 역량의 50% 이상을 사무적 기술에 할애하고, 전체 파악적 기술과 인간적 기술에 각각 25% 정도씩을 할애하는 것이다.

(1) 교사의 기본적 과업

교사는 법령이 정하는 바에 따라 학생을 교육한다(「초 · 중등교육법」 제20조 제3항).

(2) 교사의 일반적 직무

교사가 조직을 수행해 나가기 위해서 해야 할 직무 중에서 중요한 것을

들어 보면 다음과 같다.

1 교수활동

교사의 직무 중에서 가장 중요한 것이며 가장 많은 시간을 보내는 활동이다.

2 교육과정의 계획

교사는 복잡하고 방대한 학습내용 자료 중에서 무엇을 선택하고 그것을 어떤 방식으로 학생들에게 제공할 것인가를 계획하여야 한다.

3 학습활동의 평가

교육목표 달성 여부와 학생들의 학습성과를 검증하고 확인하기 위해서 필요로 하는 활동이다.

4 생활지도

학습지도 못지않게 큰 비중을 차지하고 있는 학생지도 활동이다.

5 학교 및 학급사무의 처리

교사는 학생지도에 직접 · 간접으로 관계되는 사무로서 학교 전체의 분장 사무와 담임한 학급에 국한된 사무를 처리하여야 한다.

6. 교육행정조직

1) 중앙교육행정조직

중앙교육행정조직이란 중아정부에서 교육행정을 담당하는 기관의 조직이다. 중앙의 교육행정조직은 교육부가 중심이지만 대통령, 국무회의 및 국무총리도 포함시켜야 한다. 행정기구적 측면에서 교육부는 헌법과 정부조직법에서 규정한 국가행정 조직체제의 한 하위체제이기 때문이다. 따라서 교육행정에 관한 행정권은 대통령 → 국무총리 → 국무회의 → 교육부장관의 체계를 통하여 행사되고 있다.

(1) 대통령

대통령은 정부의 수반으로서 교육행정을 포함한 모든 국가 행정권의 정점에 위치하고 있다. 교육행정에 관한 대통령의 주요 권한으로는 교육에 관한 대통령령을 발포하고, 주요 교육공무원을 임명하며, 중앙교육행정기관의 장을 지휘 · 감독하고, 국무회의의 의장으로서 교육정책 수립과정에 영향력을 행사한다.

(2) 국무총리와 국무회의

국무총리는 국무회의의 부의장으로서 국무회의를 통하여 교육부에 중대한 결정권과 영향력을 행사할 뿐만 아니라(「헌법」 제88조 3항), 대통령을 보좌하고 행정에 관하여 대통령의 명을 받아 행정 각부를 통할한다(「헌법」 제68조 3항 및 동법 제86조 2항).

교육에 관한 중요 계획이나 정책은 국무회의에 상정되기에 앞서 관련 부처의 합의를 거쳐야 한다. 예컨대 법령안의 경우라면 그것이 조직과 관련되면 안전행정부와, 예산과 관련되면 기획재정부와 합의를 거쳐 법제처의 심사를 받아야 한다. 법제처의 심사를 거친 법령안은 안전행정부에 접수되어 차관회의의 심사를 거쳐 국무회의에 상정한다. 따라서 중앙의 교육행정에 영향을 주는 것은 관련 부처도 해당된다는 것을 간과해서는 안 된다.

1 교육부장관

교육부장관은 교육정책의 수립과 제반 시책에 관한 종국적 의사결정의 책임을 가지고 있을 뿐만 아니라 교육행정 전반에 관하여 최고의 조정과 통제를 행한다.

교육부장관은 행정법상으로 본다면 이른바 중앙행정관청으로서 교육부령을 발하고, 교육관계 법률 및 대통령령을 입안하고 소속 공무원과 산하 하급기관에 대한 감사권을 행사하며 경우에 따라서 직접적인 행정행위를 행함을 그 기능으로 하고 있다.

교육부장관은 단독제(單獨制) 또는 독임제(獨任制) 행정관청으로 차관, 국장, 과장들은 그 보조기관에 불과하며 교육부 내에 설치되어 있는 각종 심의회와 위원회는 자문기관이다.

교육부장관은 학교교육, 평생교육 및 학술에 관한 사무를 장리(掌理)하며 교육행정에 관한 행정권은 대통령, 국무회의, 교육부의 체제를 통하여 행사된다. 기획관리실은 장차관 직속하에 있는 막료조직이다.

현 교육부기구는 지도, 조언, 조성을 위한 체제라기보다는 감독, 지도, 통제로서 강력한 중앙집권적 체제로 구성되어 있으며 계선조직을 원칙으로 하되 막료조직을 고려하고 있다.

2 교육부소속기관 및 단체

중앙교육행정조직의 핵심은 교육부다. 교육부는 교육행정의 중추적 기능을 담당하고 교육관계 법령과 대통령령의 지시 · 명령 및 국무회의의 결정에 따라 국가의 교육에 관한 정책을 입안하고 집행하는 교육행정기관이다. 교육부 장관은 집행기관으로서 정무직 공무원이고, 교육부에 설치되어 있는 각종 심의회나 위원회는 자문기관의 성격을 가진다.

교육부 장관의 업무를 지원하기 위한 기관으로는 대한민국학술원 사무국, 국사편찬위원회, 국제교육진흥원, 국립특수교육원을 두고 있다. 그리고 각급 학교 교원의 징계처분, 기타 그 의사에 반하는 불리한 처분에 대한 재심청구 사건의 심사 · 결정과 교육공무원의 고충심사에 관한 사무를 관장하는 교원소청심사위원회가 있다.

교육부에 소속된 주요 단체로는 한국교직원공제회, 사립학교교직원연금관리공단. 유네스코한국위원회, 한국교육방송원, 한국교육학술정보원, 한국대학교육협의회, 한국전문대학협의회, 한국사학진흥재단, 한국정신문화연구원, 한국학술진흥재단 등이 있다.

2) 지방교육행정조직

지방의 교육행정은 교육의 자주성과 중립성을 확보하고 교육행정의 민주화를 보장하기 위하여 교육 자치제를 기본으로 하고 있다. 교육 자치란 교육에 관한 지방자치이므로 지방자치를 전제로 성립되는 개념이며 지방자치와의 연계 속에서 실현된다.

(1) 교육자치제도의 기본원리

1 지방분권의 원리

민주적 교육을 위해서는 중앙정부(교육부)의 획일적 통제를 지양하고 지방의 실정에 맞는 교육정책을 수립하고 그것을 집행하려는 것이다. 아무리 우리나라의 국토가 작다고 해도 결코 각 지방에 특수성이 없을 정도로 협소한 것은 아니어서, 이 특수성을 살림으로써 국가적으로는 다양성 있는 교육을 할 수 있으며, 그러면서도 통일성을 유지하는 데에 민주교육의 묘미가 있는 것이다. 지방분권 하에서는 지방주민들이 스스로의 문제를 발견하고 또 해결해나가야 하기 때문에 적극적이고 진취적이며 민주시민으로서 필요한 자치정신의 함양에도 큰 도움이 되는 것이다.

2 민중통제의 원리

지방분권이라고 해도 개개 시민이 정책 수립에 직접 참여할 수는 없기 때문에 그들의 대표를 통하여 교육정책을 의결하는 것이기 때문에, 관료통제가 아니라 민의를 존중하는 민중통제가 되는 것이며, 교육위원회라는 기구를 통해서 이 원리가 구현되는 것이다.

3 일반행정으로부터의 분리독립의 원리

민주사회에서는 권력의 상호견제를 위하여 삼권분립이 되어 있으나, 교육은 정치적 중립과 종교적 중립을 지켜 제 2세 국민을 육성하는 백년대계이므로 특수한 조직과 전문적인 인사를 가져야 하며, 일반행정이 자칫하면 정치적 영향을 받기 쉽고, 또 그때 그때의 상황에 따라 신속하게 처리되어야 하는 것이기 때문에 교육과 같이 장기적 투자를 거쳐 장기적 효과를 도모하는 교육은 일반행정에서 분리독립되어야만 한다.

4 전문적 관리의 원칙

의료인의 전문성에 대해서 의문을 품는 사람은 없으나 교육의 전문성에 대해서 아직도 인식이 부족하고, 교육문제에 대해서는 남녀노소가 각각 일가견을 가지고 있다. 그러나 현대교육은 고도로 전문화되어 가고 있어 상식적으로 할 수 없는 단계에 이르고 있다. 교육내용, 교육기술, 교육행정 등 전문적인 훈련을 거치지 않고서는 감당할 수 없으며, 교직을 전문직이라고 하는 이유도 여기에 있을 것이다.

(2) 교육위원회

현행 교육자치제도의 조직형태는 특별시와 광역시 · 도 등 광역 자치단체에만 교육위원회를 두는 대교육구제이다. 교육위원회는 각 시 · 도의 교육행정을 독자적으로 수행해 나가는 중추적 기관으로 교육 · 학예에 관한 주요사항을 심의 · 의결하는 의결기관이다. 그러나 의결사항 중 교육에 관한 조례안, 예산안과 결산안, 특별부과금 및 사용료 · 수수료 · 분담금과 같은 주민의 재정부담에 관한 사항은 지방의회 의결을 거쳐야 한다. 교육위원회는 각 사안을 심의 · 의결하기 위해 연 40일을 넘지 않는 범위 내에서 회기를 가지며 재적 과반수 출석에, 재적 과반수 찬성으로 의결한다. 또 교육위원 중에서 무기명 투표로 의장과 부의장을 선출하며 임기는 2년이다.

(3) 교육감

교육감은 주민들의 직접 · 보통 · 평등 · 비밀 선거로 선출한다. 임기는 4년이며 1차에 한해 중임이 가능하다. 자격은 교육 또는 교육 전문경력이 5년 이상 되는 자로서 정당원이 아니어야 하며 국회의원이나 지방의회의원, 교육위원직 등을 겸직할 수 없다. 교육감은 교육위원회에 제출할 조례안, 예산안과 결산안, 교육규칙 제정과 교육기관의 설치 및 폐지, 교육과정 운영, 재산취득 및 처분, 학생 통학구역, 과학 · 기술 교육의 진흥, 사회교육 및 기타 교육 · 학예의 진흥, 학교 체육 · 보건 및 학교 환경정화, 교육 · 학예의 시설 및 교구, 특별부과금 및 사용료 · 수수료 · 분담금과 가입금에 관한 사항 등의 사무를 관장한다.

교육감 밑에는 보조기관으로서 국가공무원으로 보(補)하는 부교육감이 있다. 부교육감은 당해 교육감 추천과 교육부장관의 제청을 거쳐 대통령이 임명하며 교육감을 보좌하여 사무를 처리하고 교육감 사고시 직무를 대리한다. 또한 교육감은 소관사무의 수행을 위해서 대통령령이나 당해 시 · 도 조례에 의해 교육기관을 설치할 수 있으며 당해 시 · 도의 교육 · 학예에 관한 사무를 분리 관장하기 위해 시 · 군 및 자치구에 하급 행정기관인 교육지원청을 둔다. 교육지원청엔 교육장을 두며 이는 공 · 사립 초등학교와 중학교, 유치원 등에 관한 사무를 위임받아 분리, 관장하도록 되어 있다.

(4) 문제점

이상과 같은 현행 자치제도는 종전의 제도에 비해 교육위원회를 의결기관화하는 등 형식적으로 발전된 측면이 있다. 그러나 현행 제도 역시 정치적 영향력을 벗어나 주민에 의해 통제되는 교육자치를 구현하기에는 불완전한 요소들을 많이 담고 있다.

첫째, 교육위원회가 의결기관이기는 하나 의결사항 중 가장 중요한 입법권과 예산 · 결산권은 지방의회에 분담되어 있어 교육위원회는 부분적인 의결권밖에 행사할 수 없다.

둘째, 대통령이 임명하는 부교육감제와 교육부장관에게 부여된 지휘 · 감독권 및 시정명령권 때문에 지방교육이 여전히 중앙에 의해 통제될 소지를 안고 있다.

7. 학교운영위원회

1) 학교운영위원회의 성격과 구성

(1) 조직의 배경

학교운영위원회는 5 · 31 교육개혁(1995. 5. 31)에서 초 · 중등학교 단위 자율경영제와 이의 구체적인 실현의 일환으로 도입된 제도로서 '학교공동체' 구축이라는 과제로 도입되었다.

학교운영위원회는 학교운영의 자율성을 높이고 지역의 실정과 특성에 맞는 다양한 교육을 창의적으로 실시할 수 있도록 하기 위하여 국 · 공 · 사립의 초등학교 · 중학교 · 고등학교 및 특수학교에는 의무적으로 설치하도록 되어 있다.

학교교육위원회는 「초 · 중등교육법」 제31~34조에 의거하여 모든 학교에 설치해야 하는 법정조직기구이다.

학교자치제도는 학교의 특성에 부합되게 다양한 교육활동을 하고 이에 대해 책임을 지는 제도이다. 학교가 처한 교육여건이 다르고 학생이나 학부형이 요구하는 내용도 다르다. 아이들을 가르치는 방법도 여건에 따라 달라져야 할 필요가 있다. 이런 여건을 고려하여 자체적으로 교육활동을 계획하여 실행하도록 하는 제도가 학교자치이다. 학교자치의 이런 기능을 고려한다면 이를 지속적으로 발전시켜야 한다.

학교자치가 활성화되기 위해서는 학교운영위원회가 제 기능을 수행해야 한다. 학교운영위원회가 교육활동을 지원하고 감독할 수 있을 때, 학교의 책무성이 증대되고 자치가 살아날 수 있다. 또한 교원과 학생들도 학교활동에 참여하여 의견을 제시하고 반영하도록 노력하여야 한다. 이런 요소들이 학교자치의 토대가 된다.

(2) 조직의 성격

① 학교운영위원회는 국 · 공립학교에서는 심의기구, 사립학교에서는 자문기구로서의 역할을 하도록 되어 있다.

② 학교운영위원회는 학교교육에 대한 권한의 분산과 책임의 공유를 통하여 교육민주화를 도모하고, 교육에 대한 책무성을 증대시키며, 학교운영의 효과를 증대시킬 수 있다는 점에서 학교단위위 자율경영을 정착시키기 위한 필수적 제도라고 하겠다.

③ 학교운영위원회는 학교의 구성 주체이면서도 이제까지 의사결정 과정에서 영향력을 발휘할 수 없었던 교사, 학부모, 지역인사들에게 학교 의사결정에 참여기회를 부여함으로써 그 동안 교육부 시 · 도교육청, 학교장으로 이어지는 국가 주도적 · 중앙집권적 학교교육의 통제 구조를 민주적, 자율적 통제구조로 전화하는 계기를 마련하였다.

(3) 학교운영위원회의 구성 및 자격

1 구성

① **운영위원회의 정수** : 5인 이상 15인 이내이다.

② **운영위원의 구성비율**

위원 총수	학부모위원수	교육위원수	지역위원수	비고
비율	40~50%	30~40%	10~30%	100%

2 운영위원의 자격

위원 구분	자 격
학부모위원	· 당해 학교에 자녀를 둔 학부모
교원위원	· 당해 학교에 재직하고 있는 교원
지역위원	· 당해 학교가 소재하는 지역을 생활근거지로 하는 자로서 교육행정에 관한 업무를 수행하는 공무원 · 당해 학교의 소재 지역을 사업 활동의 근거지로 하는 사업자 · 당해 학교를 졸업한 자 · 기타 학교운영에 이바지하고자 하는 자

① **운영위원으로 선출될 수 없는 자**(조례 제5조)

· 국가공무원법 제33조에서 규정하고 있는 결격사유에 해당하는 자

· 정당의 당원인 자

· 타 학교의 운영위원을 겸하고 있는 자

② **위원의 자격상실 요건**

· 교원위원이 소속을 달리한 때

· 학부모위원은 자녀학생이 졸업 및 전학 · 퇴학한 때

· 회의소집 통지를 받고도 사전연락 없이 3회 연속 회의에 불참하였을 때

· 학부모위원이 제출한 신상자료에서 허위 사실이 있는 것이 발견된 때 (단, 운영위원회 결정에 의함)

3 운영위원의 임기

운영위원	위원장 및 부위원장
· 2년, 1차에 한하여 연임 가능 (다만, 보궐위원의 임기는 전임자의 잔 임기간으로 함)	· 1년, 연임 가능

2) 학교운영위원회의 기능

(1) 국 · 공립학교

국 · 공립학교에 두는 학교운영위원회는 다음 각호의 사항을 심의하여 학교장에게 보내면 학교장은 이를 바탕으로 의사결정을 하여 집행한다.

① 학교헌장 및 학칙의 제정 또는 개정에 관한 사항

② 학교의 예산안 및 결산에 관한 사항

③ 학교교육과정의 운영방법에 관한 사항

④ 교과용도서 및 교육 자료의 선정에 관한 사항

⑤ 정규 학습기간 종료 후 또는 방학기간 중의 교육활동 및 수련활동 사항

⑥ 「교육공무원법」 제31조 제2항의 규정에 의한 초빙교원의 추천에 관한 사항

⑦ 학교운영지원비의 조성 · 운영 및 사용에 관한 사항

⑧ 학교 급식에 관한 사항

⑨ 대학입학 특별전형 중 학교장 추천에 관한 사항

⑩ 학교운동부의 구성 · 운영에 관한 사항

⑪ 학교운영에 대한 제안 및 건의 사항

⑫ 기타 대통령령, 특별시 · 광역시 또는 도의 조례로 정하는 사항

(2) 사립학교

사립학교의 장은 각 사항(⑥의 사항은 제외한다)에 대하여 학교운영위원회의 자문을 거쳐야 한다. 다만, ①사항에 대하여는 학교법인의 요청이 있는 경우에 한한다.

(3) 학교 발전기금

국 · 공립 및 사립학교에 두는 학교운영위원회는 학교 발전기금의 조성 · 운용 및 사용에 관한 사항에 대하여 심의 · 의결한다.

3) 학교운영위원회의 예산안 심의

① 학교장으로부터 예산안을 제출받은 학교운영위원회 운영위원장은 예산안 심의를 위한 학교교육위원회의 개최일을 정하고 7일 전까지 예산안을 학교운영위원 전원에게 개별적으로 통지하여 학교운영위원들이 충분히 검토할 수 있도록 해야 한다.

② 예산안 심의를 위한 학교운영위원회 개최 시 학교장은 예산안에 관하여 제안 설명을 하여야 한다.

③ 학교운영위원회는 예산안 심의 시 학교장의 동의 없이 세출예산 각 항목의 금액을 증액하거나 새로운 비목을 설치할 수 없다.

④ 학교운영위원회는 학교회계 세입세출 예산안을 회계연도 개시 5일 전까지 심의하여 학교장에게 그 결과를 통보하고, 학교장은 예산안 심의결과를 통지받은 후 예산을 확정하여야 한다.

4) 학교운영위원회의 바람직한 운영방법과 문제점

(1) 운영방법

① 학교운영위원회의 심의사항 중 교육과정 운영, 선택교과의 채택, 창의적 체험활동 프로그램, 방과후 교육프로그램의 운영, 교과서 및 교재 선정

등과 같이 교육활동의 전문성에 관련된 사항들은 이 분야에 전문적 식견을 가지고 있는 교사들의 조화로운 참여가 이루어질 수 있도록 교직원협의회나 교내 각종 전문소위원회에 이양 또는 위임해 주는 것이 바람직하다. 이러한 사항에 대한 이양이 어렵다면 관련 교원들의 전문적 의견을 청취한 후에 운영위원회 심의에 회부하는 것이 바람직할 것이다.

② 학교운영위원으로 선출된 교원위원들은 학교운영위원회 활동 중 교육의 전문성과 관련된 부문에 더욱 적극적인 참여를 하여야 할 것이며, 교육과정소위원회, 교육평가소위원회, 학생지도소위원회 등 각종 전문 소위원회 등을 분야별로 전문적 의견을 수렴하는 등 보다 전문적이고 능동적인 활동을 해 나가야 할 것이다. 특히 교수-학습활동과 관련된 예산의 경우에는 담당교사들로부터 예산요구서를 받아 협의 · 조정하는 것이 이상적이라고 하겠다.

(2) 학교운영위원회의 문제점

사립 초 · 중등학교에도 학교운영위원회의 설치가 의무화된 것은 바람직하나 그 성격이 심의기구가 아닌 자문기구로 되어 있어, 사립학교에 다니고 있는 학생과 학부모들은 국 · 공립학교에 다니고 있는 학생이나 학부모들과 비교해 볼 때 교육의 기회균등 정신에 어긋나게 되어 반발을 살 우려가 있다.

제3장 고전이론

1. 과학적 관리론
2. 행정관리론

1910년에서부터 1930년대에 걸쳐 개발된 인간관리이론이 고전이론(the classical school)인데, 대표적 학자로는 Taylor, Fayol, Gulick, Urwick 등이다. 고전이론은 성악설적 입장에서 접근했는데 인간관리의 과학화 · 합리화 · 능률화의 추구를 기본으로 하고 있으며, 과학적 관리론, 행정관리론, 관료제론 등이 대표적 이론으로 되어 있다. 고전이론은 과업중심적 접근이라고도 한다.

1. 과학적 관리론

1) 이론적 배경

과학적 관리론이란 19세기 말부터 20세기 초엽 미국에서 산업자본주의가 전개됨에 따라 일어난 일련의 기업경영 및 생산과정 과학화운동과 고전적 조직이론이 접목되면서 구축된 관리이론을 말한다. F. W. Taylor 등에 의해 대표되는 과학적 관리학파는 '절약과 능률'을 행정의 가장 중요한 가치 기준으로 삼고, 정치 · 행정분리론을 토대로 하여 행정 고유 영역의 활동을 규율하는 과학적 원리와 합리적인 관리기법을 탐구했다.

최소의 노동과 비용으로 최대의 능률을 올릴 수 있는 표준적 작업(업무) 절차를 정하고 이에 따라 예정된 작업량을 달성하기 위한 가장 좋은 방법을 발견하려는 합리적인 관리기술의 접근방법, 즉 과학적 관리론(科學的 管理論)은 미국의 경영학자 Frederick W. Taylor에 의하여 개발된 것이므로 일명 '테일러 시스템'(Taylor system)이라고도 부른다.

Taylor의 최대 관심사는 경영에 있어서 능률과 이윤의 극대화였다. 그래서 그는 작업과정에서 시간과 동작과정을 세밀히 분석 · 연구하여 작업과정과 그 실적을 표준화함과 함께 차별능률급제를 확립한 것이다. 차별능률급제(差別能率給制)란 표준화된 하루의 작업량, 즉 과업을 설정해 두고 그것을 기준으로 하여 그 과업을 달성한 사람에게는 달성하지 못한 사람보다 많은 보수(임금)을 지급하는 등 기준과업의 달성 정도에 따라 임금을 차별하여 지급하는 제도이다.

과학적 관리의 기본 원칙은 다음과 같다.

첫째, 참된 과학을 발전시키고 과학적 사고(思考)로 관리의 지표를 삼을 것.

둘째, 근로자를 과학적으로 선발하고 과학적인 교육을 통해 능률개발을 도모할 것.

셋째, 낭비적인 노력이 없도록 할 것.

넷째, 노사간에는 긴밀하고 친숙한 개인적 협동을 확보하도로고 할 것.

다섯째, 특수한 업무에는 그것에 적임자로 보이는 근로자를 배치하는데 보다 힘쓸 것.

여섯째, 업무 활동을 보다 전문화할 것.

일곱째, 업무 수행을 위한 표준을 설정할 것.

이상과 같은 원칙에 따라 관리하는 것이 과학적 관리라는 것이다. Taylor가 주장한 작업 수행상의 합리화와 차별능률급제는 생산의 능률 향상(→능률성)을 실현하는데 획기적인 기여를 하게 되었다. 그리하여 과학적 관리론은 기업 경영의 발전에 많은 영향을 주었음은 말할 나위도 없고 오늘날의 행정학을 성립시킨 초석으로 행정학 연구에 결정적인 영향을 미쳤다. 이러한 의미에서도 Taylor가 1911년에 쓴 『과학적 관리법의 제원칙(The Principles of Scientific Management)』은 행정학 연구나 이론사(理論史)에 있어서 영원히 빛날 금자탑이라 할 수 있다.

2) 과학적 관리론과 교육행정

과학적 관리론을 교육행정에 도입 · 적용한 학자는 Bobbitt와 Spaulding이었다. Bobbitt는 도시학교가 당면하고 있는 행정상의 문제를 해결하기 위하여 Taylor의 과학적 관리법의 적용을 주장하였다. Bobbitt는 학생은 가공되어야 할 원료이고, 교사는 노동자이며, 학교장은 그 활동을 결정하는 관리자라고 보아 학교조직을 하나의 공장 및 기업체에 비유하면서 학교행정에서 의사결정, 장학행정, 급여결정, 교사선발 및 훈련 등에서도 과학적 관리의 원리가 적용되어야 한다고 주장하였다. Bobbitt는 학교조직에서도 관리자와 감독자는 학교가 추구하는 것이 무엇인가를 분명히 알아야 하며, 구성원들이 해야 할 과업, 도달해야 할 기준, 사용되어야 할 물적 자원과 설비 등이 구체적으로 제시되어야 한다고 주장하기도 하였다. 그러나 이러한 주장은 많은 비판을 받기도 하였다.

3) 과학적 관리론의 공헌과 문제점

(1) 이론적 공헌

과학적 관리론의 가장 큰 공헌은 비능률적인 인간유기체를 가능한 최선의 방법으로 생산과정에 활용하는 기술과 지식을 체계화하는 기초를 확립하였다는 것이며, 특히 시간과 동작 방법의 연구를 통해서 인간의 생산활동을 정확히 측정, 분석하여 그에 입각한 관리가 가능하다는 사실을 보여주었다는 것이다. 따라서 과학적 관리론은 기업경영은 물론 일반행정과 교육행정에도 큰 영향을 미치게 되었으며, 관리현상으로서의 교육행정학을 성립시키는데 지대한 영향을 주었다.

(2) 문제점

과학적 관리법에서는 인간의 개성, 잠재력, 작업의 습관, 성질, 전통 등 사회적 · 심리적 변인은 전혀 고려하지 않고 생리적인 것에만 초점을 두어 인간 유기체를 비교적 단순한 일을 하는 기계처럼 다루었다는 비판을 받고 있다. 특히 생산과정에 배치되어 있는 인간의 개성이나 잠재력의 평가는 거의 고려치 않고 생산적 합리인의 측면만을 강조하였다는 제한점을 가지고 있다. 따라서 과학적 관리론에서는 조직구성원을 사회적 · 심리적 존재로 보다는 생리적 존재로 인식하였는 바, 감정적 · 비합리적 · 정서적 성격을 지닌 인간을 단순히 기계적 · 합리적 · 비인간적 도구로 취급하고 관리함으로써 자발적인 생산성을 저하시켰다는 비판을 받고 있다.

2. 행정관리론

과학적 관리론이 개별 근로자의 직무 과학화에 초점을 두었다면 행정관리론은 전체 조직에 대한 거시적 행정원리에 대한 접근이다. Fayol의 기업관리론, Gulick과 Uriwick의 행정관리론 등이 대표적이다.

1) Fayol의 기업관리론

Fayol은 경영자에게 무엇이 요구되는가 하는 것을 실제 행정경험을 통해 얻어진 관찰자료를 중심으로 『기업행정(administration industrielle et generale)』이라는 저서를 출간하였다. Fayol은 행정이란 몇몇 사람들의 권위의식이나 책임의식에 의해 이루어지는 것이라고 보고 있다.

(1) 행정과정론

Fayol은 행정의 과정을 관리기능을 중심으로 계획(to plan), 조직(to organize), 명령(to command), 조정(to coordinate), 통제(to control) 등으로 구분하였다. 기획은 미래를 예측하고 행동계획을 수립하는 것이고, 조직은 인적 · 물적 자원을 조직하고 체계화하는 것이며, 명령은 구성원들로 하여금 과업을 수행하도록 하는 것이다. 조정은 모든 활동을 통합하고 상호 조정하는 것이고, 통제는 정해진 규칙과 명령에 따라 일이 이루어지고 있는지를 확인하는 것이다.

(2) 관리의 기본원리

Fayol은 자신의 실제 경험에서 얻은 교훈을 바탕으로 하여 '분업의 원리', '권한과 책임의 원리', '규율의 원리', '명령통일의 원리', '지휘통일의 원리', '개인보다 전체 이익 우선의 원리', '보상의 원리', '집중화의 원리', '계층의 원리', '질서의 원리', '평등의 원리', '직원 신분보장의 원리', '솔선수범의 원리', '단결심의 원리' 등 14개의 관리 원리를 제시하였는데, 이들 대부분은 현대 조직관리의 바탕이 되고 있다. 그는 또한 관리자의 기능에 관한 실제적이고 명쾌한 접근 방법과 관리 원칙의 보편성, 융통성의 원리 등을 처음으로 제시하였고, 행정의 참여와 책임은 하층으로부터 상층으로 올라감에 따라 증가된다고 보고 있다.

(3) Fayol의 공헌

Fayol의 공헌은 관리 방법에 대한 원리를 제시한 것 때문이 아니라 행정에 대한 과정적 정의를 내린데 있다. 그는 관리 활동에 대한 이론적 분석을 최초로 옹호하고 행정 관리의 과정을 체계화하여 정교한 이론적 분석을 수행하였다. 이러한 노력으로 그의 기업관리론은 현대 행정이론의 반석이 되었으며, 특히 그가 제시한 행정 과정의 다섯 가지 요소는 경영자들이 수행해야 할 일이 무엇인가에 대한 개념체계를 제공해 주었다.

2) Gulick과 Urwick의 행정관리론

Taylor와 Fayol의 기업 조직에 대한 과학적 관리 원리들을 정립해 나갈 때 Gulick과 Urwick은 공공행정의 과학화를 주장하였다. 이들은 1937년 「행정학 논총」에 Fayol의 기업체에서 도출한 관리요소를 공공행정 영역에 적용하여 '최고 행정집행자의 직무는 무엇이며, 무슨 일을 하는가?'라는 질문에 대한 답으로 POSDCoRB라는 약어로 표현되는 행정 과정을 제시하였다. POSDCoRB는 Fayol의 행정 과정 요소를 확장 · 발전시킨 것으로 조직 관리 과정에 관심을 가진 학자들에게 개념적 틀을 제공하였고, 공공행정이나 기업 관리에 관심을 가진 학자들에 의해 수정 · 보충되어 오늘날까지 널리 활용되고 있다. 또한 Gulick과 Urwick은 행정관리론을 조직 이론으로 발전시켜 조직에서 인간 관리의 중요성을 확인하고 명령 통일과 통솔 범위의 제한, 참모 조직의 활용, 권한과 책임의 위임 등의 필요성을 제시하여 행정 이론의 발전에 기여하였다. POSDCoRB로 나타낸 최고 행정집행자의 행정 활동 과정은 다음과 같다.

(1) 기획(Planning)

조직의 목적을 달성하기 위하여 행동의 대상과 방법을 개괄적으로 확정하는 것이다.

(2) 조직(Organizing)

공동의 목적을 달성하기 위하여 공식적 권한 구조를 설정하고 직무 내용을 배분 · 규정하는 것이다.

(3) 인사(Staffing)

설정된 구조와 직위에 적격한 직원을 채용 · 배치하고 작업에 적합한 근무 조건을 유지해 주는 것이다.

(4) 지시(Directing)

조직의 장이 의사를 결정하고 그것을 각 부서에 대한 명령과 지시 등의 형태로 구체화하는 것이다.

(5) 조정(Coordinating)

각 부서별 업무 수행의 관계를 상호 관련시키고 원만하게 통합 · 조절하는 것이다.

(6) 보고(Reporting)

작업 진척 상황에 대한 기록, 조사, 연구, 감독 등을 통해 조직의 장이 자신과 하위 직원들에게 정보를 제공하는 것이다.

(7) 예산편성(Budgeting)

조직의 목표 달성에 소요되는 제반 예산을 편성하고 회계, 재정 통제,

결산 등을 하는 것이다.

3) 관료제론

(1) 관료제의 특징

관료제론(bureaucracy theory)은 19세기 말경에 Weber에 의하여 처음 이론적으로 체계화되었으며 Weber는 관료제를 일정한 특권층을 형성하고 있는 관료집단이 정치권력의 주요한 장악자로서의 지위를 확보하고 있는 통치구조로 보고, 관료제의 특징으로서 다음과 같은 5가지를 들고 있다.

1 분업과 전문화

분업과 전문화는 관료적으로 운영되는 조직의 목적 달성을 위한 과업이 공식적인 의무로서 고정된 형태로 배분된다.

2 몰인정성

조직의 작업 분위기가 감정과 정의에 지배되지 않고 공식적인 비정성의 정신에 의해 지배된다. 구성원은 감정이 아닌 사실에 근거하여 결정을 내리도록 기대된다.

3 권위와 위계

계서제, 즉 부서와 직책은 수직으로 배열되고, 하위직은 상위직의 통제와 감독을 받는다. 조직의 다양한 업무와 기능의 원활한 수행을 위해 명령-수행 체제를 확실히 하고, 상 · 하위직의 관계 체계를 명확히 규정한다.

4 규정과 규칙

모든 관료조직은 의도적으로 확립된 규정과 규칙체제를 통해 활동의 일관성을 유지한다. 규칙과 규정은 작업자들의 업무 수행 행동에 관한 안정성과 동질성을 확보해 준다.

5 경력 및 경쟁지향성

관료조직은 전문적인 자격 및 기준을 토대로 직원을 채용하므로 구성원들은 자신들의 업무를 경력으로 생각하며, 연공과 업적 등을 통한 승진제도를 갖추고 있다.

이와 같은 관료제는 합리적인 의사결정 및 행정의 효율성을 극대화시킨다. 분업과 전문화를 통해 전문가가 배출되고, 몰인정성을 가진 전문가는 사실에 근거하여 정확하고 합리적인 결정을 내린다. 합리적 의사결정이 이루어지면 권위의 위계를 통한 지시와 그에 대한 복종, 규칙 · 규정을 통한 운영의 안정성 및 일관성이 확보된다. 또한 경력지향성은 피고용인들을 조직에 충성하도록 유인하여 조직에 헌신하는 전문가들의 보다 많은 노력을 이끌어 낸다.

(2) 관료제의 순기능과 역기능

관료제는 대규모 복합조직의 생리에 알맞게 적용될 수 있는 유용한 행정체제로서, 조직의 능률성과 합리성에 관련된 구조 유형의 분석에 크게 공헌하고 있고, 전문성 향상, 합리성 증진, 순응과 원활한 조정, 계속성과 통일성 확보, 동기의 유발 등 조직의 체계적 발전에 공헌한 바가 크다는 순기능적인 면이 있다. 반면에, 고도의 관료제는 조직구성원들의 다양한 인적, 사회적 욕구를 충족시켜 주기에는 불충분하여, 권태감의 누적, 사기의 저하, 의사소통 장애, 경직성, 실적과 연공서열의 갈등, 비인격성, 비정서성, 소외감, 싫증, 무사안일주의, 복지부동 등 역기능도 적지 않다.

학교조직에서도 수직적 위계, 표준화, 엄격한 규정 및 규칙, 형식적인 제 규정의 강요, 하향적 의사소통 등의 강조로 인한 관료제적 역기능이 나타나고 있다. 이와 같은 역기능 현상은 농어촌 소재의 학교조직에서보다는 대도시 소재의 학교조직에서, 소규모의 학교에서보다는 대규모의 학교에서 관료제가 더 고도화되고, 역기능 현상도 더욱 심화되고 있다. 전통적으로 학교조직은 하위 층인 교사들의 인사행정을 엄격한 감독체제로 발전시켜 왔기 때문에 책무성이 덜 세분되어온 경향이 있다. 그러나 최근에 이르러 업무의 지나친 분업화와 전문화는 교사들로 하여금 싫증과 태업을 가져오는 경향도 있다.

(3) 학교조직과 관료제적 특징

학교조직은 관료조직이 가지고 있는 많은 특성을 가지고 있는 공식조직이기 때문에 관료적 조직의 일종으로 분류할 수 있다. Abbott는 학교조직은 고도로 발전된 관료체제로 보고, 학교조직의 관료제적 특징을 다음과 같이 주장하고 있다.

첫째, 학교조직은 정도의 차이가 있기는 하지만 교장-교감-부장교사-교사와 같이 위계가 설정되어 있어 교사와 행정가간에 긴장이 조성되고 있고, 기구표 및 직제표상에 권위의 위계가 명문화되어 있으며, 교과지도, 생활지도, 교무분장 등에서 전문화와 분업의 체제를 갖추고 있다.

둘째, 학교조직은 구성원들의 행동을 통제하고, 과업 수행의 통일성을 기하기 위하여 명문화된 규칙과 규정을 제정 · 활용하고 있고, 몰인정성의 원리가 적용되고, 인간소외 현상도 나타나고 있다.

셋째, 학교조직의 교직원은 전문적 능력을 바탕으로 하여 공개 채용함을 원칙으로 하고 있고, 승진과 포상은 연공서열과 실적에 의하여 결정하고 있다.

학교조직의 특성 중에 '권위의 계층', '규정과 규칙', '명문화된 절차', '몰인정성' 등은 관료적 특성으로 분류될 수 있고, '기술적 능력', '전문화' 등은 전문적 특성으로 분류될 수 있는데, 학교조직은 두 가지 특성이 결합된 합리적 조직으로 볼 수 있다.

제4장
인간관계론

1. Fallett의 행정에 대한 심리적 접근
2. Mayo의 호손실험
3. 인간관계 개선방안

인간관계론(human relation)은 고전적 조직이론에 대한 반작용으로 출발하였다. 고전적 조직이론은 1930년대 초까지 행정에 많은 영향을 주었으나 1930년대 경제공황이 심화되면서 고전이론은 한계를 드러내게 되었다. 과학적 관리론에서는 생산성과 기계적 효율성을 강조하면서 합리적 · 경제적 · 물질적인 동기만이 인간의 행동을 유발하는 것으로 전제하고 생산과정을 담당하는 개인의 사회적 · 심리적 · 정서적 차원을 간과하였다. 즉, 과학적 관리론에서는 개인의 인성, 욕구, 직무만족, 동기유발, 사기증진, 자유, 권한의 위임과 같은 가치가 소홀히 되었던 것이다. 그러나 사회가 변화되고 노동자의 교육수준과 생활수준이 높아져 민주적인 의식이 발달됨에 따라 인간의 사회 · 심리적 측면에 대한 관심을 가지도록 자극하게 되었고, 이러한 흐름에 따라 인본중심적 접근인 인간관계론이 대두되었다.

1. Follett의 행정에 대한 심리적 접근

Mary P. Follett은 인간관계론 운동의 선구자였다. 특히, 행정의 심리적인 측면을 중시하여 경직된 과학적 관리원리와 조직 원리에 창의적인 민주정신을 도입하였다. 또한 조직 관리에 사회적인 측면을 강조하여 조직을 하나의 사회체제로 보고 권위의 수용, 수평적 조정의 중시, 조직구성원의 통합, 역동적인 행정 과정의 필요성을 역설하였다.

Follett의 핵심적인 공헌은 민주사회에서 행정관리의 일차적 과업은 노동자가 자발작으로 협동할 수 있도록 작업 상황을 마련하는 것이라고 주장하면서, 개인과 사회적 작업집단 간의 조화(협력)의 개념을 파악하는 데 주력하였다. 이러한 사상적 기초는 호손실험에 영향을 주었다.

2. Mayo의 호손실험

미국 시카고 교외에 있는 서부전기회사(Western Electric Company)의 호손공장에서 Röeslisbergor와 Mayo를 중심으로 8년(1924~32)간에 걸쳐 "조직 내의 인간석 요인에 변화를 주면 생산성에 어떠한 효과가 나타나는가?"라는 연구가 진행되었는데, 이를 호손실험(Hawthorne experiment)이라고 한다.

호손실험은 과학적 관리론에서 가정하는 비인간적 합리성과 기계적 도구관에 대한 반발과 인간관리의 민주화를 실현하려는 것이었는데, 조명실험, 계전기조립실험, 면접프로그램, 건반배선관찰실험 등의 네 가지 실험으로 구성되었는데, 이 실험의 결과가 인간관계론 형성에 기초가 되었고, 인간관계론이 독자적인 학파로 인정받도록 해 주는 주요한 계기가 되었다.

1) 호손실험의 주요내용

(1) 조명실험(1924~1927)

조명의 변화가 작업자의 생산성에 미치는 영향을 알아보기 위해 실시, 조명도와 같은 작업 조건은 작업능률에 별다른 영향을 미치지 않는 것으로 나타났다.

(2) 전화계전기 조립실험(1927~1929)

임금 인상이나 휴식시간 등의 작업조건의 개선이 생산성에 미치는 효과를 알아보기 위한 실험이다. 작업조건의 개선보다는 심리적 조건이 생산성 향상에 중요한 영향을 미친다.

(3) 면접프로그램 실험(1928~1930)

상사의 감독 방법, 작업 환경 등에 대한 종업원들의 불만을 조사한 것이다.
작업장의 사회적 조건과 근로자의 심리적 조건이 생산성에 영향을 미친다는 결론을 얻었다.

(4) 건반배선 관찰실험(1931~1932)

면접과 관찰을 통해 작업장에서의 다양한 사회적 요인 분석이다.
공식조직의 경영방침보다는 비공식조직의 규범이 오히려 현장 종업원들의 행동에 더 큰 영향을 미친다.

2) 호손실험 결과가 갖는 의미와 평가

(1) 호손실험의 의미

① 작업능률을 좌우하는 것은 단지 임금이나 노동시간과 같은 노동조건이나 조명, 환기와 같은 작업환경으로서의 물리적 조건보다는 오히려 종업원들의 태도나 감정적인 면이다.
② 물리적 조건의 개선에 따른 효과보다 오히려 개인들의 심리적 요인이 더 중요하다.
③ 개인들의 태도나 감정을 좌우하는 것은 개인적, 사회적 환경, 조직 내 역할관계 및 그가 속한 비공식조직의 힘 등이다.

④ 조직 내 비공식조직이 공식조직보다 생산성 향상에 더 중요한 역할을 한다.

(2) 호손실험의 평가

인간관계론은 조직을 개인들로 구성된 하나의 사회적 시스템으로 인식하게 하였을 뿐만 아니라 비공식조직과 집단적 관계의 중요성을 발견하였다는 점에 의의가 있다.

더욱이 인간관계론은 조직행동을 연구함에 있어서 행동과학적 조사방법론 적용함으로써 행동과학적 후속 연구의 기초를 제공했다는 점에서도 그 의의를 찾을 수 있다.

3) 호손실험이 갖는 문제점

호손실험을 중심으로 하는 인간관계론은 기업주와 노동자간의 갈등문제를 정확히 인식하지 못하고 오히려 종업원들의 지위욕, 비공식조직, 상담과 의사전달 등 추상적이고 사소한 문제들만 다루었을 뿐, 조직운영의 주된 문제점들은 제대로 파악하지 못하였다는 비판을 받고 있다. 또한 인간관계론은 조직 내의 인간적 측면에만 너무 집착하다 보니 조직의 구조적 측면 내지는 생산성 제고에 있어서는 등한히 했다는 비판도 받고 있다. 한편, 호손실험은 처음부터 경영주의 입장을 변호하고 옹호하려는 선입견이 개입되었고, 관찰을 통해 결론을 도출하는 과정에서 임상적 편견이 개입되었고 조직을 개방된 체제로 보다는 폐쇄된 체제로 간주하였고, 조직환경에 대한 관계를 명백히 다루지 못했다는 비판을 받고 있다.

3. 인간관계 개선방안

호손실험을 바탕으로 하여 다음과 같은 인간관계 개선 방안이 제시되고 있다.

1) 제안제도

제안제도(incentive awards programs)는 조직구성원들로 하여금 개선방안을 제안케 하여 그 제안이 행정의 능률화 · 합리화에 이바지할 수 있다고 판정될 때 그 정도에 따라 보상을 주고 표창하는 제도로서 제안내용을 상급자에게 직접 제출하게 하든지, 제안함을 이용하게 하는 일종의 창안제도, 각종 회의방법 등을 통하여 의견을 수렴하는 제도 등으로 일반화되고 있다.

제안제도를 성공적으로 운영하려면 채택된 제안에 대한 보상방법을 적용하는 것이 필요한데, 경제적 보상에만 의존하기보다는 정신적 보상도 병행하는 등 보상방법을 보다 폭넓게 운영하는 것이 바람직하다.

2) 상담제도

조직생활에서 가장 큰 불평거리의 하나인 인사관리문제, 보수문제, 복지문제 등에 관한 해당 부서에 탄원케 하거나 정기상담, 수시상담, 부서별 집단상담, 개인상담 등을 통하여 상담제도를 운영하는 것이 인정감, 소속감, 자기표현 욕구를 충족시켜 주게 되어 인간관계 개선에 도움이 된다.

3) 사기 및 태도 조사

조직구성원들의 사기는 자기 직무에 대한 개인 또는 집단의 심적 상태이며 건전한 근무상태의 지표인 동시에 능률적인 직무분위기를 이룩하려는 적극적인 수단이기도 하다. 사기는 일반적으로 물질적 보수, 소속감, 일체감, 안정감, 성공감, 참여의식, 감독의 적절성, 신체적 · 정신적 건강 등에 의해 좌우되게 된다. 직무와 근무조건, 경제적 보상, 상관의 감독 방법, 동료와의 관계, 근무능률, 개인적 만족감 등에 관한 태도를 조사하여 구성원들의 의견 · 불평 · 불만 등을 분석해 봄으로써 사기저하 요인과 조건을 사전에 예방 내지는 제거하고, 구성원들의 태도를 개선 · 조절할 수도 있다.

4) 경영참가제

조직구성원들을 주요 의사결정에 참여시키고, 스톡옵션제와 같이 급여의 일부를 주식으로 지불함으로써 종업원이라는 입장에서보다는 주인의 하나라는 주인의식을 가지고 생산활동에 임하도록 하는 경영참가제도도 인간관계 개선에 도움이 된다. 이 밖에도 감수성 훈련, 지도성 훈련, 각종 수련활동을 통해 자기를 이해하고, 자기를 개방하도록 하는 것도 도움이 될 수 있을 것이다.

제5장
행동과학론

1. Barnard의 균형이론
2. Simom의 행정적 인간론
3. Getzels와 Guba의 사회체제 과정
4. Etzioni의 준수규제론

고전이론에서는 구성원의 사회 · 심리적 관계를 무시하였고, 인간관계론에서는 공식적 구조의 영향을 무시하였기 때문에 이 두 가지 이론만 가지고서는 조직목표달성이 극대화와 구성원의 직무만족간의 상호작용 관계를 이해하는 데는 불충분하다는 공감대가 형성되게 되자 Barnard와 Simon을 중심으로 하는 행동과학자들은 고전이론과 인간관계론의 모순점과 갈등점을 조화시켜 균형점을 찾아보려는 시도를 하게 되었고, 사회학 · 심리학 · 경제학 등에서 도출해 낸 명제를 첨가하였다. 인간관계론의 연구결과는 행동과학론의 성립 계기가 되었다.

1. Barnard의 균형이론

초기 행동과학이론 정립에 실제적으로 큰 업적을 남긴 사람은 Barnard와 Simon이었다.

Barnard는 조직인을 사회적 협동체로 보고, 조직의 요소로서 의사소통, 협동, 공동의 목적 등을 제시했으며, 조직 내의 비공식조직(informal organization)의 중요성과 활성화를 강조한 최초의 사람이었다. 또한 그는 조직중심적이고 조직목표달성에만 급급한 입장을 효과성(effectiveness), 구성원 중심적이고 구성원들의 만족 및 사기를 강조하는 입장을 능률성(efficiency)이라고 규정하고 조직이 목표당설을 최대로 하기 위해서는 이 양요인간에 균형(balance)이 이루어져야 한다고 강조하는 등 균형이론(balance theory)을 주장하였다. Barnard는 조직의 목적 달성과 구성원 개개인의 직무만족 내지는 사기가 균형을 이룰 때 그 조직은 생존하고 발전하게 된다고 보았던 것이다. 특히 행정이론에 공헌한 것은 최고관리자의 의사결정에 관한 것이다.

즉, Barnard는 행동과학에 있어서 의사결정의 중요성을 강조하고 그 기법으로 '적절히(pertinent)', '신중히(thoughtful)', '시기에 맞게(timely)', '쓸모 있게(workable)', '능력과 책임의 범위 내에서(within the realm of the ability and responsibility)' 등이 반드시 고려되어야 한다고 주장하였다.

2. Simon의 행정적 인간론

Simon은 행정학 연구가 정치와 연결되어 지나치게 사회문제에 대한 해결을 강조하는 가치지향적 성향을 가진다고 비판하면서 행정학 영역을 가치영역과 사실영역으로 나누어 가치와 사실에 대한 경험적 연구를 통해 행정학에 과학성을 부여할 것을 주장하였다.

어떠한 문제이든 사실(fact)과 가치(value)로 구성된 것으로 보아 가치는 사람에 따라 그 내용이 다르기 때문에 진실이 무엇인가를 증명할 수 없는데 반하여 사실의 세계에서는 진실과 허위가 증명될 수 있기 때문에 과학은 사실의 영역에 대해서만 성립할 수 있다고 주장하고 있다. Simon은 교육행정학은 사실로서 과학(science)이고, 교육행정은 가치로서 일종의 예술(art)로 분류된다고 주장하고 있다.

그의 주요 관심은 의사결정이 어떻게 이루어지고, 어떤 방법으로 더욱 유효하게 결정할 수 있는가 하는 문제를 분석하는 것이었으며, 행정이론의 궁극적 목적이 의사결정에 있어서의 합리성을 증가시키는 것이라고 하였다. Simon은 개인이 의사결정을 하는데 조직목표의 합리성에 가까이 접근할 수 있도록 조직환경을 설계하는 것이 행정이론의 과제라고 주장하면서 만족스러운 범위 내에서 제한된 합리성을 추구하는 행정적 인간(administrative man) 모형을 제시하였다. 이는 의사결정 과정에서 최적의 합리성만을 추구하는 전통적 경제이론 모형인 경제적 인간(economic man)과 구분되는 개념이다.

그는 또한 작업동기에 관한 공식적 이론에 초점을 두어 조직의 균형에 관한 개념을 사용하였는데, 작업에 대한 유인이 교환되는 교환체제로 조직을 보았다. 따라서 구성원들은 조직 내에서 그가 공헌한 것보다 더 큰 유인을 지각할 경우에 조직에 남아 헌신하게 된다고 보고 있다.

특히 Simon은 의사결정 기법으로 계량분석적 접근법(quantitative analysis approach)의 도입 적용이 보다 과학적이고 바람직하다고 주장하고 있다. 그는 조직구성원의 활동 방향을 결정하는 권한을 권위(authority)로 보고 다소의 저항이 있다 하더라도 구성원들의 행위의 방향을 좌우할 수 있는 능력을 권력(power)으로 규정하고 조직의 장은 이 양자를 잘 절충할 줄 알아야 된다고 주장하는 March와 더불어 현대교육행정학의 기저를 마련하였다.

3. Getzels와 Guba의 사회체제과정론

사회체제모형이론은 Getzels와 Guba가 Parsons의 구조기능주의이론에 Barnard의 균형론을 절충시켜 사회체제과정론을 정립한 것이다.

Getzels와 Guba는 조직을 계서적 역할구조가 특징을 이루고 있는 하나의 사회체제로 정의하고 사회체제를 조직적인 요인(규범적 요인 : nomothetic dimension)과 구성원적인 요인(이념적 요인 : idiographic dimension)으로 구분하고 이 양요인의 상호작용 관계에 의해서 조직에서 요구하는 궁극적인 추구목표(observed goal) 내지는 사회적 행동이 이루어진다고 〈그림 5-1〉과 같은 사회체계모형을 제시하고 있다.

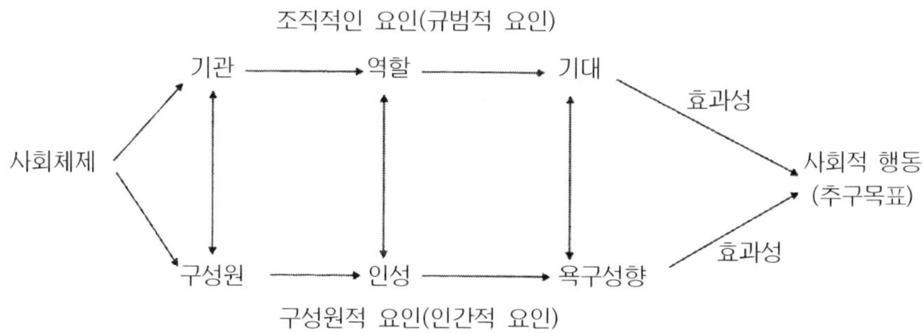

〈그림 5-1〉 사회체제모형

Getzels와 Guba는 규범적(조직적) 요인은 기관, 역할, 기대 등으로 구성되어 있고 인간적(구성원적) 요인은 개인, 인성, 욕구성향 등으로 구성되어 있어 조직 목표달성은 조직의 역할 · 기대(role-expectation)와 조직구성원의 욕구성향(need-disposition)의 상호작용 관계에 의해 결정된다고 보았으며 이 양요인간의 차가 심하면 심할수록 조직의 갈등은 크고 목표달성 수준도 낮다고 분석하고 있다.

그 후에 Getzels와 Thelen은 Getzels와 Guba의 사회체제모형에 문화요인과 환경요인을 첨가하여 확대 · 발전시켜 사회체제 확대모형을 제시하였다. Getzels와 Thelen의 사회체제 발전 확대모형에서는 Getzels-Guba의 이원적 측면(규범적 요인과 구성원적인 요인)의 접근법에 문화와 환경요인 등 다원적 측면까지 첨가하여 접근해 봄으로써 조직에 관한 분석 · 접근에서 환경요인을 강조하는 현대조직심리학의 기저를 제공하고 있다.

인간의 행동(behavior : B)은 그 조직에서 주어지는 역할-기대(role-expectation : R)와 구성원 개개인의 인성(personality : P)의 상호작용(function : F)의 결과, 즉 B=f(R · P)로 나타낼 수 있으며, 역할 · 인성간의 관계는 이를 〈그림 5-2〉와 같이 도식화할 수 있다.

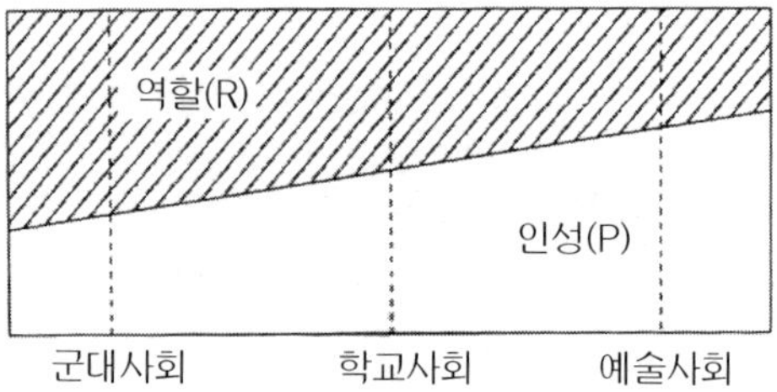

〈그림 5-2〉 역할-인성간의 관계

그러나 같은 역할-기대와 구성원 개개인의 인성간의 상호작용 결과라 하더라도 조직의 특성에 따라 그 상호작용 관계는 다른 상태로 나타나게 된다. 즉, 군대나 교도소와 같은 사회에서는 구성원이 군인이나 교도관들이 인성위주로 조직운영을 해 나가는 것보다는 그 사회의 특성에 입각한 역할 위주로, 즉 구성원들의 인성보다는 조직에서 주어지는 역할이 보다 크게 작용되어야 한다는 것이 일반적이며, 반대로 예술사회에서는 그 사회에서 요구하는 역할보다는 구성원들의 인성이 보다 크게 작용하고 있고 그렇게 하여야만 예술사회의 특성이 살게 된다. 한편 교회나 학교 같은 규범사회에서는 역할과 인성 중 어느 한쪽으로 치중되느니 보다는 양자간에 균형을 유지하는 것이 보다 효과적이라고 분석되고 있다.

4. Etzioni의 준수규제론

Etzioni는 조직의 유형을 억압적 조직(coercive organization), 공리적 조직(utilitarian organization), 규범적 조직(normative orgnization)으로 구분하고, 권한행사 유형을 소홀성(alienative), 보상성(remunerative), 도덕성(moral)으로 구분하여,

조직의 유형과 권한행사 유형을 9가지로 배합시켰을 경우에 〈표 5-1〉에 제시된 바와 같이 1, 5, 9의 대각선형으로 배합시켜 행정행위를 하는 것이 그 조직의 목표달성에 가장 효과적이라는 준수규제론(compliance theory)을 주장하고 있는데, 이를 순응이론이라고도 한다.

표 5-1 준수규제 모형

조직의 유형	권한행사 유형			
	소홀성(강제성)	타산성(보상성)	도덕성(문화성)	
억압적 조직	(1)	2	3	(군대, 교도소)
공리적 조직	4	(5)	6	(기업체, 공장)
규범적 조직	7	8	(9)	(학교, 종교단체)

일반적으로 각 조직은 그 조직의 고유의 목표달성을 위해 노력하고 있으나 준수규제이론에 입각하여 조직경영을 하는 것이 조직의 낭비를 막고 목표달성을 가장 효율적으로 이루는 지름길이라고 주장하고 있다. 즉, 교도소나 군대사회와 같은 강압적인 사회에서는 타산적이거나 도덕적으로 행정행위를 하는 것보다는 소홀성이나 강제성 등으로 행정행위를 하는 것이 보다 효율적이고, 공장이나 기업체와 같은 공리적 사회에서는 강제성을 띄거나 도덕적으로 권한행사를 하기보다는 타산적, 보상적으로 하는 것이 가장 효율적이라는 것이다. 또한 학교나 교회와 같은 규범적인 사회에서는 강제적이거나 타산적으로 권한행사를 하기보다는 도덕적, 문화적으로 하는 것이 가장 효율적이라는 것이다.

학교조직에 근무하는 대부분의 교사들은 원칙적으로 억압적인 공포나 물질적인 보상 위주로 근무하기보다는 학교조직의 1차적 목표인 창조, 유지, 가치의 응용, 사회적 신념 등과 같은 문화 · 도덕적인 목표추구에 집착되어 있는 것이 일반적이다. 그러나 한편으로는 교직에 종사하고 있는 대부분의 교사들은 교직이 성직이기보다는 전문직으로 생각하고 있기 때문에 가족의 생계유지 차원에서라도 부수적으로 경제성 추구에도 관심을 가지고 있는 것이 현실이다.

제6장
동기이론

1. Maslow의 욕구계층론
2. Alderfer의 ERG이론
3. Hurzberg의 동기위생이론
4. Vroom의 기대이론
5. McGregor의 X · Y이론
6. Argyris의 성숙-미숙이론

1. Maslow의 욕구계층론

Maslow는 인간의 욕구를 그 절실한 정도에 따라 〈그림 6-1〉과 같이 생리적 욕구(physiological needs), 안전적 욕구(safety needs), 사회소속감적 욕구(social belongingness needs), 존경추구 욕구(esteem needs) 그리고 자아실현 욕구(self actualization needs) 순으로 체계적으로 나열하고 있다. 그는 제일 먼저 요구되는 욕구는 다음으로 달성되는 욕구보다 충족욕구가 더 높아야 하며 그 욕구가 충분히 만족스럽게 충족되었을 때만이 다음 단계의 욕구가 다가와 충족을 요구하게 된다고 보아 폭넓고 다원적인 욕구 구조를 체계적인 욕구 구조를 체계적으로 제시하고 있다.

〈그림 6-1〉 욕구계층모형

1) 생리적 욕구(physiological needs)

이 욕구는 기근을 면하고 생명유지를 위한 가장 기초적인 의식주에 관한 것 외에 성적 욕구까지를 포함하는 욕구로서 모든 욕구가 다 불만족했을 때 제일 첫 단계로 그 충족이 요구되는 욕구인 것이다. 이러한 기본적 욕구는 신체가 건전하게 보전될 수 있는데까지 만족되지 않는 한 인간들의 활동은 거의 이 수준에서 시종하고 그 외의 수준은 그 사람의 동기가 되지 않는다는 것이다. 생리적 욕구의 좌절은 다른 어느 욕구의 경우보다 더 쉽게 찾아들며 그 충족 또한 용이하게 이루어진다. 그러나 현대에 와서 이러한 유의 욕구결핍은 자주 일어나지 않기 때문에 경영주는 보다 상위욕구 해결에 보다 관심을 가져야 될 것이다. 이와 같은 기초적인 생리적 욕구가 만족되기 시작하면 다음 상위욕구인 안전적 욕구가 중요하게 되고 그것이 행동의 동기가 되어 행동의 방향을 지배하게 된다.

2) 안전적 욕구(safety needs)

생리적 욕구가 충족되면 그 다음 단계로 나타나게 되는 욕구로서 신체적 위험, 경제적 재난, 예기치 않은 실패 등으로부터 자기보호를 하여 자기보존에 대한 욕구를 충족시키고자 하는 욕구인 것이다. 인간에게는 현재에 대한 관심보다는 내일에 대한 관심이 많고, 안전이 위험에 직면하게 되면 다른 것은 그다지 중요하지 않게 되는 특성이 있으므로 경영적 측면으로 볼 때 직업의 안전성을 유지해 주고 보다 경제적 안전으로 추구될 수 있도록 노력해 주어야 할 것이다.

3) 사회소속감적 욕구(social-belongingness needs)

생리적 욕구나 안전적 욕구가 충족되면 다음 단계로 나타나는 욕구로서 인간의 사회적이고 사교적인 동료의식을 조성하기 위한 욕구인 것이다. 인간은 사회적인 존재이므로 인간에게는 여러 집단에 소속하고 싶어하고, 수용되고 싶어하며 우정과 사랑을 받고 싶어하는 욕구가 있기 때문에 사회적인 욕구가 지배적일 때 다른 사람과 같이 친밀한 관계를 가지려고 노력할 것이다. 사회소속감적 욕구는 전술한 생리적 욕구나 안전적 욕구가 신체적 내지는 준신체적인데 반하여 그렇지 않다는 점에서 차이가 있다.

4) 존경추구 욕구(esteem needs)

다른 사람들이 자기의 중요성을 인식해 주었으면 하는 자기 존경에 대한 인식적 욕구와 다른 사람들로부터 실질적인 존경을 받고자 하는 욕구의 두 가지가 다 포함된 것으로 인간은 사회소속감적인 욕구가 충족되면 단순히 집단성원의 일원이라는 것으로 만족치 않고 동료들로부터 존경과 인정을 받고 싶다는 것을 느끼게 되는 것이다. 즉 대부분의 사람들은 현실적으로 확고한 기초를 가진 자기에 대한 높은 평가의 욕구를 갖게 되는 바 동료보다 우월하려는 경쟁적 욕망은 인간의 일방적 특징으로서 조직관리자가 이를 적절히 활용하면 고도의 조직업적을 산출할 수 있을 것이다.

존경에 대한 욕구가 충족되면 자신(self-confidence), 공감(feelings), 명성(prestige), 지배력(power), 그리고 통제(control) 등의 감정이 떠오르고 자기는 유용한 인물이며 주위에 대하여 영향력을 가지고 있다고 느끼게 되나 경우에 따라서는 타인의 주의를 끌고 싶다는 욕구를 충족시키기 위해 분열적 행동이나 미숙한 행동을 하는 수도 있다. 우리 인간들은 신분과 같은 물질적 상징만을 구하는 사람도 있을 것이고 자체의 명성을 좌우할 만한 개인적인 달성이나 자기 실현을 이룩하려는 사람도 있다.

5) 자아실현 욕구(self actualization needs)

인간이 되려고 또는 될 수 있는 것은 무엇이든지 실현하고 싶은, 즉 자체발전을 위해 자신의 잠재력을 실현하고자 하는 욕구로서 인생의 목표를 달성하는 것이다. 즉, 미술가는 미술을, 시인은 시를, 음악가는 음악을 할 수 있는 등 인간잠재력을 극대화하려는 욕구로서 전술한 모든 욕구들이 달성되어야만 이 욕구의 충족이 요구되게 된다.

Maslow에 의하면, 인간은 그가 할 수 있는 것, 그가 해야만 하는 것을 실현하지 않으면 안 되는데 자기가 그렇게 되고 싶은 대로되고 싶다는 욕망을 자아실현 욕구라고 할 수 있는 바 이 욕구는 아직도 덜 알려진 상태이다. 자아실현 욕구와 밀접하게 연관되어 있는 욕구가 성취욕구로서 성공적인 성취자는 좀 어렵기는 하지만 잠재적으로 실현 가능한 목표를 추구하며 도전을 즐겨하는 공격적인 이상주의자라고 보고 있다.

Maslow의 욕구계층이론의 학교조직 상황에의 시사점을 살펴보면, 입시위주 교육상황하에서 학생들은 일차적인 욕구마저 박탈당하고 있는 실정이어서 다음 단계의 욕구에 대한 추구의욕을 고려하지 못하는 상태로 볼 수 있다. 또한 교직원의 보다 확실한 신분보장을 통해 2차적인 욕구인 안전욕구가 보장되어야 하고, 교직원 및 학생들의 학교운영에의 참여를 보장해 줌으로써 사회소속감적 욕구를 충족시켜 주어야 하며, 교사들의 지위와 권위를 신장시켜 줌으로써 학생들로부터의 존경심을 회복시켜 주는 것도 필요하며, 교사들이 잠재능력을 최대한 발휘하고, 자아실현을 할 수 있도록 교직환경이 조성되어야 할 것이다.

2. Alderfer의 ERG이론

Alderfer의 생존-관계-성장이론(existence-relatedness-growth theory : ERG)은 Maslow의 다섯 단계 욕구계층을 세 단계의 욕구계층으로 수정 · 통합한 이론이다. Alderfer는 인간은 욕구를 가지고 있으며, 이 욕구는 체계적으로 배열될 수 있고, 낮은 수준의 욕구와 높은 수준의 욕구 간에는 근본적인 차이가 있으며, 욕구는 조직에서 구성원의 동기를 결정하는 중요한 요인이라고 보았다. 그는 욕구를 생존욕구, 관계욕구, 성장욕구의 세 영역으로 구분하였다.

1) 생존욕구(E)

생존을 유지하는데 필요로 하는 모든 형태의 생리적 욕구와 물질적인 안전의 욕구를 통합한 것이다. 조직의 차원에서 보면, 보수, 부가급부, 직업 안정, 근무조건 등이 여기에 포함된다.

2) 관계욕구(R)

의미 있고 만족스러운 사회적 관계를 갈망하여 사회적 존재로서의 인간이 타인과 인간관계를 맺고자 하는 욕구다. 여기에는 감독자, 동료, 부하, 가족, 친구 등과의 대인관계를 통한, Maslow의 안전의 욕구와 사회적 욕구 그리고 존경의 욕구 등이 포함된다. 이러한 관계욕구는 분노와 혐오의 표현, 타인과의 친근하고 따뜻한 개인적 관계의 발전 등을 통해 충족될 수 있다.

3) 성장욕구(G)

최고 수준의 욕구로 개인의 발전을 위한 본질적 · 내적인 욕구로, Maslow의 자존의 욕구와 자아실현의 욕구에 해당한다. 성장욕구는 조직에서 개인의 기술과 능력을 최대한 활용할 수 있는 과업, 새로운 기술과 능력을 창조적으로 개발할 것을 요구하는 과업 등을 담당할 때 충족될 수 있다.

Alderfer의 ERG이론은 욕구 단계를 세 단계로 나누었지만, 세 가지 수준의 욕구가 어느 정도 동시에 작용할 수 있다는 점이 특징이다. Maslow의 이론은 하위계층의 욕구가 만족되어야 다음 단계의 욕구가 발생한다고 한데 반하여 ERG이론에서는 여러 욕구를 동시에 경험할 수 있다고 하였다.

3. Hurzberg의 동기위생이론

Hurzberg는 피츠버그 지방의 기술자와 회계원들 200여 명을 대상으로 하여 주로 중대한 작업수행에 있어서 그들의 작업만족과 불만족으로 이끄는 요인들에 대한 면담을 실시한 결과, 긍정적인 면으로 주로 성취, 인정, 일 그 자체, 책임, 승진 등에 의해 지배되었고, 부정적인 면은 지도자와 동료들과의 인간관계, 기술적 지도 · 감독, 조직의 정책과 행정, 작업여건, 개인의 사생활 등에 의해 지배되는 것으로 분석하였다. Hurzberg의 두 요인설 중 위생요인은 안정지향적 요인, 유지요인, 비본질적 요인, 불만족요인, 업무배경요인 등으로 명명되며, 동기요인은 성취지향적 요인, 본질적 요인, 만족요인, 업무내용요인 등으로 명명되고 있다. 동기-위생이론의 분석결과는 〈표 6-1〉과 같다.

표 6-1 동기-위생요인 조사결과

	위생요인	동기요인
업무만족	.24	.65
업무불만족	.68	.35

Hurzberg는 인간의 업무만족을 합리적 수준으로 유지케 하는데 필요한 요인을 위생요인이라고 보았고 이 요인들이 충족되면 인간의 업무만족을 강하게 충동하지는 않지만, 이 요인들이 충족되지 않으면 불만족으로 이끄는 보다 잠재력이 강한 요인이 된다고 보아 조직의 정책 및 행정, 기술적 감독, 상사 및 동료, 부하들과의 상하 관계, 보수, 직업의 안정성, 사생활, 근무조건, 직위 등이 그 하위 구성요소들로 분류되고 있다. 그는 또 하나의 다른 요인을 동기요인이라고 보고, 이러한 요인들이 충족되면 보다 높은 수준의 동기와 만족을 형성해 주게 되며 만약 이러한 요인들이 충족되지 않는다고 해서 불만족으로 유도되지 않는다고 분석하고 성취감, 인정감, 발전의욕, 작업 그 자체, 성장 가능성, 책임감 등이 그 하위 구성요소들로 분류되고 있다.

Hurzberg의 동기-위생이론은 인간의 동기와 인간을 동기화시키는 수단을 완전무결하게 이해시켜 주지는 못하였지만 인간의 동기를 이해시키는 출발점이 될 수 있다는 점에서 Maslow의 욕구계층이론과 유사성이 높은데, 욕구계층이론과 동기-위생이론을 비교해 보면 〈그림 6-2〉와 같다.

Maslow나 Hurzberg는 모두 한 업무수행 조건의 유지를 위해서는 하위수준의 욕구가 만족되어야 한다는데 동조하고 있다. 전술한 바와 같이, Hurzberg는 인간은 어떤 사회경제력 수준을 꼭 달성하려 하기 때문에 보수, 업무조건, 상하 인간관계 등을 안정지향적 요인(위생요인)으로 보았고, Maslow가 분류한 상위수준인 사회소속감적 욕구, 존경을 받고 싶어하는 욕구나 자아실현 욕구는 기본적인 성취지향적 요인(동기요인)으로 보았던 것이다. 그러나 이들은 모두 한 업무수행 조건의 유지를 위해서는 상위수준의 욕구가 만족되어야 한다는 데는 동의하고 있다.

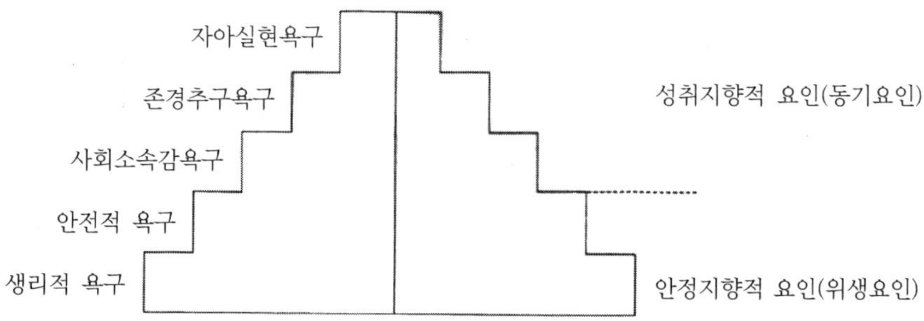

〈그림 6-2〉 욕구계층이론과 동기-위생이론의 비교

4. Vroom의 기대이론

Vroom은 Maslow와 Hurzberg의 기대에 대한 근본개념을 확대 발전시켜 조직구성원들이 몇 가지 행동 중에서 하나를 선택하도록 되어 있을 때 그 중에 하나를 선택하게 되는 동기형성 과정을 설명할 수 있는 동기유발 모형을 제시하고 있지만 추상성을 배제할 수 없어 그 타당성 검증이 요구되고 있다. 기대이론(expectancy theory)은 욕구결핍을 경감시켜 주는데 기여하는 외적 목표에 역점을 두고 있다는 점에서 욕구결핍을 지각하기 때문에 사람들은 특정한 형태의 행동을 취하도록 충동받는다고 보는 Maslow의 욕구계층이론과는 다르다. 인간의 동기문제와 행동의 복잡성을 고찰하는 데는 Maslow의 욕구계층이론보다는 Vroom의 기대이론이 더 유용하다고 볼 수 있다.

즉, Vroom은 인간의 동기부여를 유인가(valence)와 기대(expectancy)의 상호작용 결과로 보는 한편, 어떤 목표를 달성함으로써 그가 획득할 수 있는 실질적 내지는 지각된 보상의 결과가 동기부여라고 주장하기도 하였다. 즉, Vroom은 구성원이 어떤 특정한 결과를 선호하는 것을 수단으로, 어떤 특정한 욕구가 어떠한 특수한 1차적 결과를 낳을 수 있는가 하는 확률을 기대(expectancy)라고 정의하고, 1단계 결과의 유인가에 대한 산물, 그 행위에 이어 어떠한 결과가 달성될 것이라고 하는 기대강도의 금전적 보상에 상당하는 것이 동기부여라고 보고 있다.

기대이론은 이들 기본 전제와 이론을 구성하는 주요한 세 가지 기본 개념을 토대로 하고 있다. 기대이론의 기본 모형은 〈그림 6-3〉과 같다.

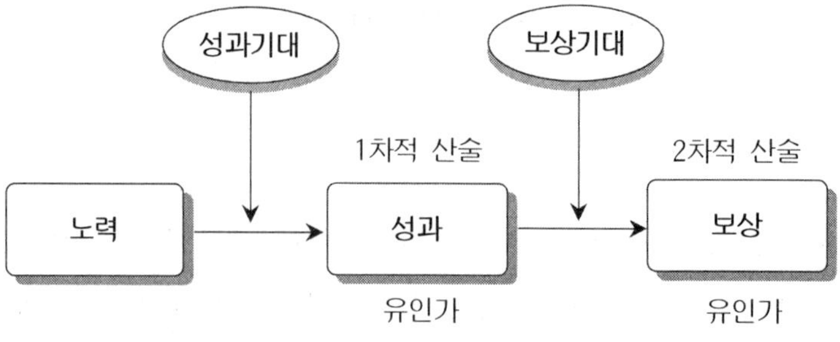

〈그림 6-3〉 기대이론의 기본모형

1) 유인가

유인가는 특정의 목표, 결과, 보상, 유인체제 등에 대해 개인이 부여한 주관적 가치, 선호, 매력, 욕망의 강도를 말한다. '나는 내 노력의 결과로 받게 될 보상에 대해서 어떻게 느끼고 있는가?' '나는 이 결과를 얼마나 좋아하는가?'에 대한 질문의 답으로 표현할 수 있다. 예를 들어 동료들의 인정과 지원을 갈망하는 조직의 구성원은 인정과 지원 자체에 긍정적인 유인가를 부여할 것이고, 그렇지 않으면 부정적 유인가를 부여할 것이다. 교사에게는 유능함, 자율, 인정, 성취, 창의성 등이 가치 있는 유인가가 될 것이며, 이는 높은 수준의 만족감을 줄 것이다.

2) 성과기대

성과기대는 노력을 통해서 특정결과가 나오리라는 가능성에 관련된 믿음, 주관적 확률이다. 개인이 열심히 일하면 과업 수행이 개선될 것이라고 믿는 것, '내가 열심히 노력하면 성공할 것인가?'에 대한 표현이 된다. 교사가 더 열심히 노력하면 학생의 성취를 개선할 확률이 높다고 생각한다면 그 교사는 높은 성과기대를 가지고 있는 것이다. 성과기대는 0~1까지의 값을 가질 수 있는데, 0은 완전한 의심을, 1은 완전한 확신을 의미한다. 이와 같이 성과기대는 노력과 성과와의 관계에 대하여 어떻게 자각하는가를 의미한다.

3) 보상기대

보상기대는 좋은 과업을 수행한 후에는 주목을 받거나 보상을 받을 것이라고 인지하는 주관적인 확률이다. '내가 만약 성공한다면 나는 무엇을 보상으로 받을 것인가?' '내가 원하던 수준까지 노력한다면, 어떤 결과가 있을 것인가?'에 대한 표현으로 나타날 수 있다. 성과와 보상 간의 관계에 대하여 어떻게 지각하느냐에 관련된 것으로, 예를 들어 교사가 자기 학급 학생들의 높은 성취가 자신의 교수능력을 공식적으로 인정받는 결과를 가져올 것이라고 생각한다면, 교사는 높은 보상기대를 갖고 있다. 보상기대는 -1~1까지의 값을 갖는다.

Vroom은 기대이론에서 동기를 유발하는 힘을 다음과 같이 표현하면서, 유인가와 성과기대 그리고 보상기대가 모두 높을 때 동기부여가 높을 것이라고 하였다.

동기 부여 = f(성과기대, 보상기대, 유인가)

5. McGregor의 X · Y이론

McGregor의 이론 X에 의하면 일반적으로 인간은 일을 싫어하고 일을 기피하고, 의존하는 습성이 있으며, 일을 게을리하면 벌을 받게 되고, 위협을 당하고, 통제를 받지 않으면 안 되게 되어 있으며, 명령받기를 좋아하고 책임회피를 원하며, 안전만을 지향하게 되어 창조성이 없다는 식으로 인간관을 비관적, 성악설적으로 보고 있다. 이론 X 유형의 인간은 생리적 욕구와 힘이 인간을 움직이고 경쟁을 인간관계의 기본양상으로 보는 속성을 가지고 있어서 성취지향적 요인에 의해서보다는 금전, 물질적 보상, 특별급여, 벌에 대한 공포 등과 같은 안전지향적 요인에 의해서 동기부여가 된다고 보고 있다. 따라서 이론 X를 추구하는 경영자는 구성원들을 지시하고, 통제하며 감독의 눈을 떼지 않는 것이 최적의 경영기법이라고 생각하고 있다. 현대조직사회에서 많은 경영자들이 아직도 이론 X에 사로잡혀 있는 경향이 많아서 인간주의의 접근방법의 적용에는 한계가 있다고 보겠다.

한편, 이론 Y에 의하면 인간은 자아지향적, 능동적, 창의적이며 근면, 솔선수범한다고 보는 등 인간관을 낙관적, 성선설적으로 보고 있다. 또한 인간은 작업을 위한 신체적 그리고 정신적 노력을 놀이나 휴식처럼 자연스럽게 받아들이고, 그가 달성해야 하는 목표를 향해 자아통제 형식으로 책임감을 가지고 행동하며 협동을 대인관계의 기본으로 보는 속성을 가지고 있다. 정상적인 인간은 책임감을 가지고 일하려 하며 조직문제 해결에 창의성, 자율성, 높은 상상력을 가지고 임하게 되는데 전체 인간 중에서 이러한 유형의 인간은 그리 많지 않다고 보고되고 있다. 따라서 이론 Y를 추구하는 경영자는 외부로부터의 통제를 서서히 약화시켜 높은 수준의 욕구충족에 박차를 가하게 되며 성취감, 인정감, 진취감, 성장력 등을 위한 기회를 열어주고 자율, 허용, 위임 등의 경영관을 바탕으로 한 경영행위를 하고 있다.

6. Argyris의 성숙-미숙이론

Argyris는 작업현장 내에서의 관리방법이 타인행동과 인간성장에 어떻게 영향을 미치는가를 살피기 위해 산업체를 분석 · 검토한 결과 완전히 성숙한 사람은 거의 없으며 성인의 특색은 개인이 속하는 문화나 개성의 규범에 의해 최대로 억제되기 때문에 완전한 형태로 표시되지 않는 한 연령이 많아짐에 따라 계속 성숙 쪽으로 발달하게 된다고 보는 입장으로, 어떤 조직에서는 구성원을 미숙한 상태로 묶어 놓으려고 하고, 또 어떤 조직에서는 구성원이 계속 성장하도록 격려하고 보살피는 곳이 있다고 보는 등 Argyris의 성숙-미성숙 이론은 본질적으로 McGregor의 이론 X와 이론 Y와 같다고 볼 수 있다.

따라서 자율을 최소로 하고 수동적 · 의존적 조직일수록 조직구성원이 업무에 대해 무관심하고 나태한 것이 일반적인데, 이러한 현상은 구성원 자체의 잘못보다는 조직 운영자의 양식에 잘못이 있다고 지적되고 있다. Argyris는 구성원의 성장과 성숙을 위해 집단구성원으로서의 자아욕구를 충족시키게 되면 나아가서 조직의 욕구도 충족시키게 될 것이라고 보아 McGregor의 이론 Y와 같은 입장을 취하고 있는 바 일반적으로 공식조직에서는 미숙을 강요하고 보호하는 경우가 많다.

이상과 같이 행동과학자들은 교육행정도 사회체제 속에서 일어나는 사회과정이면서, 교육기관이라는 조직의 목표를 효과적으로 달성하기 위한 구성원들의 협동적 행위라고 보고, 행동과학적 접근을 통해 교육행정의 고유개념과 이론을 수립하기 위한 과학적 · 체계적인 연구를 촉진하였다. 교육행정에서는 이를 이론화 운동(theory movement) 또는 신운동(new movement)이라고 하는데, 실제적 처방 중심의 교육행정학을 다른 사회과학처럼 이론 중심의 학문으로 발전시키기 위한 노력이었다.

제7장 지도성이론

1. 지도성의 개념
2. 지도성이론

1. 지도성의 개념

교육행정의 연구에서 지도성(leadership)만큼 많이 연구된 주제도 찾기 힘들다. 그럼에도 불구하고 지도성을 분명하게 정의하기 어려운 것은 지도성이 그 관점이나 접근방법에 따라 다양하게 정의되고 있기 때문이다.

일반적으로 조직의 장이 행정행위를 하게 되는 근거의 하나는 그 조직에서 주는 공식적인 직위 및 역할, 그 역할수행을 결정 · 집행하는 정도에 대한 보상내지는 제재 등으로부터 나오게 되고, 또 다른 하나는 조직의 장, 자신이 평소에 개인적으로 쌓은 명망, 권위, 영향력 등을 근거로 해서 나오게 된다. 전자를 권력, 후자는 권위하고 부를 수 있겠다. 이와 같은 논리는 리더십과 헤드십(headship)의 개념으로도 설명이 된다. 즉, leadership과 headship은 모두 권위(authority)를 근거로 하나 그 권위가 어디에서 나오느냐에 따라 차이가 있다. 즉, headship은 공식적인 계층 직위와 권위를 근거로 하고 있는데 반하여, leadership은 그러한 계제와는 관계없이 지도자 자신이 평소에 쌓은 권위, 즉 자발성을 근거로 하고 있는 것이다. 따라서 headship은 조직구성원과 심리적 유대가 적어 공통감정이 희박한데 비하여 leadship은 지도자와 피지배자 사이에 심리적 공감이 있어 일체감이 강하다고 볼 수 있다.

1) 지도성의 개념 규정의 관점

지동성에 대해 Etzioni는 본질적으로 규범적인 것이고 주로 개인의 특성에 기초한 권력으로 보았으며, Lipham은 조직의 목적과 목표를 달성하거나 변화시키기 위하여 새로운 구조나 절차를 창출하는 것으로 보았다. Stogdill은 목표 설정과 목표 달성을 위해 조직화된 집단의 활동에 영향을 주는 과정으로 규정하며, 지도성에 대한 여러 정의를 범주화하였다. Hersey와 Blanchard는 지도성을 일정한 상황하에서 목적 달성을 위해 개인이나 집단의 활동에 영향을 미치는 과정으로 정의하였다. 그래서 그들은 지도성을 지도자와 추종자 및 상황 변인 간의 함수관계로 나타낼 수 있다고 하였다.

Kats와 Kahn은 지도성의 성격과 의미를 기술하면서, 지도성의 구성 요소로 직위의 속성, 개인의 특성, 실제 행동의 범주를 들고 있다. 그러나 오늘날 직위의 속성이나 개인의 특성은 지도성의 한 구성요소로 고려되고 있기는 하지만, 지도성을 포괄적으로 설명하기는 부족하다는 점이 밝혀지고 있다. 왜냐하면 조직의 상위직에 있다고 해서 반드시 지도력이 있다거나, 반대로 상위직에 있지 않다고 해서 지도력이 없다거나 하는 것은 아니기 때문이다. 또한 지도자가 소유하고 있는 특성을 조직의 구성원도 지니고 있으며, 어떠한 상황에서도 적용할 수 있는 지도적 특징을 발견할 수 없기 때문이다.

2) 지도성의 정의

이상 여러 학자들의 지도성에 대한 정의를 종합해 보면 지도성이란 주어진 상황 속에서 구성원들의 저항을 자아냄이 없이 조직목표를 달성하기 위해 조직의 구성원들로 하여금 자발적으로 협조하도록 하는 일종의 기술 및 영향력이라고 종합된다.

2. 지도성 이론

지도성 연구의 접근방법이나 이론은 학자에 따라 매우 다양하다. 본 장에서는 비교적 광범위하게 적용되고 있는 지도성 이론으로 사회심리학적 접근, 형태론적 접근, 상황중심적 접근에 더해 비교적 최근의 연구 경향인 변혁지향적 접근에 의한 새로운 지도성 이론을 살펴보고자 한다.

1) 사회심리학적 접근

(1) 특성론

특성론(trait approach)자들은 이 세상에는 지도자적 특성을 구비한 사람과 그렇지 못한 사람의 두 유형으로 명확히 구분되어 있는 것으로 알았기 때문에 지도자가 공통적으로 구비하고 있는 특성 그 자체를 찾아내는데 시종일관해 왔다. 이들은 지도자의 특성은 인간의 선천적 특성(inherent personal qualities)에 있다고 보고 지도자가 공통적으로 구비하고 있는 특성 및 자질을 연구대상으로 하였다.

Bass는 지도성을 하나의 통일적 자질로 보고 모든 상황, 모든 문화에 있어 이와 같은 특성 및 자질을 지닌 사람이 지도자가 되며 또한 지도자만이 그러한 특성 또는 자질을 지닌다고 보았다.

지도자의 자질 또는 특성은 학자에 따라 주장하는 바가 다르나 일반적으로 지구력, 건강, 용모, 지능, 자신감, 사교성, 의지력, 우월감, 외향성, 분석력, 판단력, 열의, 자제심 등으로 종합되고 있다. 특히 Barnard는 박력 및 인내력, 결단력, 설득력, 책임감, 지능 등을 들고 있는 바 전술한 제 요소를 소유한 자는 지도자가 될 수 있고 그렇지 못한 자는 지도자가 될 수 없다고 주장하고 있다.

Stogdill은 지도자의 특성에 관한 15개 연구결과를 분석한 끝에 지도자 위치에 있는 사람들의 상당수가 지성, 학문, 책임감, 활동력, 사회참여, 사회경제적 지위가 동료 구성원들보다 우월하고, 지도자에게 요구되는 자질, 특성, 기술 등은 그가 지도자로서 활동하는 상황의 요구에 따라 결정하게 된다는 결론을 내리고 있다. 이와 같은 Stogdill의 연구결과는 절대적일 수는 없으나 우리들로 하여금 지도자들이 구비하고 있는 자질을 예측할 수 있게 해 주고 있다는데 그 의미가 있다.

Gibb은 전술한 Stogdill의 지도자의 특성에 관한 많은 연구는 지도자의 특성을 체계화하는데 일관성 있는 균형을 이루지는 못했으나 지도자의 특성이라는 것이 어떤 특정 상황에 따라 결정되는 개성적 특성(personality traits)의 일부일 수도 있고, 전부일 수도 있다고 분석하고 있다.

Ghiselli는 독자적으로 행동하고 자신감을 갖고 임하는 지도자는 조직목표 달성에 성공적으로 임하며 지도자의 언어능력과 판단능력은 지도성과 직결된다고 밝히고 있고, Fiedler도 성공적인 지도자는 비성공적인 지도자보다 더 총명하고, 우수구성원과 열등구성원을 구분하는데 능수 능란하고, 보다 효율적인 지도자는 그와 그 구성원의 관계를 잘 유지한다고 밝히고 있다.

(2) 상황론

상황론(situational approach)은 지도성에 있어서 특정 개인이 갖고 있는 특성보다는 오히려 그 조직의 목적 내지 기능을 파악하고 그것과 지도자와의 관계를 규명하자는 이론으로서 그 조직의 목적 또는 기능이 다른 경우에는 상이한 지도자를 요구하는 것이다. 즉, 상황에 따라 지도자가 될 수도 있고 안 될 수도 있다는 것이다.

상황에 영향을 주는 요소에 대해 Filly와 House는 조직의 역사, 조직의 주변 사회, 조직이 요구하는 업무자격, 조직이 인도되고 있는 심리적 환경, 지도자가 수행하는 업무, 집단의 규모, 집단구성원들의 협력 정도, 부하들의 상사에 대한 기대, 집단구성원의 성격, 의사결정에 필요하다고 허용된 시간 등을 제시하고 있다.

2) 형태론적 접근

(1) Lewin의 연구

지도성에 관한 형태론적 접근으로서 제일 먼저 시도된 실험적 연구는 Lewin과 White 등에 의해 이루어졌다. 이 연구팀은 10대 소년들로 네 개의 클럽을 만들어 한 반은 통제집단으로 하고, 나머지 세 개 집단은 교사들로 하여금 전제형지도자(autocratic leader), 민주형지도자(democratic leader), 자유방임형지도자(laissezfaire leader)로 연출케 하고, 이 소년들에게 각종 재료를 제공하여 장난감을 만들게 하는 과정에서 지도자들이 그 구성원들에게 때로는 만족감을 주고, 때로는 좌절감도 주며 공격적이 되도록 조작한 결과, 대상자 20명 중 19명이 권위주의적 지도자보다는 민주적 지도자를 좋아했고, 단 1명만이 권위주의적 지도자를 좋아했는데 그의 아버지는 군인이었다. 또한 권위주의적 지도자에게는 상당한 저항과 공격적인 행위가 관찰되었고 자유방임형지도자 하에서는 좌절과 방향감각이 없었으며 우유부단함을 볼 수가 있었다.

이 실험의 결과, 민주적 지도자가 이끄는 집단이 생산성이 높을 뿐만 아니라 구성원들의 존경을 받으면서 지속적으로 조직을 이끌어 나갈 수 있다는 점, 특히 지도유형이 조직에 미치는 영향을 실험적으로 발견하려 했던 개척적인 연구였다는 점에서 그 의의가 크다고 보겠다. 또한 Lewin의 연구는 과학적 방법론의 관점에서 지도성을 분석했다는 점과 상이한 지도유형이 동일한 집단에서 상이하고 복잡한 반작용을 일으킬 수 있다는 점을 보여주었고 특히 학교현장에 있어 지도성에 대한 개념이나 이론들은 바로 이 연구에 의해 힘입은 바가 크다.

(2) Likert의 연구

Likert와 그 동료들은 산업체, 병원, 정부기관의 지도자 및 종업원들로부터 자료를 수집하여 분석한 결과, 지도자의 지도유형을 과업중심지도자(job-centered leader)와 종업원중심지도자(employ-centered leader)로 구분하게 되었다.

과업중심지도자는 종업원들의 업무를 분담시켜 주고 주어진 과업이 잘 이행되는지 여부를 지켜보고 감독하며 생산을 독려하기 위한 유인체제를 강구하고 종업원을 조직목표를 달성하기 위한 도구로 보고 있는데 반하여 종업원중심지도자는 종업원들의 당면문제를 인간적 측면에서 해결하려 하고 종업원들의 자발적인 작업활동으로 높은 조직 목표를 얻어 내려는데 주 관심을 기울여 구성원들의 개성이나 개인적 욕구를 존중하는 형이다.

Likert는 생명보험회사를 대상으로 한 한 연구에서 높은 성적을 올린 조직의 장은 그의 구성원들에 의해 동정적이며 민주적이고 이기심이 적고 적극적으로 돕고 있다고 인정받는데 반하여 성적이 좋지 않은 조직의 장은 그 구성원들에 의해 잘 평가되지 못하고 있다고 밝히고 지도자는 가능하면 종업원중심지도성을 행사하여야 한다고 주장하고 있다.

Likert는 구성원들의 인간적 측면과 높은 수행목표를 지닌 효과적인 작업집단을 만드는데 최선을 다하는 감독자를 종업원중심지도자로 보고 또한 생산성을 높이기 위해 끊임없이 압력을 가하는 감독자를 작업중심지도자로 볼 때 이러한 감독자가 있는 부문의 생산성이 저하하는 것을 발견하였다. 즉, Likert에 의하면 생산성이 높은 감독자는 부하들에게 목적이 무엇이며 무엇을 달성하지 않으면 안 된다는 것을 잘 설명한 후 일의 수행방법에 대해 위임해 버리고 있으며 사소한 것까지 간섭하려드는 감독방법보다 전반적인 감독방법이 생산성을 높인다는 것을 발견하였다.

(3) Hemphill과 Coons의 연구

Hemphill과 Coons는 지도자행동기술질문척도(leader behavior description questionnaire : LBDQ)를 제작하여 다양한 집단과 상황에서 지도성을 분석하는 데 획기적인 전기를 마련하였다.

과업중심적(initiating structure) 차원은 집단활동에 있어 지도자 자신과 소속 구성원이 상하조직관계와 의사소통 경로를 명백히 형성하여 모든 행정절차와 방법을 확립하려는 지도자의 행동을 말한다. 따라서 지도자는 각 구성원이 각자에게 기대되는 역할을 분명히 해 주고, 임무를 배정하고, 미리 계획을 세우며 일을 처리하는 방법과 절차를 세우며 결실을 보기 위해 일을 추진하는 것으로 구조성 차원이라고 부르기도 한다. 인화중심적(consideration) 차원이란 지도자와 집단구성원 사이가 우정을 암시하는 행동, 상호 신뢰, 존경, 온화함 등을 나타내는 행동으로서, 소속 구성원의 욕구에 깊은 관심을 가지며 아래 사람으로 하여금 의사결정 과정에 적극 참여하게 하고 의사소통을 활발히 하도록 장려하는 행위를 포함하는데 배려성 차원이라고 부르기도 한다.

Halpin은 과업중심적 차원과 인화중심적 차원의 배합관계를 〈그림 7-1〉과 같이 도형화하고 있다.

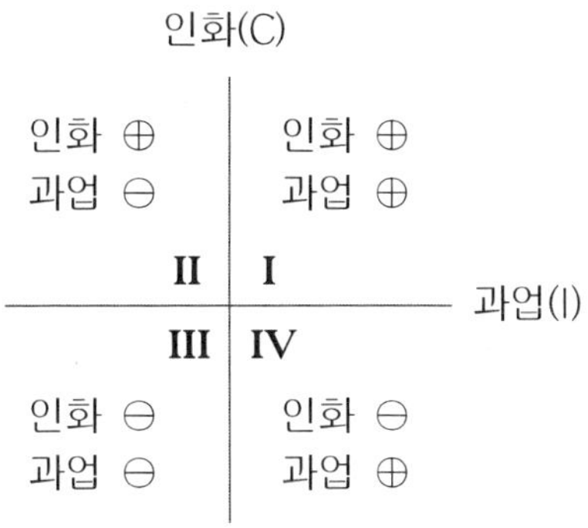

〈그림 7-1〉 지도성의 4분형

Halpin은 I상한적 행정유형(인화⊕, 과업⊕)을 효과적 지도성(effective leadership), II상한적 행정유형(인화⊕, 과업⊖)을 인화중심적 지도성(consideration leadership), III상한적 행정유형(인화⊖, 과업⊖)을 비효과적 지도성(uneffective leadership), IV상한적 행정유형(인화⊖, 과업⊕)을 과업중심적 지도성(initiating structure leadership)으로 분류하고, 이 네 가지 유형 중에서 I상한적인 효과적 지도성을 가장 효과적인 지도유형으로 분류하고 있다.

Halpin은 교육감과 공군지휘관에게 LBDQ를 적용하여 비교 연구한 결과 교육조직의 지도자는 공군지휘관에 비해 인화중심차원을 보다 강조하고 과업중심차원을 덜 강조한다는 것을 밝혀 냈고, 존경을 받지 못하는 지도자의 대부분은 과업중심차원이나 인화중심차원의 두 요인이 평균점 이하라는 것을 밝혀 냈다. 결과적으로 볼 때 상이한 조직상황에 처한 지도자의 지도성을 비교해 보면 공통된 점을 발견할 수 있지만 학교조직과 공군조직에서는 그 차이가 뚜렷하였다.

(4) Blake와 Mouton의 관리망이론

Blake와 Mouton은 당시의 인간관계를 주장하는 측과 지도성을 더 주장하는 양측에 대한 절충론으로 관리망이론(managerial grid theory)을 제시하여 큰 공헌을 하고 있다. Blake와 Mouton은 지도성에 영향을 미치는 요인을 생산에 관한 관심(concern for production)과 인간에 대한 관심(concern for human)으로 구분하고 생산에 관한 관심이 높을수록 큰 수치로 횡축에 표시하고 인간에 대한 관심이 높을수록 종축에 표시하여 〈그림 7-2〉와 같은 관리망이론을 도형화하고 있다.

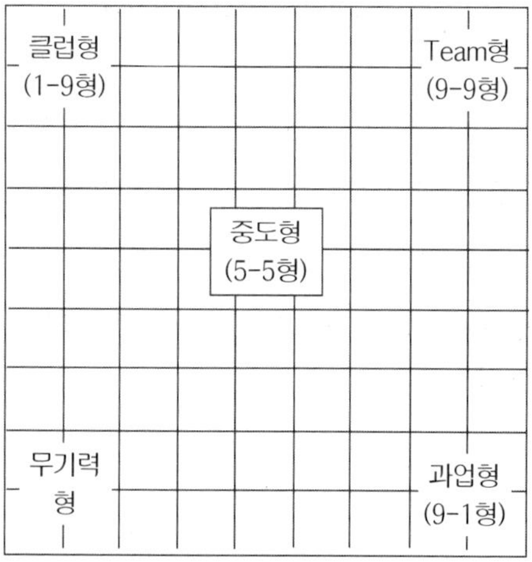

〈그림 7-2〉 관리망이론 모형

이들은 양 요인의 배합으로 무기력형(1-1형), 과업형(9-1형), 중도형(5-5형), 클럽형(1-9형), 팀형(9-9형) 등으로 구분하고, 팀형(9-9형)이 인간과 생산 모두에서 최대한 관심을 기울이는 가장 이상적인 지도유형으로 결론을 맺고 있다.

(5) Getzels와 Guba의 사회체제모형론

Getzels와 Guba는 Parsons의 구조기능주의와 Barnard의 균형론을 이론적 배경으로 하여 조직을 계서적 역할구조가 특징을 이루고 있는 하나의 사회체제로 볼 때 사회체제는 조직적 요인(규범적 요인)과 구성원적 요인(인간적 요인)으로 구분하고, 이 두 요인의 상호작용에 의해서 조직에서 요구하는 궁극적인 추구목표가 달성된다고 보고 사회체제모형을 제시하여 지도성 유형을 규범적 지도자(nomothetic leader), 인간중심적 지도자(idiographic leader), 절충적 지도자(transactional leader) 등으로 구분하고 있다.

이 이론에서 규범적이라는 말은 사회체제에 있어 행동의 사회적 · 조직적 측면을 강조하는 것이고, 인간중심적이라는 것은 행동의 심리적 · 개성적 측면을 강조하는 것이며, 절충적이라는 말은 상황에 따라 규범적 요인과 인간적 요인을 절충하는 것이다.

1 규범적 지도자형

규범적 지도자형이란 구성원 개인의 개성이나 욕구성향보다는 그 조직에서 요구하고 있는 역할이나 기대에 주 관심을 두는 지도유형이다. 조직의 역할 · 기대가 명백히 규정되면 모든 역할수행자는 그가 조직을 위해 무엇을 해야 하는가 하는 것에 관한 책임을 지게 되며 누가 역할수행자이냐에 관계없이 조직에서는 일정 수준의 바람직한 생산성(목표)이 주어지게 되고 이 목표달성을 위해서는 기술적 경쟁을 하게 된다. 이러한 지도성 아래에서는 인간은 잘 고안된 기계처럼 취급되게 되는 것이다.

2 인간적 지도자형

인간중심적 지도자 유형은 조직의 역할 · 기대에 대한 요구에 의해서보다는 구성원들의 개성, 욕구성향에 의한 지도자의 행동영역을 강조하는 형이다. 그러나 이러한 지도유형을 적용하였다고 해서 규범적 지도자 유형보다는 지도자의 목표달성 욕구가 약화된다고 보지 않는다. 즉, 가장 신속하고 질 높은 목표달성을 위해서 조직구조에 보다는 조직에 종사하고 있는 구성원들에 더 관심을 기울이는 입장인 것이다. 인간중심적 지도자 유형에서는 조직에서 주어진 역할 · 기대에 대한 일방적인 강요를 하는 것으로 해결되는 것이 아니라 구성원 각자로 하여금 조직발전을 위해 그에게 있어 가장 의미 있는 것이 무엇인지를 알아 그것 중심으로 공헌토록 해 주는 것이라고 믿는 것이다.

3 절충적 지도자형

절충적 지도자 유형은 주어지는 상황에 따라(한 상황 하에서 행해진 지도유형이 다른 상황 하에서는 다른 유형으로 바뀌는 것) 그 상황에 알맞은 지도행위를 행사하는 지도유형인 것이다. 규범적 지도요인과 인간적 지도요인을 다 추구하는 것은 그리 용이하지 않기 때문에 행정가는 이 양요인의 자원과 요구를 충분히 분석하여 그에 알맞은 행정행위를 하여야 한다는 이론이다.

Moser는 학교행정가의 행정행위를 대상으로 하여 규범적 지도유형, 인간적 지도유형, 절충적 지도유형 등에 관한 연구를 한 결과 교장은 교육장에 의해서는 목표달성, 제도적 규범, 중아집권적 권위 등이 강조되고, 교사들에 의해서는 구성원들의 욕구와 욕망, 규범의 최소준수와 하의상달 등의 인간중심적 요인의 강화를 강조 당하고 있음을 발견하였다.

3) 상황중심적 접근

(1) Fiedler의 우발성이론

Fiedler는 지도성 연구에서 특정 상황중심적 접근을 제안한 주요 모형을 최초로 구성하였다. Fiedler의 우발성론(contingency theory)에서는 조직의 높은 성취를 달성하는 데 있어 지도성의 효과는 지도자의 동기와 상황을 통제하고 영향을 주는 정도에 달려 있다고 보았다. 지도자가 효과적으로 통제해야 할 상황적 변인으로는 지도자와 부하와의 관계(leader-member relation) 과업의 구조(task structure) 지도자의 지위 권력(power)이라는 세 가지 요소를 제시하였다.

1 지도자와 구성원의 관계

지도자와 구성원의 관계의 질을 말하며, 지도자가 가지고 있는 구성원에 대한 신뢰, 지도자에 대한 구성원의 존경도 등에 의해 평가된다.

2 과업의 구조

과업이 명확하게 잘 규정되고 수행 방법이 체계화되어 있는 경우 구조화되어 있다고 한다. 과업의 구조성은 목표의 명료도, 목표 달성의 복잡성, 수행에 대한 평가의 용이도, 해결책의 다양성 등에 따라 구조화/비구조화로 구분된다.

3 지도자의 지위 권력

지도자가 합법적 · 보상적 · 강압적 권력을 가지고 구성원의 행위에 영향을 줄 수 있는 능력의 소유 정도를 말한다.

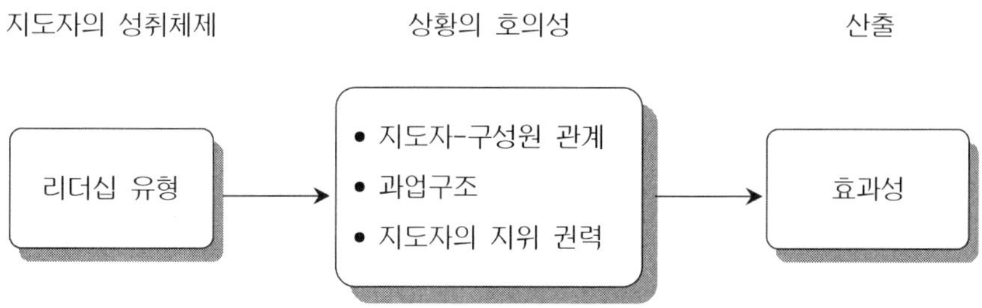

〈그림 7-3〉 3Fiedler의 우발성이론의 주요 변인

이러한 상황적 변인을 토대로 Fiedler는 〈그림 7-4〉와 같은 여덟 조합을

구성하고, 지도성이 효과적이기 위해서는 상황의 호의성에 따라 지도성 유형이 달라져야 한다는 것이다. 그는 상황의 호의성을 호의적, 중간, 비호의적의 3단계로 구분하고, 상황의 호의성 정도에 따라 효과적인 지도성 유형을 제시하였다. 상황의 호의성이 매우 호의적(I, II, III)이거나 매우 비호의적(VIII)인 상황에서는 과업 지향형의 지도자가 효과적이고, 호의성이 중간 정도(IV, V)의 경우에는 관계 지향형의 지도자가 효과적이라고 하였다.

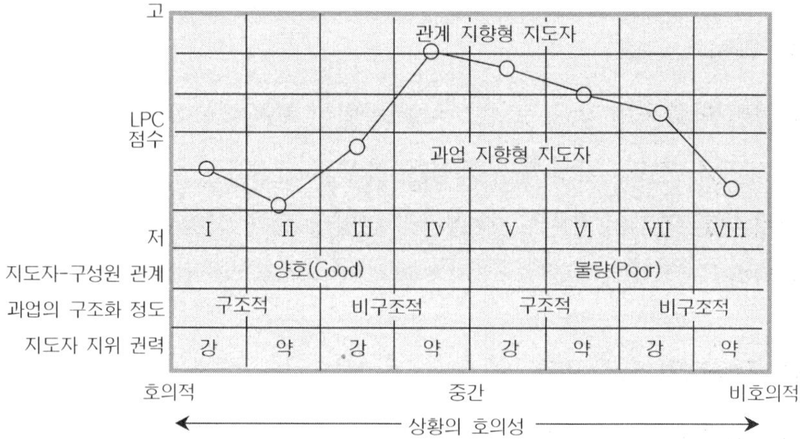

[그림 7-4] Fiedler의 상황에 따른 효과적인 지도성 유형

(2) House의 행로 · 목적이론

House는 지도자의 효과성에 영향을 주는 상황적 요소에 대한 분석을 하여 행로-목적이론(path goal theory)을 제시하였는데, 이 이론은 기대이론(expectancy theory)에 근거를 두고 있다. House의 행로-목적이론은 지도자의 행동, 상황적 요인, 지도자의 효과 등 세 변인으로 구성되어 있는데, 지도자의 행동은 지시형, 성취지향형, 지원형, 참여형 등으로 유형화되고 있다.

1 지시형

구성원에게 무엇이 기대되고 있고, 수행해야 할 과업이 무엇이며 어떻게 수행해야 하는가에 대하여 안내하고, 일정한 직무 성취 기준을 제시하고 규칙과 규정의 준수를 요구한다.

2 후원형

구성원의 욕구 및 복지에 관심을 보이는 우호적이고 친밀감 있는 지도자로 구성원을 평등하게 대우한다.

3 참여형

어떤 결정을 내려야 할 때 구성원과 협의하고 구성원의 의견을 구하며, 구성원의 아이디어를 진지하게 경청하여 결정한다.

4 성취 지향형

직무 수행에서 수월성을 끊임없이 강조한다. 동시에 구성원이 설정된 높은 기준을 성취할 수 있는 능력과 의지를 가지고 있는 것으로 확신한다. 도전적인 목표를 설정하고 이러한 목표수행에 대하여 구성원이 책무성을 갖도록 유도한다.

상황적 요인은 조직구성원의 특성과 환경적 조건의 두 가지로 구성되어 있고, 지도자의 효과성은 조직구성원의 직무만족도, 지도자의 수용도, 조직구성원의 동기 등으로 구성되어 있다.

(3) Reddin의 생활주기모형

Reddin은 Hersey와 Blanchard의 도움을 받아 Reddin의 3차원관리효과

이론에 근거하여 3차원적 지도자효과 적응성측정모형(tri-dimensional leader effectiveness model)인 생활주기모형(life cycle model)을 제시하고 있다.

Hersey와 Blanchard는 과업중심요인은 과업 행동으로, 인화중심요인은 관계성행동으로 개념화하고, 여기에 효과성 차원을 가미하여 구성원의 성숙 정도에 의해 결정되는 상황변수에 따라 유효한 경우와 비효과적인 경우를 연속선상에 표시하여 지도자효과 적응성측정척도(leader effectiveness adaptability description : EAD)를 제시하고 있다.

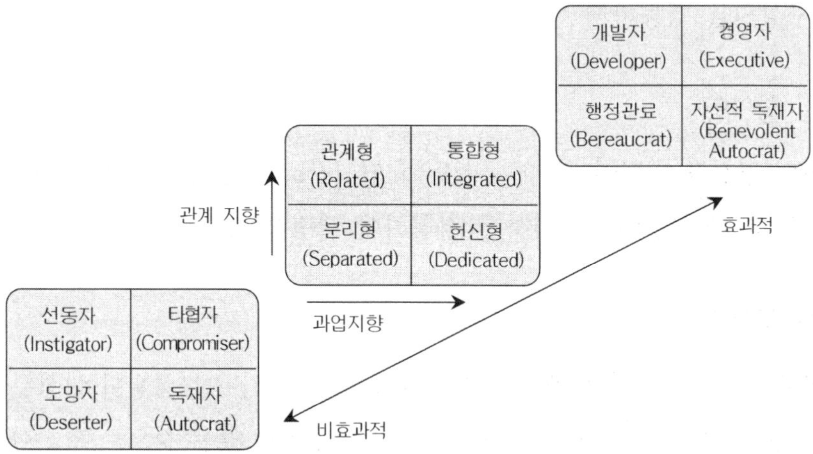

〈그림 7-5〉 Reddin의 3차원적 지도성 모형

기본유형인 관계성형이 효과적인 상황에서는 타인을 신뢰하고 온화하며 타인의 개인적 발전에 관심을 두는 개발자형의 지도성을 발휘하게 되지만, 비효과적인 상황에서는 조직이 목적 없이 표류하는 동안에도 선의만을 추종하는 선동자형의 지도성을 발휘하게 된다는 것이다. 효과성과 결합된 여덟 가지 지도성 유형의 특징은 다음의 〈표 7-1〉과 같다.

표 7-1 효과성과 결합된 지도성 유형의 특징

지도자 유형	효과적	비효과적
통합형	**경영자형** 동기유발, 높은 기준 설정, 개인차 인정, 팀 경영 선호	**타협자형** 부적절한 압력에 심하게 영향을 받는 줏대 없는 의사결정자
분리형	**관료형** 규칙과 규정을 공평하고 양심적으로 행사하여 현상 유지 및 통제	**방임형** 수동적, 무관심하며 남의 일에 간섭하며 책임을 포기하는 자
헌신형	**자선적 독재자형** 해야 할 일을 알고, 그것을 적재심을 유발하지 않으면서 효율적으로 하는 적극적 추진자	**독재자형** 무감각하고 오만하며 완고함, 타인에 대한 불신, 즉시적인 일에만 관심
관계형	**개발자형** 타인을 신뢰하는 온화한 인간, 타인의 개인적 발전에 관심	**선동자형** 기적으로 조화에 관심을 두나, 조직이 목적없이 표류하는 동안에도 선의만을 전파하는 자

4) 변혁지향적 접근

최근에 이르러 지도성에 관한 연구의 중심축이 거래적 지도성(transactional leadership)에서 변혁적 지도성(transformational leadership)으로 이동하고 있다는 주장이 대두되고 있다. Bass, Sergiovanni 등은 조직 상황의 급격한 변화나 지도자 역할의 복합성과 인간 잠재력에 대한 필요성 증대 등에 대비하기 위한 새로운 지도성이론으로 변혁지향적 지도성(transforma- tional leadership)을 제안하고 있는데, 거래적 지도자(transactional leadership)와 변혁적 지도자(transformational leader)의 개념을 근거로 하고 있다.

(1) 거래적 지도성

거래적 지도성은 지도성 효과에 대한 전통적 관점으로서 부하가 지도자의 뜻에 따라 순종함으로써 그 대가로 보상을 받게 된다는 일종의 지도자와 부하 사이의 주고받는 관계를 말하고 있는데, 지도자 자신들이 원하는 것을 얻는 대가로서 구성원들이 원하는 것을 제공한다는 것이다. 반면에, 변혁적 지도성은 지도자와 부하가 상호간에 동기를 부여하고 조직구성원의 태도와 신념에 중요한 변화를 일으키고, 조직 목표에 대한 높은 헌신성을 가지게 하는데, 조직을 구성하는 요소 중 인간요소와 가장 깊은 관련을 가지고 있다.

(2) 변혁지향적 지도성

변혁적 지도성에서는 조직이 원하는 성과를 얻기 위해서 보상을 교환하는 차원을 넘어서 조직변화를 시도하게 되는데, 이 때 '변화의 필요성 인식', '비전창출', '변화의 제도화' 등을 주요 행동지침으로 하고 있으며, '인간존중', '변화선도', '솔선수범' 등을 중심원리로 삼고 있는 것이 일반적이다.

변혁적 지도성은 지도자의 직접적인 영향력 행사에 구성원들을 순응시키는 것 이상에 바탕을 두고 있는데, 지도자가 비록 권력을 사용하여 구성원의 행위에 영향을 미치기는 하지만 지도자의 능력은 구성원의 태도를 변화시키고, 구성원들의 동기와 도덕 수준을 고양시키며, 통합적인 과정을 통해 조직에 대한 헌신성을 형성시켜 주게 되고, 변혁적 지도자의 이념화된 영향력은 구성원들의 신뢰와 존경을 얻고 조직과 구성원들이 직무를 수행하는 방법에 있어서 급격하고 근본적인 변화를 수용할 수 있는 근거를 제공해 줄 수 있다는 등 지도자 행동의 비합리적인 측면 내지는 영감적이고, 상징적인 측면을 강조하고 있다는 점에서 일종의 카리스마적 지도성(charismatic leadership)이다. 하지만 카리스마적 지도성은 변혁적 지도성의 필수조건은 되지만 충분조건은 못되고 있다고 보는 것이 일반적이다.

이와 같이, 변혁적 지도성은 지도자가 권력을 사용하여 추종자의 행위에 영향을 미치지만 지도자의 능력은 추종자의 태도를 변화시키고, 그들의 동기와 도덕 수준을 높이며, 그들과의 통합적인 과정을 통해 조직에 대한 사명감을 형성하는 것이다. 변혁적 지도성의 초점은 인간의 잠재능력을 각성시키고, Maslow의 욕구위계론상의 고차적 욕구 충족을 추구하면서 동기를 부여하여 고도의 사명감을 가지고 업무를 수행하도록 지도자와 구성원의 기대를 고조시키는 데 있다. 이를 위해 변혁적 지도자는 비전을 설정하여 장기적 전략계획을 세우고, 변동하는 내 · 외부의 상황을 판단하여 조직의 목적을 보다 크게 성취하도록 구성원을 지속적으로 자극 · 발전시키는 역할을 한다.

제8장
의사결정론

1. 의사결정의 개념과 유형
2. 의사결정의 이론
3. 의사결정의 갈등 요소
4. 의사결정 과정에 필요한 의사소통기법

1. 의사결정의 개념과 유형

1) 의사결정의 개념

의사결정(decidion-making)은 국가차원의 정책결정과 달리 주로 학교 중심으로 이루어지고 있다. 의사결정이란 개념은 Griffiths의 정의에 따르면 "심사숙고 후에 도달한 결론"이라고 말할 수 있으며, Campbell의 정의에 의하면 의사결정이란 "본질적으로 조직구성원이 목표로 한 것을 성취하기 위하여 어떤 방법을 선택하는 것"이라고 설명된다. 또 Hoy와 Miskel에 의하면 "의사결정은 조직 내의 모든 기능과 업무의 합리적 행정에서 찾아볼 수 있는 일반적 행동 유형"이라고 정의하고 있다.

이러한 정의를 종합하면 의사결정이란 "특정 목적을 달성하기 위하여 지도자나 조직구성원이 개별적으로 혹은 집단으로 심사숙고하거나 토론한 결과로 도달한 결론"이라고 말할 수 있다. 또 이를 학교를 중심으로 본다면 학교 내의 의사결정이란 "학교의 교육목적을 효율적으로 달성하기 위하여 학교장이나 다른 교원들이 개별적으로 혹은 집단으로 심사숙고하거나 진지하게 토론한 결과로 도달한 결론"이라고 말할 수 있다.

2) 정책결정 개념과의 차이점

의사결정은 정책결정과 개념을 달리 한다. 의사결정은 권력을 배경으로 한 정부 또는 공공기관의 정책수립가나 고위직 행정가들의 결정이 아니고,

또 정치적 제반 특징을 함축하고 있지 않다는 점에서 국가차원의 정책결정과는 그 성질을 달리 한다. 의사결정은 정책적으로 결정된 사항이나 방향에 따라 일선 현장에서 구체적으로 실천할 사항이나 방안을 결정하는 것을 특징으로 하고 있다. 따라서 의사결정은 주로 학교장을 중심으로 하여 학교 구성원들의 참여에 의하여 이루어진다.

3) 의사결정 참여자

의사결정은 단독 혹은 집단에 의하여 이루어지는데 학교와 같은 조직에서는 대부분의 경우 의사결정 과정에 참여할 수 있는 사람은 학교운영과 관계되는 사람들로서 상급 기관의 관계자, 학교의 교장 및 교감, 교사, 학생, 학부모, 동창회, 유관기관의 관계자들을 들 수가 있다. 학교의 상급기관으로서는 단순하게 교육부, 교육청, 교육위원회를 들 수 있고, 이들 기관의 관계자가 참여하는 방식은 직접 참여도 하겠지만 대부분의 경우는 문서형식으로 이루어진다.

학교의 교장과 교감은 학교 내의 각종 위원회나 다른 여러 방식으로 직접 참여하는 경우가 많고, 특히 교장의 경우는 주위의 자문이나 정보를 바탕으로 하여 단독으로 결정할 경우가 많다.

4) 의사결정의 유형

Hoy는 다음과 같이 다섯 가지 의사결정 유형을 제시하였다.

(1) 집단 합의

행정가는 참가자들을 의사결정에 참여시키고, 집단이 결정을 내린다. 모든 구성원은 결정을 내리고 평가할 때 똑같이 참여한다. 하지만 어떤 결정이 이루어지려면 전체의 합의가 필요하다.

(2) 집단 다수결의 원칙

행정가는 의사결정에 참여시키고 나서 집단은 다수의 원칙에 의해 결정된다.

(3) 집단 자문

행정가는 전체 집단의 의견을 구하고, 집단의 의견이 함축하는 바를 논의하고, 그런 다음 하위자들의 요구를 반영할지 안 할지를 결정한다.

(4) 개인 자문

행정가는 의사결정에 정보를 제공할 전문성이 있는 하위자들과 개인적으로 상담을 하고 그런 다음 그들의 의견을 반영할지 안 할지를 결정한다.

(5) 단독결정

행정가는 의사결정에 있어 하위자들과 상담하지도 않고 참여시키지도 않는다.

2. 의사결정의 이론

1) 합리적 모형

합리적 모형(rational-comprehensive model)은 고도의 합리성을 추구하는 의사결정 모형으로 규범적이고도 이상적 모형이라고 하며 고전적 모형(classical model)이라고도 한다. 이 모형은 목표성취를 최대화할 수 있도록 가능한 최상의 대안을 모색함으로써 최적화(optimizing)전략을 채택하고 있다. 그러나 이 모형은 너무 규범적이고 이상적이기 때문에 대부분의 의사결정은 비현실적인 경향이 있다.

합리적 모형의 특색은 일련의 순차적 결정과정을 따른다는 것이다. 일반적인 결정과정을 요약하면 ① 문제의 인지와 목표의 설정, ② 조직화에 의한 목표의 세분과 규정의 명확화, ③ 결정에 필요한 최적의 자원 및 정보자료의 발굴, ④ 결정에 필요한 모든 대안의 발견, ⑤ 대안간의 비용 및 편익 분석, ⑥ 최적 대안의 선택 등을 들 수 있다.

의사결정의 과정은 대부분 체제접근 절차에 따른 일련의 순차적 과정이다. 교육행정의 의사결정을 위한 일반적인 과정을 단계별로 소개하면 다음과 같다.

① 의사결정이 이루어지려면 우선 결정자가 결정대상의 문제에 대한 내용과 성질을 명확히 인식하고 난 후 구체적인 행동목표를 세운다.

② 결정자가 결정대상의 문제를 인식한 후 설정한 행동 목표를 달성하기 위해서는 필요한 자원과 정보자료를 수집하여 과학적으로 분석한다.

③ 수집 · 분석된 정보에 입각하여 목표달성을 위한 각 대안을 작성하고

평가한다. 이 과정에서는 조직이 달성하고자 하는 목표와 함께 결정에 영향을 미치는 여러 변인과 그 관계 및 상호작용의 결과를 예측, 평가한다.

④ 제시된 각 행동 대안을 비용과 효과 및 편익의 측면에서 체계적으로 분석한다. 이와 같은 분석을 통하여 각 대안의 차이를 규명하고 그 가능성도 예측할 수 있어 계량화하여 측정한다.

⑤ 추정된 각 대안을 비교하는 것으로 배분된 문제와 가치를 근거로 하여 선택기준을 만든다.

⑥ 설정된 기준에 따라 여러 대안 중에서 최적 대안을 식별하여 최선의 것을 선정한다.

이와 같은 6단계를 거쳐 이루어진 결정, 즉 산출은 유환(freedback)을 통하여 다음 의사결정 전 단계에 작용하고 투입으로 전달된다.

모형은 대부분의 의사결정자가 실제로 어떤 기능을 하는가를 묘사하기보다는 하나의 이상적인 모형이다. 그러므로 고전적 모형은 너무 이상적이고 비현실적이라고 평가되고 있다. 실제에서 의사결정자들은 모든 관련 정보를 확보할 수 없다. 더욱이 모든 가능한 대안과 결과의 예측은 사실상 불가능하다. 이 모형은 많은 의사결정자가 실제로 소유하기 어려운 수준의 지적 능력, 합리성, 지식 등을 요구하기 때문에 비현실적이다. 결국 고전적 모형은 실제 일선 행정가들이 사용하기에는 현실성과 실용성이 결여되어 있다.

2) 만족화 모형

만족화 모형(satisying model)은 의사결정의 사회심리적 측면을 중요시하는 현실적, 실증적 모형이다. 대부분의 조직에서 문제를 지닌 복잡성과 제한된 인간의 정신능력으로 인하여 가장 간단한 문제들을 제외한 모든 문제에 대하여 최적화 이론을 이용하는 것은 실제적으로 불가능하다. 그러나 Simon은 행정가들이 현재 의사결정을 실행하고 있고 또 계속 그렇게 해야 하는 방법을 보다 정확하게 설명하기 위하여 의사결정의 행정적 모형을 만들었다.

(1) 모형의 기본가정

이 모형의 기본적인 접근법은 최선의 해결책보다는 오히려 만족스런 차선책을 찾는 것이다. 만족화 전력을 상세히 분석하기 전에 이 모델의 토대가 되는 가정들은 다음과 같다.

첫째, 행정적 의사결정은 조직의 여러 문제들을 해결하고 또 다른 문제들을 만들어 내는 역동적인 과정이다.

둘째, 의사결정에 있어서 완전한 합리성은 불가능하다. 그러므로 행정가는 '그 정도면 충분한 것'을 추구한다. 왜냐하면 행정가는 의사결정 과정을 최대화할 수 있는 능력과 인지능력을 가지고 있지 않기 때문이다.

셋째, 의사결정은 조직에 있어 모든 중요한 업무와 기능의 합리적 행정에서 발견되는 일반적인 행동유형이다.

넷째, 평가는 의사결정에서 꼭 필요한 부분이다.

(2) 의사결정 과정

Hoy와 Miskel이 제시하고 있는 의사결정 과정은 다음과 같다.

1 문제 또는 이슈의 인지 및 규명

의사결정의 첫 단계는 체제 내의 어려움이나 부조화에 대한 인식이다. 유능한 행정가는 규정된 기준에 부합되지 않는 조직 활동과 태도에 민감하다. 행정가에게는 민감성과 지각적 예리함 뿐만 아니라 공식적 · 비공식적 조직에 대한 철저한 이해와 풍부한 개념적 배경이 문제를 규명하는데 바람직하다. 그리고 의사결정에 있어서 행정가는 현존하는 문제뿐만 아니라 앞으로 문제가 될지도 모르는 이슈에 대해서도 끊임없이 주목해야 한다.

2 당면 문제 분석(문제분류, 자료수집, 문제 세분화)

이 단계는 첫 번째 단계와 직접적으로 연관되어 있으며, 분석을 통해 문제를 분류한다. 그 문제는 하나밖에 없는 유일한 것인지 아니면 이미 알려진 행동유형에 대한 전형적인 난제의 새로운 표현인가를 밝히는 문제이다.

3 문제해결을 위한 준거 설정

문제를 분석하고 상술한 후 의사결정자는 어떤 것이 조건에 맞는 해결책을 구성하게 될지 결정해야 한다. 성취해야 하는 최소한의 목표는 무엇인가? 만족스런 의사결정을 위한 기준은 무엇인가? 이 시점에서 의사결정자는 때때로 최소한의 만족에서부터 최대한의 만족까지의 연속 선상에서 가능한 결과를 고려하여 등급을 결정하여야 한다.

4 행동의 계획 또는 전략 개발(가능한 대안, 결과 예측, 실행행동)

이 단계는 의사결정 과정의 중심단계로써 문제를 인식하고, 자료를 수집하고, 문제를 조건들을 상술한 후에 의사결정자는 체계적이고 사려 깊은 행동 계획을 수립한다. 그 과정에서 최소한 ① 대안의 상세화, ② 각 대안들의 결과 예상, ③ 숙고, ④ 행동 계획 등의 단계를 따라야 한다.

5 행동계획 실천(프로그래밍, 의사소통, 의견수렴, 평가)

의사결정 과정의 마지막 단계로서 일단 결정이 내려지고 행동 계획이 공식화되었으면 그 결정은 실행되어야 한다. 행동 계획의 수립에는 적어도 네 단계, 즉 프로그램 짜기, 의사소통, 모니터링, 평가가 요구된다.

3) 점증적 모형

점증적 모형(incremental model)은 조금씩 점증하는 변화가 조직에 대해서 다수의 예기치 못한 부정적 결과를 만들어 내지는 않을 것이라는 것이 전략의 기본 가정이다. Lindblom은 최초로 점증적 전략을 소개하고 공식화하였다. 그는 이런 의사결정 방법을 '요행히 헤쳐 나가기(muddling through)' 기술로 규정하고, 문제가 복잡하고, 불확실하고, 갈등 투성일 때 유일하게 체계적으로 접근할 수 있는 의사결정 방법으로 보고 있다.

점증적 모형의 의사결정 과정은 계속적으로 제한된 비교를 하면서 이루어진다. 이 방법은 목표를 설정해 놓고 추진하는 것도 아니고, 대안의 결과에 대한 철저한 분석을 시도하지도 않는다. 또한 합리적 모형이나 만족화 모형처럼 의사결정의 우선순위를 요구하지도 않는다. 반면에 현재의 상황과 유사한 매우 제한된 몇 가지 대안에 대하여 상당한 수준까지 의사결정자가 동의하게 될 때까지 그 결과를 계속적으로 비교함으로써 고찰한다. 이 모형의 특징을 살펴보면 다음과 같다.

① 목표의 설정과 대안 개발이 동시에 일어난다. 따라서 목적과 목표는 결정의 분석에 앞서 먼저 수립되지는 않는다. 오히려 대안과 행동의 경로가 탐색됨에 따라 행동 노선이 나중에 정해진다.

② 좋은 결정이란 의사결정자가 목표에 구애받지 않고 동의할 수 있는 수준의 결정을 말한다.

③ 대안과 예상 결과의 수는 당면문제와 유사한 대안만을 고려함으로써 극적으로 감소된다.

④ 분석은 현재의 상황과 제안된 대안 사이의 차이점에만 국한된다.

⑤ 이 모형은 구체적이고 실제적인 대안의 계속적 비교를 선호하기 때문에 지나치게 이론적인 것을 피한다.

점증적 모형은 현재 추진되고 있는 기존의 정책 대안과는 근본적으로 다르지 않고 과거의 경험을 기초로 하여 점증적인, 즉 약간의 개선을 추구하는 제한된 수의 대안을 검토 · 수정하여 현실성 있는 정책을 선택하려고 한다. 이 모형은 인간의 지적 능력의 한계 및 의사결정 수단의 기술적 제약을 인식하는 동시에 현실적인 의사결정 과정을 모형화하려고 시도한 데에서 생겨난 것이다.

이러한 접근방법은 전년도까지의 실적을 기초로 하며, 현실을 긍정하면서 거기에 약간씩 보완하고 향상된 정책을 추구하는 방법이다. 전년도의 결정은 일반적으로 적합하다고 인정하고, 다만 증가된 부분에 대한 조사에 주의를 집중하는 것이다. 따라서 부분적 점증주의의 처방은 보수적이고 대증적(對症的)인 결정이라는 평가를 받는다.

4) 혼합 모형

혼합 모형은 Etzioni에 의해 제시된 것으로 합리적 모형의 비현실성과 점증적 모형의 보수주의를 비판하면서 이 두 모형을 혼합한 제3의 모형으로 나타난 것이다. 합리적 모형은 의사결정자가 환경 상황을 완전히 장악하여 지배하는 것을 전제로 하는데 반해 점증적 모형은 환경에 압도당하는 것을 뜻한다. 혼합형은 우선 기본적인 방향의 설정과 같은 결정은 합리형의 방법을 택하고, 특정 문제의 결정은 점증형의 입장을 취하는 것이 현실적이라고 본다. 이러한 접근방법은 조직에서의 비현실성을 축소하고 보수성을 극복하며, 조직 환경에 따르는 조직의 신축성을 살리는데 도움이 되며, 넓고 개략적인 탐색과 좁고 치밀한 탐색을 되풀이하게 된다.

혼합 모형의 전략 7규칙은 다음과 같다.

(1) 초점이 맞추어진 시행착오를 이용하라.

먼저 합당한 대안을 찾고, 다음으로 이들은 선택하고, 실시하고, 검증하고, 그리고 끝으로 결과가 명백해졌을 때 조정하고 수정하라.

(2) 시험적으로 하고 조심스럽게 진행하라.

필요할 때 행동 과정을 수정할 준비를 한다. 행정가들이 개정을 예상하고 각 결정을 시험적인 것으로 여기는 것이 중요하다.

(3) 불확실하면 연기하라.

기다림이 언제나 나쁜 것은 아니다. 상황이 모호할 때 행동에 옮기기 전에 더 많은 정보를 수집하고 분석할 수 있도록 가능한 오래 지연 시켜라. 복잡성과 불확실성은 종종 지연을 정당화한다.

(4) 결정을 보류하라.

각 단계별로 결정을 유보하고, 다음 단계로 나아가기 전에 각 단계의 결과를 평가한다.

(5) 불확실하면 결정들을 세분하라.

보류된 결정은 부분적으로 시험될 수 있다. 한 가지 결정에 모든 지원을 투자하지 말고 대신, 결과가 만족스러울 때까지 부분적으로 자원을 이용한다.

(6) 분산 투자하여 위험을 막아라.

각각의 대안이 만족스러운 결과를 가져다 준다면 몇 가지 경쟁적인 대안들을 수행한다. 그런 후에 결과에 따라 조정한다.

(7) 결정을 반복할 준비를 하라.

결정들이 임시적이고 시험적인 것이 되도록 한다. 전도할 수 있는 결정은 단지 부분적 결정만이 이용 가능할 때, 행동과정에 대한 과도한 책임감에서 벗어난다.

5) 규범적 모형

규범적 의사결정 모형(normative model of participation)은 의사결정 과정에 구성원들을 언제, 그리고 어느 정도 참여시켜야 하는가를 결정하기 위한 모형인데 Vroom과 Yetton에 의해서 제시되었다. 이 모형은 다소 복잡하지만 문제와 상황의 특성에 따라 의사결정을 어떻게 하는 것이 효과적인지를 말해 준다.

상황에 따라 효과성이 달라질 수 있는 의사결정 방법은 다음과 같다.

(1) 독단적 의사결정(autocratic)

이 결정은 행정가가 혼자서 그 당시의 이용 가능한 정보를 활용하여 문제를 해결하고 의사결정을 한다. 이 경우는 하급자가 상급자의 단독결정을 받아들일 때라든가 하급자의 수락여부가 절대적이 아닐 때 가능하다.

(2) 정보수집 후 단독결정

행정가가 구성원들로부터 필요한 정보를 얻어 문제에 대한 해결책을 혼자서 결정한다. 구성원들에게 문제가 무엇인가를 말할 수도 있고, 또 안 할 수도 있다. 이 경우는 충분한 정보는 없으나 위와 같이 하급자가 상급자의 단독 결정을 받아들이거나 하급자의 수락여부가 절대적이 아닐 때 가능하다.

(3) 개별자문 후 단독결정(consultative)

행정가는 구성원들을 집단으로서가 아니라 개별적으로 만나 그들로부터 아이디어와 제안을 얻으면서 문제에 다같이 관심을 갖는다. 그렇지만 의사결정은 행정가에 의해서 이루어지며, 이 과정에서 구성원들의 의견이 반영될 수도 있고 안 될 수도 있다. 이 경우는 하급자간에 갈등이 생길 가능성이 없고 하급자가 행정가의 단독결정을 받아들일 때 가능하다.

(4) 집단논의 후 단독결정

행정가는 구성원들을 하나의 집단으로 만나 문제를 토론하면서 그들 전체로부터 아이디어와 제안을 얻는다. 그렇지만 의사결정은 행정가에 의해서 이루어지며, 이 과정에서 구성원들의 의견이 반영될 수도 있고 또 안 될 수도 있다. 이 경우는 하급자가 행정가의 단독 결정을 받아들이지 않을 때, 하급자간 갈등이 존재할 때, 하급자가 조직의 목표달성에 함께 참여하지 않을 때 가능하다.

(5) 집단적 의사결정

행정가는 구성원들을 하나의 집단으로 만나 함께 문제를 다루고 집단과 함께 결정한다. 그들은 다같이 대안을 탐색하고, 평가하며 해결책에 대한 합의를 도출해 내려고 노력한다. 행정가의 역할은 의장의 역할과 흡사하며, 행정가의 의견이 채택되도록 어떠한 영향력도 그 집단에 가하지 않는다. 이 경우는 하급자가 행정가의 단독 결정을 거부할 때와 하급자가 조직목표에 함께 참여할 때 가능하다. 회의형 결정이기 때문에 회장의 역할이 매우 중요하다.

3. 의사결정의 갈등요소

1) 학교에서의 역할갈등

의사결정에 있어서 장애가 되는 요소는 다양하겠지만 여기서는 학교를 중심으로 볼 때 구성원들 간의 역할갈등이 있을 수 있고, 또 의사결정 과정에서도 갈등이 생길 수도 있다.

이러한 역할갈등이 생기는 원인은 다음과 같은 여러 가지 요인에 기인한다.

(1) 의사소통의 와해

조직 갈등의 가장 큰 원인은 원활하지 못한 의사소통과 아래 사람의 접촉

기피, 명령계통의 왜곡, 의사결정 과정에서의 소외 등으로 인하여 자주 발생하는 오해와 곡해가 갈등을 일으키는 요인이 된다.

(2) 가치관의 상충

세대간, 남녀간, 직위, 교육수준, 문화적 배경, 종교 등의 차이에서 비롯되는 가치관의 상이성이 갈등을 일으키는 요인이 된다.

(3) 작업 정책과 요구

작업이 명확하게 규정되어 있지 않으면 구성원들은 자신의 권한과 책임의 범위를 잘 모르게 된다. 이와 같은 경우에 권한과 책임의 소재와 관련하여 갈등이 일어나게 된다. 또 인사정책이 명확하게 잘 규정되어 있지 않아 승진, 보상 등이 일관성 없이 임의적으로 이루어지게 되는데 이것은 갈등을 일으키는 요인으로 작용한다.

(4) 인성의 상충

인성의 현격한 차이에서 오는 갈등은 미미한 의견 대립에서부터 시작하여 심각한 인간관계의 파괴를 초래하기까지 한다. 부정적 자아 개념을 가진 사람은 지나친 방어적 행동이 갈등을 일으키고, 개인적 적대감은 팀워크를 손상시키고, 협동을 어렵게 만든다.

(5) 전제적 관리

전제적 관리체제 아래에서는 구성원들이 철저하게 감시를 받게 되고 건설적인 비판이 수용되지 않는다. 관리자들은 규칙과 절차를 엄격하게 적용하려고 하는데 반하여 구성원들은 더 많은 자유를 향유하려는 데서 갈등이 빚어지게 된다.

(6) 임금과 이득

어떤 구성원이 같은 일을 하면서도 더 많은 임금과 수단 등 다른 혜택을 받고 있다는 사실을 알게 될 때 갈등이 생겨나게 된다.

(7) 구성원의 당국에 대한 불신

구성원들이 조직 내의 권위에 대해서 가지는 불신은 관리자들에 의하여 제시된 제안과 변화에 대하여 저항하고, 관리자들의 형태에 대하여 의구심을 가지며, 조직의 정책과 절차에 대하여 비판을 가하도록 한다. 이와 같은 부정적 태도는 다른 사람들에게 영향을 미치고, 집단의 팀워크를 허물어뜨리는 요인이 된다.

(8) 급격한 변화나 격심한 경제 침체와 같은 외적 요소

새로운 기술의 도입과 경제사정의 악화는 구성원들의 직무 안정성을 위협하며, 이것은 조직 내의 갈등을 유발시키는 요인으로 작용한다.

2) 의사결정 과정에서의 갈등

학교에서는 의사결정 과정에서 경험할 수 있는 여러 가지 갈등 현상들이 있다.

첫째, 학교에서 집단 의사결정을 위해 전체 교직원회의를 열었을 때 제의된 안건에 대하여 충분한 토론이 이루어지기를 교사들은 기대하지만 학교

행정가들은 일방적 하향식 회의로 끝내 버리는 경우가 적지 않다. 이 경우에 교사들은 학교행정가의 민주적 행동방식을 기대하지만 학교행정가는 종래의 비민주적 행동방식에 더 익숙해져 있어서 여기에 갈등이 초래된다. 또 어떤 경우는 학교행정가 스스로는 민주적 의사결정 과정을 따르고 있다고 믿고 있지만 교사들이 지각하기로는 그렇지 않을 때 이들간에도 갈등이 초래된다.

둘째, 학교에서는 좋은 의견 수렴을 위하여 각종 위원회를 운영하고 있다. 이들 위원회 중 특히 교사들이 기대와 관심을 크게 갖는 위원회들이 있다. 이런 위원회에 관해서는 학교행정가들도 교사들 못지않게 그 존재의 필요성과 관심을 갖는다. 따라서 학교행정가들은 이들 위원회들이 제대로 기능을 발휘하도록 운영되고 있다고 믿는다. 그러나 교사들은 그렇지 않다고 보는데서 학교행정가와 교사간에 역할수행에 대한 지각의 차가 생기고 여기서 서로간에 갈등을 일으킨다.

셋째, 교사들은 일반적으로 학교경영분야의 의사결정 과정에 참여하기를 바란다. 연구결과에 의하면 실제로 일선학교에서의 교사참여 정도는 평균적으로 보통수준은 되는 것 같다. 그러나 일부 경력이 적은 교사, 평교사, 여교사, 고학력 교사, 중등교사 중에는 교사의 관심영역인 인사, 재정, 육성회 운영에 관한 결정과 집행과정이 교장, 교감, 부장교사 중심으로 이루어지고 있다고 불만하는 교사도 있다. 이러한 불만은 일부 교사들에 의한 역할기대와 역할지각간의 차이에서 생기는 것이지만 역할갈등을 초래하게 된다.

넷째, 학교에서의 의사결정 과정은 민주적인 방법에 의하여 민주적인 분위기에서 이루어지기를 바란다. 그런데 일부 학교에서는 일부 교사들의 비민주적 행동으로 인하여 기대되는 민주적 의사결정의 분위기가 흐트러지는 경우가 있다. 일부교사에 의한 비민주적 태도란 자기중심적 이기주의, 책임의식 결여, 상호신뢰의 결여, 타율적 업무수행, 전통적 권위에 대한 도전, 민주를 빙자한 자유방임적 무질서 등으로 교사에게서 기대될 수 있는 행동이 못되므로 이러한 교사와 학교관련 집단과의 갈등은 매우 심각할 수 있다. 특히 극히 일부교사에 의해 나타나는 행동이긴 하지만 행정업무의 비협조, 제도나 규정 무시, 조직의 위계 체제 무시, 횡포에 의한 의사표시, 불량한 언행, 기본예절의 결여, 다수결의 남용, 투쟁에 의한 목표달성 시도, 가치의 상대성 부정 등은 교사에게 기대되는 행동이 아닐 뿐만 아니라 교육 민주화를 저해하는 행동이므로 심각한 갈등의 원인이 된다.

4. 의사결정 과정에 필요한 의사소통 기법

1) 의사소통의 개념과 기본모형

(1) 의사소통의 개념

Simon은 의사소통은 조직구성원의 한 사람으로부터 다른 구성원에게 결정의 전제(어떤 결정을 하기 위한 메시지, 아이디어, 태도 등을 공유하는 것)가 전달되는 과정으로 의사소통 없는 조직은 있을 수 없다고 강조하였다. Manning은 일상생활에서 의사소통은 사람들이 중요한 메시지를 교환하고 자신들의 생각과 느낌에 대한 의미를 공유하는 과정이라고 보았으며, Seiler 등은 의사소통을 언어적 · 비언어적 상징들이 보내지고 받아들여지면서 의미가 전달되는 과정으로 정의하였다. 또한 Katz와 Kahn은 의사소통은 집단, 조직, 사회의 기능 수행에 있어서 필수적인 과정이며, 사회체제나 조직을 이해하는 데 가장 중요한 요인이라고 보았다. Hoy와 Miskel 역시 조직에 있어서의 의사소통의 역할을 강조하면서, 의사소통이란 정보의 상호 교류 과정으로써 정보의 정확한 전달과 원활한 교류에 의하여 조직의 구성원은 조직목표를 정확히 인식하게 되고 조직은 생기를 띠게 된다고 하였다. 이와 같이 의사소통은 개인 혹은 조직의 구성원이 메시지의 송·수신을 통하여 공통의 의미를 수립하고 나아가 행위에 영향을 미치는 과정이라 정의할 수 있다.

(2) 기본모형

의사소통은 송신자가 수신자에게 메시지를 전달하고 수신자는 이를 해독하여 의미를 이해하고 그 반응을 송신자에게 되돌려 보내는 과정으로, 경로, 환경, 장애 요인 등에 의해 영향을 받게 된다.

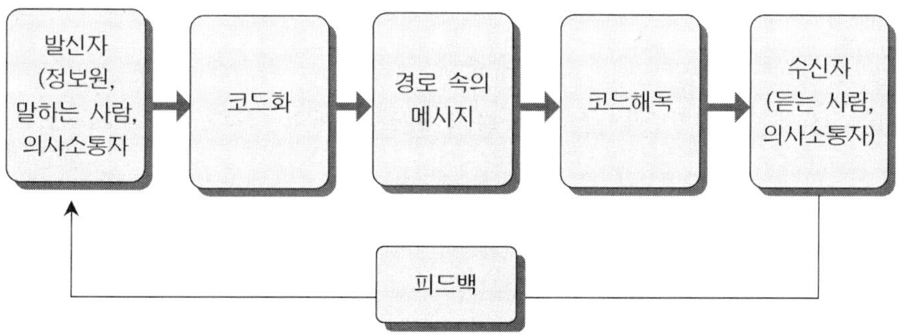

〈그림 8-1〉 의사소통 과정의 기본모형

2) 의사소통의 유형

(1) 언어적 의사소통과 비언어적 의사소통

일상생활에서 가장 일반적으로 사용하는 의사소통 방법은 대체로 언어를 사용하는 언어적 의사소통(verbal communication)과 언어를 사용하지 않는 비언어적 의사소통(nonverbal communication)으로, 언어적 의사소통은 다시 말로 하는 구두적(oral)인 것과 글로 하는 문서적(writen)인 것으로 구분된다.

(2) 일방적 의사소통과 쌍방적 의사소통

Rogers는 의사소통을 송신자와 수신자 사이의 메시지 흐름이 일방적이냐 쌍방적이냐에 따라 일방적 의사소통(one-way communication)과 쌍방적(two-way communication)으로 구분하였다.

(3) 수직적 의사소통과 수평적 의사소통

조직 내에서의 의사소통 방향이 수직적이냐 수평적이냐에 따라 수직적 의사소통(vertical communication)과 수평적 혹은 횡적 의사소통(horizental communication)으로, 수직적 의사소통은 다시 하향적 의사소통(down-ward communication)과 상향적 의사소통(up-ward communication)으로 분류될 수 있다.

3) 의사소통의 기법

(1) Reece와 Brandt의 의사소통의 기법

Reece와 Brandt는 대인간 의사소통의 기법에 따른 유형을 독단성과 사교성의 높고 낮음을 결합하여 감정형, 지휘형, 사려형, 지원형으로 구분하였다.

1 감정형

높은 독단성과 높은 사교성을 가지며, 솔직담백하고 열정적으로 의사소통을 하는 유형이다. 상대방의 이름을 부르고, 사적인 이야기를 하는 등

비격식을 좋아하며, 자신의 의견을 극적이면서 설득력 있게 표현한다.

2 지휘형

높은 독단성과 낮은 사교성을 가지며, 솔직하고 엄격하며, 독단적이고 단호하다. 단호한 표정과 결단력 있는 음색으로 강력한 의견을 제시하며, 따뜻하게 보살펴 보는 태도를 보이지 않고, 냉담하며 격식을 차린다.

3 사려형

낮은 독단성과 낮은 사교성을 가지며, 조용하고, 혼자 있기를 좋아하며, 의사결정을 쉽게 하지 않는다. 격식을 차리고 신중한 태도로 의견을 제시하며, 서두르지 않고 계산된 의견을 개진하고, 감정통제를 잘 한다.

4 지원형

낮은 독단성과 높은 사교성을 가지며, 민감하고 참을성이 있으며, 좋은 경청자가 된다. 주의를 기울여 경청하고 권력의 사용을 절제하며, 친절하게 설득하고 온정을 표시한다. 또한 사려 깊고 신중하게 의사결정과 의사표현을 한다.

(2) 의사결정 과정에서의 갈등관리 전략

의사결정 과정에서의 갈등은 순기능적 측면과 역기능적 측면을 모두 가지고 있다. 따라서 갈등은 적당한 수준에서 유지되거나 해소되어야 한다. 갈등을 해소하는 전략으로는 갈등의 원인이 되는 문제를 해결하는 근본적인 방법부터 갈등을 보류 혹은 회피하는 방법까지 여러 가지가 있을 수 있는바, Rohim은 상대방과 갈등 상황에 직면한 경우 취할 수 있는 개인의 전략으로 자신의 주장을 강조하는 방법과 상대방에게 양보하여 상대방의 관심사를 충족시켜 주는 방법을 제시하고, 이를 조합하여 강요, 수용, 타협, 협력, 회피의 갈등관리 방식을 제시하였다.

1 **강요**(forcing)

상대방을 압도하고 자기주장을 관철하려 한다.

2 **수용**(accommodation)

자신의 주장을 양보하고 상대방의 주장에 따른다.

3 **타협**(compromising)

서로가 양보하고 조금씩만 자기만족을 꾀한다.

4 **협력**(collaborating)

서로 간의 관심사를 모두 만족시키려 한다.

5 **회피**(avoidance)

갈등 현장을 떠남으로써 자신과 상대방의 관심사를 모두 무시한다.

제9장
교육체제론

1. 체제의 개념과 기본모형
2. 체제적 접근
3. 학교체제의 분석

1. 체제의 개념과 기본모형

1) 체제의 의미

체제란 용어는 과학적 영역이나 응용분야에서 뿐만 아니라, 사회과학분야에서까지 널리 활용되고 있기 때문에 상당히 보편적으로 알려져 있다. 그러나 체제라는 용어는 사용하는 사람에 따라 여러 가지로 정의되고 있다.

Kaufman에 의하면 "필요에 의하여 요구되는 결과 또는 산출을 달성하기 위해 함께 작용하면서 동시에 독립적으로 작용하는 부분들의 총체"이다.

Johnson은 "계획에 따라 하나의 특성목적을 달성하도록 설계된 구성요소들의 배열"이라고도 한다.

이 외에도 "예정된 목적을 달성하도록 함께 행동하는 상호 독립적인 요소들의 집단"으로 보기도 하고, "공동의 목적에 초점을 둔 상호작용하면서 상호 독립적인 구성요소들의 집합체"라고도 본다.

이와 같이 체제(system)란 말은 그리스어에서 유래되었으며 '여러 부분들로 복합된 전체'라는 뜻이다. 학자에 따라 정의는 다르지만 종합해 보면 '체제란 독립된 요소들의 집합체로서 공동의 목표를 달성하기 위하여 상호 유기적 작용을 하는 것'이라고도 할 수 있다.

2) 체제의 속성

체제의 속성은 다음과 같다.

① 체제는 기계체제, 생물체제 등의 실체(entity)로서의 체제와 사회체제(예: 학교)와 같이 추상적 개념의 연결로 된 체제도 있다.

② 체제의 각 구성요소는 상위체제(supra system) 속의 하위체제(sub system)로 표현된다. 예를 들어 학교는 학급의 상위체제가 된다.

③ 구성요소(commponents)는 조직의 목적달성을 위하여 상호작용하는 부분을 말한다.

④ 경계(boundary)는 체제를 환경으로부터 구분하고 투입과 산출을 여과하는 요소이다.

⑤ 개방체제(open-system)는 침투력이 강한 경계를 가진 체제로써 환경으로부터 신속하고 다양한 투입을 받아들인다.

⑥ 모든 체제는 개방체제로 간주되며, 개방체제는 환경과 상호작용을 하면서 서로 영향을 주고받는 가운데 균형을 유지하려는 특성이 있다.

3) 체제의 기본모형

체제의 가장 기본적인 모형은 투입-산출(input-output)모형이다. 사실 모든 체제개념의 기본 전제는 투입-산출과정에 근원을 두고 있다.

(1) 투입

상호작용하는 요소들이 체제의 목적을 달성할 수 있도록 체제의 밖에서 안으로 들어가는 모습을 뜻한다.

(2) 과정

목적 달성을 위해 여러 자원과 정보를 활용하여 산출로 전환시키고 가치를 창조하는 과정이다.

(3) 산출

체제가 환경이나 인접한 체제로 내보내는 자원과 정보. 체제가 의도적이나 무의도적으로 생산해 내는 모든 것을 의미한다.

(4) 환경

① 체제와 일정한 접촉을 유지하고 그것에 일정한 영향을 주는 경계 밖의 주변 조건이나 상태를 의미한다.

② 이런 모든 과정에는 반드시 피드백이 필요하다.

③ 투입과 산출의 요소는 다양하다.

④ 과정 요소는 변환 과정을 통해 처리되어야 할 요소와 그 처리를 담당하는 요소로 구별된다.

⑤ 투입-과정-산출 사이에는 내, 외적 환류가 이루어진다.

2. 체제적 접근

1) 체제적 사고의 개념과 특성

(1) 체제적 사고의 개념

체제적 개념이 생물학적 개념인 유기체에서 유래되었기 때문에 체제적 사고를 이해하는데 유기체는 중요한 단서를 제공한다. 체제는 상호작용하고 있는 요소들로 구성되어 있고, 이 요소들은 상호 의존적인 구조와 기능을 가지고 통합되어 안정된 실체를 이루고 있다. 또한 유기체처럼 항상 외적 환경으로부터의 자극과 도전에 반응함으로써 자기의 실체를 유지하고 발전시키게 된다. 따라서 체제적 사고는 바로 이러한 유기체와 구조와 기능을 설명하기 위한 사고의 산물이며 어떠한 사태나 단순한 시각에서 보는 오류를 방지하고 모든 사태나 현상을 복합성을 전제로 그들을 인식하려는 사고방식인 것이다.

(2) 체제적 사고의 특성

① 체제 내외부의 모든 관련된 것들을 하나의 연결된 단위로 본다.

② 당면한 문제를 중심으로 선행조건과 앞으로의 발전경향을 기능적으로나 행동적으로 분석하는 것을 용이하게 해 준다.

③ 조직분석을 통해 구성요소간의 상호관계 등을 알아내는 데 도움을 준다.

④ 미래지향적이다.

⑤ 실천할 수 있는 방안을 제시하며 혼미한 상태하에서도 옳은 질문과 답을 할 수 있게 해 준다.

⑥ 복잡한 여건하에서 변수를 조절하여 방안의 투입과 산출과정에서 효과를 가장 크게 할 수 있는 것을 선택하는데 도움을 준다.

⑦ 문제를 분석하고 규명하는 데 있어서 통합적인 접근을 시도하기 때문에 학문의 고유영역을 넘어 학자들이 문제해결을 위해 공동의 노력을 할 수 있는 광장을 마련해 준다.

2) 체제적 접근의 개념과 특색

(1) 체제적 사고의 중요성

① 체제적 사고는 기능적 혹은 행동적 분석의 접근을 가능하게 한다.

② 체제적 사고는 상관성과 연결성이란 관점에서 구조적 분석의 접근을 가능하게 한다.

③ 체제적 사고는 사건, 상황, 과정을 고안하는 미래 지향적인 것이다.

④ 체제적 사고는 복잡한 일을 수행하기 위한 현실적 출발을 마련해 준다.

⑤ 체제적 사고는 여러 학문 분야에 퍼져 있으며 여러 분야의 학자와 실무자들이 문제해결을 위해 공동으로 활용되고 있다.

⑥ 체제적 사고는 실무적이고도 운영적인 방법을 제공해 준다.

(2) 체제적 접근의 정의

학자들의 대표적인 정의를 열거하면 다음과 같다.

[1] Hayman의 정의

이론적 이해와 하나의 개발된 방법론으로 완성된 하나의 탐구영역으로 본다.

[2] Kaufman의 정의

필요가 규명되고 문제가 선정되고 문제해결을 위한 요건이 밝혀지고 여러 대안으로부터 최적의 해결방안을 얻어 내어 이것이 실천되고 그 결과가 평가되고 그리하여 필요한 수정이 체제의 부분과 전체에 가해지는 일련의 과정이라고 본다.

3 Mcmanama의 정의

효과적이고도 능률적으로 문제를 해결하는 데 도움을 주도록 설계된 일련의 전략계획 혹은 목표를 효과적이고도 능률적으로 달성하기 위한 과학적 방법이라고 본다.

(3) 체제적 접근의 주요 특색

① 있을 수 있는 거의 모든 상호관계가 하나의 개념구조 혹은 개념체제로 다 묶인다.
② 문제해결을 방해하는 모든 강제성이 분석된다.
③ 문제해결을 위한 대안들이 제시된다.
④ 체제의 능률성이 비용 효용으로 측정된다.
⑤ 정보망이 체제의 이탈을 수정하거나 알려 준다.

한편, 미국학교행정가협회(The American Association of School Administrations)가 지적한 특색은 다음과 같다.
① 체제적 접근이 목표지향적이다.
② 목표달성을 위해서는 기획이 강조된다.
③ 변화가 필요한 체제적 접근에서 조정할 수 있다.
④ 체제적 접근에서는 조직목적을 달성하기 위하여 책임의 소재가 계획이 실천될 때 바뀔 수도 있다.
⑤ 체제적 접근은 모형지향적이다. 현실적 수준에서 비용을 유지하기 위하여 실험이 이루어지고 이 기획은 모형의 사용으로 가능하다.
⑥ 체제적 접근에서는 많은 대안을 갖는다. 이상적으로는 가능한 모든 대안들 중에서 가장 좋은 것을 선택하는 것이다.

⑦ 체제적 접근은 다학문연구의 배경을 가지고 있다.

⑧ 계량적 기법이 체제적 접근에서는 유용하다.

⑨ 체제적 접근은 합리적인 의사결정과정이다.

3) 체제적 접근의 절차와 유용한계

(1) 체제적 접근의 절차

체제적 접근의 절차는 효과적이고도 능률적으로 목표를 달성하기 위해 밟아야 할 단계를 말한다.

Kaufman이 제시한 6단계는 다음과 같다.

[1] 제1단계 : 문제확인

문제는 필요에 근거를 둔다. 필요에 있는 것과 있어야 할 것 사이의 불일치를 규정하는 것이다. 문제확인에는 문제해결을 위한 요건을 구체적으로 서술하는 것도 포함된다.

[2] 제2단계 : 해결요건 및 대안결정

문제가 확인되고 나서는 현 상태에서부터 요구되는 상태에 이르기까지에 필요한 자세한 요건을 결정하는 분석이 요청된다. 이 단계에서는 측정 가능한 실천 가능 용어를 일반적 목적과 구체적 목적을 기술하는 것도 포함된다. 또 구체적인 요건이 분석되고 확인되는 한편 가능한 해결전략과 도구가 확인되어야 한다.

[3] 제3단계 : 해결전략과 도구선택

앞 단계에서 확인된 대안으로부터 선택 기준이 결정되고 적절한 도구와 전략의 선택이 이루어져야 한다. 흔히 쓰이는 선택 준거는 비용 및 이익과 관계된다.

4 제4단계 : 시행

이 단계는 시행단계이다. 여기서는 실제 해결전략과 도구가 이용되고 적절한 실행자료가 수집된다.

5 제5단계 : 효과성 결정

앞 단계에 근거하여 문제해결 과정의 성과가 어느 정도 처음에 요구된 만큼 성취되었는지를 평가하게 된다.

6 제6단계 : 수정

제5단계에서 성과가 평가되는 것으로 체제적 접근의 단계가 일단 끝나지만 요청이 있을 때는 수정이 되어야 한다. 즉 실행요구대로 이루어지지 않을 때는 언제나 필요한 수정이 요청된다. 수정은 어느 단계 어느 점에서도 필요에 따라 이루어져야 한다.

(2) 체제적 접근의 유용성

① 기능적 · 형태적 분석을 통하여 유용성을 모색할 수 있으며 보다 합리적으로 적합한 대안을 선택할 수 있다.

② 구성요소들간의 상호작용 관계를 보다 잘 이해할 수 있다.

③ 실천가능한 대안을 보다 총체적인 관점에서 모색할 수 있으며 보다 합리적으로 적합한 대안을 선택할 수 있다.

④ 미래의 발전방향에 대한 예측을 보다 쉽게 함으로써 유동적인 상태하에서 미래에 대한 일을 계획하고 추진할 수 있다.

⑤ 가용한 인적 · 물적 자원에 대한 합리적인 배분과 조정을 통해 복잡한 조건 아래서도 보다 효율적인 산출을 얻을 수 있다.

⑥ 문제를 진단하고 분석하는 데 있어 종합적인 접근을 하기 때문에 문제를 해결하는 포괄적인 방법을 동원할 수 있다.

(3) 체제적 접근의 한계

① 인간적 차원이 무시될 위험을 내포하고 있다. 체제론적 접근의 장점은 최소의 비용으로 최대의 효과를 얻을 수 있다는 것이다. 그러나 이러한 원리의 강조는 보다 기계론적 차원에서 문제를 해결하는 경향으로 나타나기 때문에 인간을 다루는 교육상황에서 문제를 일으킬 소지가 있다.

② 사고의 융통성과 탄력성을 잃을 가능성이 있다. 체제적 접근은 대안의 모색과 선정과정에서 체제적이고 종합적인 사고를 특징으로 하고 있으나 그 과정에서 기계적 합리성이 강조되고 일단 탐색의 단계가 마무리되면 다른 탐색의 여지를 배제한다는 점에서 탄력성과 융통성을 상실할 가능성이 항상 존재하고 있다.

③ 변화의 중요성을 간과할 가능성이 있다. 체제적 사고는 체제의 질서와 균형을 전제하고 있다. 그러나 환경으로부터의 외적 자극이나 체제론적 내적 갈등은 언제든지 체제 자체를 변화시킬 힘을 가지고 있다. 따라서 체제론적 접근에서 내적 조정을 통한 체제 유지와 통합에 관심이 집중되기 때문에 변화를 일으키는 힘과 갈등관계를 무시하거나 호도할 가능성이 농후한 것이다.

④ 변화의 중요성과 더불어 체제 내적 요인의 자율성이 무시될 가능성이 있다. 체제는 통합적 · 균형적 전체를 의미하기 때문에 관련된 하위 요소는 사소한 부분에 지나지 않는다. 또한 목표달성에 대한 특별한 강조로 달성수단 자체가 별 의미를 갖지 못하게 되어 있다. 따라서 이러한 중앙집권적

경향으로 말미암아 체제를 구성하는 구성원이나 집단이 무시되고 그들의 자율성이 위축될 가능성이 높은 것이다.

3. 학교체제의 분석

체제개념의 응용은 교육행정학의 이론 개발에 잠재적인 힘을 가지고 있다. 체제적 접근이나 체제적 사고에서 이끌어 내는 모형들은 교육행정학의 이론 개발에 크게 기여했으며 이들은 앞으로도 체제의 역동성, 전체성에 초점을 두면서 계속 검증되고 활용되어질 것이다.

Hoy와 Miskel은 체제이론을 통해 학교체제에서의 역동적 과정을 〈그림 9-1〉과 같이 종합적으로 도식화하여 설명하고 있다.

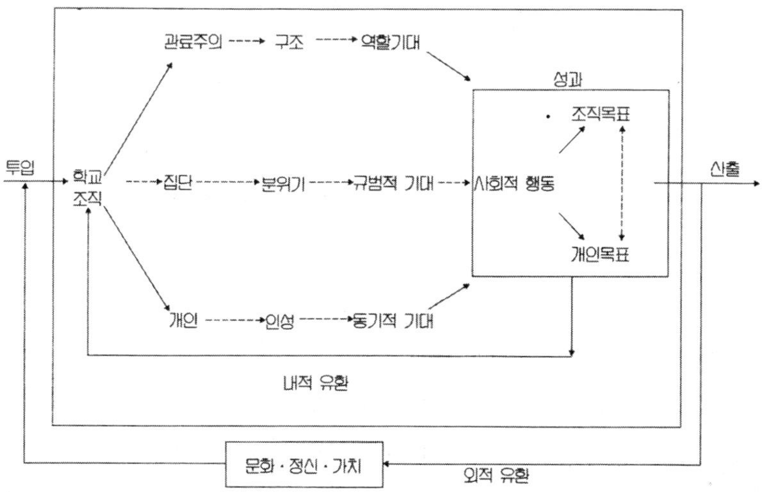

〈그림 9-1〉 교육적 성과에 영향을 주는 체제변인 분석

〈그림 9-1〉에서 보면 투입과 산출은 학교조직을 넘어 체제와 환경을 연결시키고 있으며, 전환과정은 조직 내에서 전체적으로 일어나되 관료적 구조, 집단분위기, 개인적 인성에 따라 나누어 설명된다. 성과는 사회적 행동으로 나타나나 이들은 집단의 목표와 개인의 목표를 어느 정도 달성했는지가 평가되어야 하고 필요에 따라서는 내외적 유환 과정을 통해 수정되어야 한다.

Hoy와 Miskel은 학교의 질과 효과성을 정의하기 위하여 〈그림 9-2〉와 같이 투입-과정-산출의 기본적인 체제모형을 이용하고 있다.

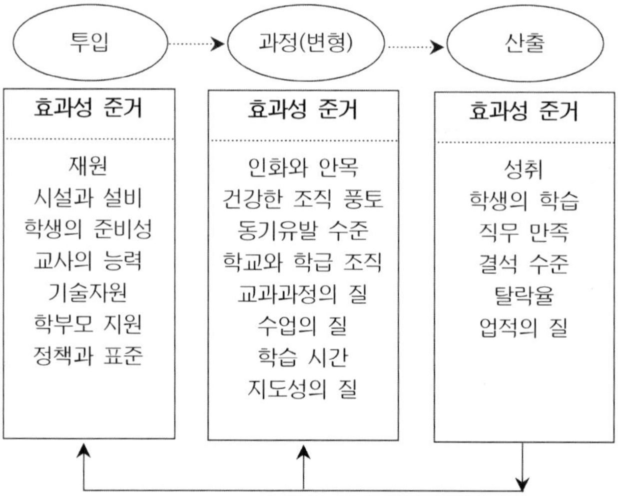

〈그림 9-2〉 Hoy의 기본적인 학교체제 모형

또 Hoy와 Miskel은 학교를 하나의 사회체제로 보고 체제모형을 이용하여 학교체제를 〈그림 9-3〉과 같이 설명하고 있다.

이 모델에 의하면 조직의 성과는 교수-학습 과정에서 상호작용하는 최소한 네 가지 중요 요소인 구조, 개인, 문화와 풍토, 그리고 권력과 정치에 의하여 결정된다. 이들 요소는 조직을 둘러싸고 있는 환경과 이들 요소의 변형으로부터 투입된 것이다. 이들 요소와 요소들 간의 상호작용이 변형적 체제를 형성하게 된다. 또 내적 · 외적 유환 기재를 통하여 이 체제는 전 하위체제와 투입요소들의 질을 평가할 수 있다. 실제 성과와 기대한 성과간의 차이가 발견되면 유환을 통해 체제를 조절할 수 있다.

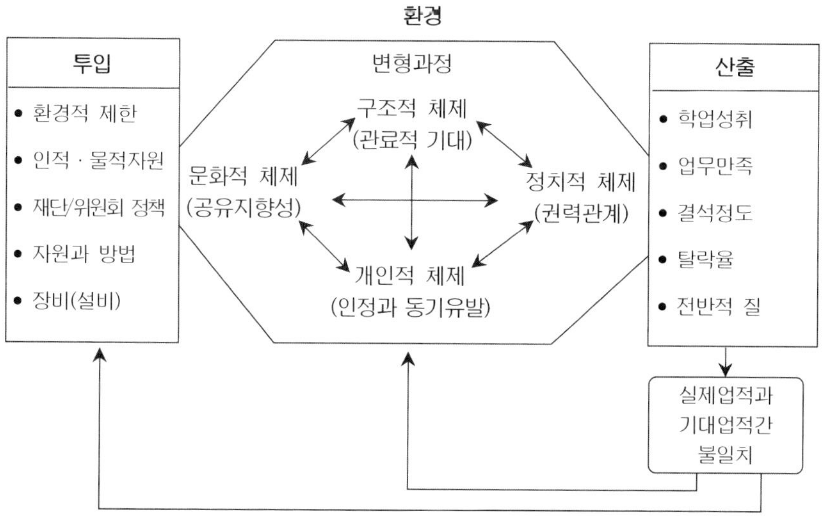

〈그림 9-3〉 학교 사회체제 모형

제10장 교육기획 및 정책

1. 교육기획
2. 교육정책

1. 교육기획

1) 교육기획의 개념과 유형

(1) 교육기획의 개념과 성격

1 기획의 개념

기획이란 일반적으로 설정된 목표달성을 위해서 수행되어야 할 일과 그 일들의 수행방법들을 개괄적으로 작성해 놓은 것이라 정의함으로써 기획의 전략적 측면이 강조되고 있으며, Simon 등은 기획이란 "장래를 위한 제안, 제안된 대안의 평가, 그리고 그러한 제안을 달성하는 모든 방법과 관련된 행동"이라고 정의함으로써 역시 전략적 측면을 강조하고 있다. Newman은 기획이란 무엇을 할 것인가를 사전에 결정하는 것이라고 함으로써 기획의 사전 준비적 성격을 강조하고 있다. Waterston은 여러 사람들의 의견을 종합하여 기획이란 "일정한 목표를 달성하기 위하여 이용가능한 최선의 방도를 선택하기 위한 지적 시도"라고 정의하고 있다.

2 교육기획의 정의

교육기획이란 미래의 교육활동에 대한 사전준비 과정, 즉 미래의 교육활동에 대비하여 교육목표 달성을 위한 효과적인 수단과 방법을 제시함으로써 교육정책 결정의 효율성과 안정성을 보장해 주는 지적·합리적 과정이라 정의된다.

3 교육기획의 성격

첫째, 교육기획은 구체적인 목적을 효율적으로 달성하기 위한 목적과 수단, 방법을 합리적으로 연결시키는 미래지향적인 행동과정이다.

둘째, 교육기획은 주먹구구식 문제해결의 방법을 지향하고 과학적 방법을 지향하는 것으로서 사실을 토대로 하며, 여러 가지 가변요인 또는 조건에 대한 정밀하고 종합적인 예견에 의해 세워지는 합리적인 활동이다.

셋째, 교육기획은 초도덕적인 개념으로서의 민주사회나 독재사회에서 다 같이 활용할 수 있다.

넷째, 교육기획은 목적과 내용, 대상기간, 성격에 따라 다양한 형태로 나뉘어질 수 있다.

다섯째, 교육기획은 인간 예견 능력에 한계가 있기 때문에 불완전한 것이 되기 쉽다.

여섯째, 교육기획은 교육의 합리성과 효율성을 극대화하기 위한 지적 · 합리적인 사전준비 과정으로서 교육의 비전과 교육활동의 방향을 제시해 준다.

(2) 교육기획의 유형

1 기획기간에 따른 유형

① **장기계획**(long range planning) : 10년 이상의 계획기간으로 설정된 계획을 의미하며 구체적인 내용은 다음과 같다.

- 국가의 기본정책에 대한 정세판단
- 국가의 기본시책에 관련하여 각 기관의 운영상 필요한 기본목표 또는 기본방향 설정
- 목표를 설정하고 이를 달성하기 위한 전략을 개발

· 전략을 상세한 운영계획(operational programs)으로 바꾸고 그러한 계획들이 실행되도록 보장
· 최고관리층의 목표설정
· 중 · 단기교육계획 수립의 기초를 제공

〈예〉 교육발전의 전망과 과제, 2030년을 향한 장기교육 발전구상, 신교육체제 수립을 위한 교육개혁 방안 등

② **중기계획**(intermediate range planning)

· 장기계획을 보다 구체화한 것을 의미한다.
· 보통 3~5년 정도의 소요시간이다.
· 장기계획과 단기계획의 중간목표를 설정하는 계획이므로 비교적 적용가능성이 높으며 사실상 널리 이용되고 있다.

〈예〉 의무교육시설 확충 5개년 계획, 5개년 교육계획발전 등

③ **단기계획**(short range planning)

· 1년 이내의 기간을 대상으로 하는 계획을 뜻한다.
· 일선학교에서 수립되는 학교운영계획서, 당해 회계연도의 예산에 반영되는 기본운영계획, 연도사업계획 및 4/4분기 계획 등이 여기에 속한다.

2 수립주체에 따른 유형

수립주체에 따라 국가교육계획, 지방교육계획 및 학교교육계획으로 구분된다.

3 계획 범위에 따른 유형

계획의 범위에 따라 부문교육계획과 종합교육계획으로 구분된다.

2) 교육기획의 원리와 접근방법

(1) 교육기획의 원리

1 타당성의 원리

의도하는 교육목표를 달성할 수 있는 적절한 수단과 방법을 통해 수립되어야 한다.

2 효율성의 원리

의도하는 교육목표를 달성할 수 있는 능률적이고 효과적인 수단과 방법을 동원할 수 있도록 수립되어야 한다.

3 민주성의 원리

일반 국민과 이해 관련 집단 등의 광범위한 참여를 통해 민주적인 방식으로 이루어져야 한다.

4 전문성의 원리

교육전문가들의 적극적인 참여와 지속적인 검토 과정을 거쳐 수립되어야 한다.

5 중립성의 원리

교육 자체의 타당성과 효율성에 따라 수립되어야 하며, 어떠한 정치적 · 종교적 · 당파적 이해와 압력에 좌우되어서는 안 된다.

6 융통성의 원리

상황의 변화에 탄력으로 대응할 수 있도록 신축성 있게 수립되어야 한다.

7 안정성의 원리

정책의 일관성과 안정성을 유지할 수 있도록 수립되어야 하며, 지나치게 가변적인 계획으로 이루어져서는 안 된다.

8 균형성의 원리

안정성과 적응성, 민주성과 전문성 등을 적절하게 유지하는 방식으로 이루어져야 한다.

9 통합성의 원리

국가의 타 부문 기획과 통합되도록 이루어져야 하며, 하위부문을 종합적으로 고려하여야 한다.

10 계속성의 원리

의도한 교육목적을 실현하기 위해 계속적인 연구와 평가를 통해 수립되어야 한다.

(2) 교육기획의 접근방법

1 사회수요에 의한 접근방법(social demand approach)

① 교육을 받고자 하는 모든 사람에게 교육의 기회를 부여해야 한다는 원칙하에서 이루어지는 교육기획 방법이다.

② 교육에 대한 개인적 · 사회적 수요를 기초로 하여 이루어진다는 점에서 교육수요에 의한 접근이라고도 한다.

③ 이 방법은 교육기획 시에 국가의 인구와 가계소득, 미래의 학부모와 아동의 교육에 대한 수요를 예측한 후 이를 기초로 하여 학교 설립과 교원양

성, 기타 교육적 투입 요소를 계획해 나가는 방법이다.

④ 현실적으로 많은 요인을 모두 고려하여 추정하기 어렵기 때문에 인구 성장률이 모든 단계의 교육유형의 성장률이 될 것이라고 전제하고 단순하게 성장률을 추정한다.

2 인력수요에 의한 접근방법(manpower demand approach)

① 많은 국가에서 교육기획뿐만 아니라 경제기획 등 국가기획을 수립하는 데에 활용하고 있다.

② 이 방법은 경제 성장에 필요한 인적 자본의 중요성에 대한 인식을 전제로 경제 성장을 뒷받침하는 인력수요를 예측하고 그에 기초하여 인력수요를 충족시킬 수 있도록 교육적 측면의 공급을 조절해 나가는 방법이다.

③ 구체적 방법으로는 목표연도의 인력수요를 추정한 다음 그것을 교육자격별 인력수요 자료로 전환하고, 추정된 노동력의 교육자격별 구조와 현재의 교육자격별 노동력 구조를 비교하여 부족분을 교육 수준별, 부문별로 보충하도록 한다.

3 수익률에 의한 접근방법(rate of return appoach)

① 교육을 투자로 보고 그 투자에 대한 경제적 효과를 분석하는 방법으로 특정 단계 혹은 특정 분야의 교육이나 그 제도 혹은 운영방법 등에 대한 경제적 수익률을 측정하여 비교 수익률이 높은 부문이나 방식을 채택하는 접근방법이다.

② 국가나 개인이 투입한 교육비용이 그들에게 얼마나 수익을 가져왔느냐를 추정하여 이루어지기 때문에 비용-수익 접근방법 혹은 비용-효과분석이라고도 한다.

③ 교육투자의 경제적 효과를 측정하는 데 주된 목적이 있다.

④ 국제 비교에 의한 접근방법(international comparison)

① 선진국 혹은 경제와 교육발전이 유사한 다른 국가의 경험을 비교 · 연구함으로써 자국의 교육 발전을 위한 방향과 전략 등을 수립하려는 접근방법이다.

② 국가의 발전 단계를 국제적으로 비교하여 보다 발전된 국가의 발전모형과 교육계획을 모방하려는 것으로 개발도상국에서 흔히 활용되는 교육계획 방법이다.

3) 교육기획의 과정

(1) 기획 이전 단계

① 합리적인 기획체제를 구성한다.
② 기획의 절차를 설정한다.
③ 계획의 형성과 이행에 참여하는 교육행정 조직을 재구조화한다.
④ 기획에 요구되는 통계나 자료의 수집 분석을 위한 조직 절차를 설정한다.

(2) 기획 단계

기획 단계에서 요구되는 활동은 다음과 같다.
현재의 상황을 엄밀하게 진단→정책형성→장래 소요비용의 추정→우선순위와 목표설정→마지막으로 실현 가능성을 검토한다.

(3) 계획 형성 단계

계획 형성 단계에 있어서 다음과 같은 다섯 가지 단계가 요구된다.

① 광범위한 국민의 참여
② 계획 시행을 위한 법의 제정 · 개정
③ 계획 시행을 위한 행정 · 재정 개혁
④ 계획 수행을 위한 요원의 교육훈련
⑤ 광범위한 홍보

(4) 계획 정교화 단계

① 교육계획은 명확하고 구체적으로 진술되어야 한다. 교육계획이 실천되기 위해서는 행동단위가 명확히 규명되는 수준까지 세분화되고 구조화되어야(계획의 정교화) 한다.

② 사업계획의 작성은 계획을 특정한 목표를 성취하기 위한 포괄적인 활동 영역으로 세분화하는 것, 사업계획-포괄적으로 세분된 행동영역/ 동일한 행정단위에서 관리할 수 있는 모든 활동이 포함되어야 한다.

③ 프로젝트의 확인과 형성의 프로젝트(사업계획의 하위단위)는 사업계획의 원래 목표 내의 하위목표 성취를 목적으로 하며, 프로젝트는 실천가능하도록 체계적으로 형성되어야 하는데 프로젝트 수행을 위하여 관련 기관이나 비용, 시간 계획 등을 체계화하는 과정을 의미한다.

④ 지역화 과정(지역적 분류단위에 따라 계획의 지역적 배분)이 포함되기도 한다.

(5) 계획 실천 단계

인적 · 물적 자원에 대한 관리를 포함하여, 연간 예산이나 추진계획을 사용하여 다양한 프로젝트를 수행하기 위한 구조적 설계를 개발 · 실천하는 단계를 말하는 바, 유의점은 다음과 같다.

① 계획은 실질적인 목표, 예산, 세부작업 과정 등에 관한 치밀한 계획에

따라 시행되어야 한다.

② 계획의 시행 기간 중에 해결방안의 효율성을 조사하기 위한 실험과 검증을 실시해야 한다.

③ 계획 당국은 계획의 시행에 관한 기술적인 조언을 하게 된다.

④ 세부계획을 수정하고 예기치 못한 사태에 대비하기 위해 수시평가를 통해 실천과정을 점검해야 한다.

(6) 평가와 수정 및 재계획 단계

이 단계는 교육계획이 실천되고 있을 때 성취도를 평가하고 편차를 측정하기 위한 평가체제가 작용되며, 또한 계획의 실천과 평가는 계속적인 과정이다.

평가는 다음과 같은 두 가지 기능을 갖는다.

① 계획의 결함을 지적해 주며, 계획의 수정을 위한 자료를 제시해 준다.

② 평가 결과는 재계획을 수립하기 위한 진단 단계에 환류된다. 따라서 평가 결과는 다음 계획을 위한 출발점이 된다.

4) 교육기획의 효용성과 한계

(1) 교육기획의 효용성

교육기획은 교육발전을 촉진하고 교육목표를 효율적으로 달성하게 하는 데 중요한 역할을 담당하는 바 그 기여도는 다음과 같다.

① 교육정책 수행과 교육행정의 안정화에 기여한다.

② 교육행정 혹은 교육경영의 효율성과 타당성을 제고해 준다.

③ 한정된 재원을 합리적으로 배분할 수 있도록 한다.

④ 교육개혁과 교육적 변화를 촉진하는 역할을 수행한다.
⑤ 합리적인 통제를 가능하게 한다.

(2) 교육기획의 한계

교육기획이 갖는 제한점은 다음과 같다.
① 미래예측이 어렵다.
② 정보와 자료가 부족할 수 있다.
③ 전제 설정의 불확실성을 들 수 있다.
④ 시간과 비용 및 노력이 제약된다.
⑤ 정치적 · 사회적 압력이 있을 수 있다.

2. 교육정책

1) 교육정책의 개념과 특성

(1) 교육정책의 개념

교육정책이란 사회적 · 공공적 · 조직적 활동으로서의 교육활동을 위하여 국가와 공공단체가 국민 또는 관련 주민의 동의를 바탕으로 이루어진 것으로 공권력과 강행성을 가지는 기본방침 또는 지침을 의미한다. 그것은 교육활동의 목표 · 수단 · 방법 등 교육문제 해결에 관한 최적의 대안을 의도적 · 합리적으로 선택한 것이며, 교육이념을 구현하기 위한 수단인 동시에 교육제도와 그 운영을 위한 기본지침을 제시해 주는 것이다.

(2) 교육정책의 특성

1 행위의 측면 : 의사결정

① 교육정책은 본질적으로 합리적이고 목적 지향적인 특성을 갖는다.

② 교육정책은 교육문제의 해결을 위한 대안을 제시한다는 의미에서 과학적인 문제해결 과정을 기반으로 한다.

③ 교육정책은 최적의 대안을 채택하는 일이라는 점에서 최적화를 지향하는 선택행위라는 특성을 갖는다.

2 형성 혹은 과정의 측면 : 정치적 과정

① 교육정책은 필연적으로 정치적 과정, 곧 역동적인 권력관계를 통해 형성되고, 심의 · 합법화되는 과정을 거치기 때문에 그 형성과 추진은 정치권력과 밀접한 관련을 갖는다.

② 정치권력의 행사와 관련해서는 사회적으로 승인된 권력의 속성과 그 행사방식이 어떠한 것인가를 이해하는 것이 중요하다.

3 효과의 측면 : 교육목적의 실현

① 교육정책이 교육목적의 실현에 얼마나 기여하였는가 혹은 기여할 수 있는가 하는 점을 평가할 수 있다.

② 교육정책은 교육의 외적 조건을 정비하고 교육의 환경을 개선하는 데 얼마나 기여하였는가를 살펴봄으로써 그 타당성과 효율성을 평가할 수 있다.

③ 교육정책의 성과를 교육의 국가발전과 사회발전에 대한 기여도에서 찾을 수 있다.

2) 교육정책 결정의 이론모형

(1) 교육정책 결정을 위한 의사결정의 관점

교육정책의 의사결정은 ① 합리적 관점(합리적 판단으로서 의사결정), ② 참여적 관점(합의로서 의사결정), ③ 정치적 관점(타협으로서 의사결정), ④ 우연적 관점(우연적 선택으로서 의사결정) 등 네 가지로 분류될 수 있다.

표 10-1 의사결정을 보는 네 가지 관점의 비교

구분	합리적 관점	참여적 관점	정치적 관점	우연적 관점
중심개념	목표달성을 극대화하는 선택	합의에 의한 선택	협상에 의한 선택	선택은 우연적 결과
의사결정의 목적	조직목표 달성	조직목표 달성	이해집단의 목표달성	상징적 의미
적합한 조직형태	관료제, 중앙집권적 조직	전문직 조직	대립된 이해가 존재하고 협상이 용이한 조직	달성한 목표가 분명하지 않은 조직
조직환경	폐쇄체제	폐쇄체제	개방체제	개방체제
특징	규범적	규범적	기술적	기술적

(2) 교육정책 결정의 기본 모형

1 합리적 모형(합리적 종합모형: rational-comprehensive model)

합리적 모형은 인간과 조직의 합리성과 지식 및 정보의 가용성을 전제로 한 이론 모형으로서 정책 결정 시 정책결정자가 제기된 문제의 성격과 필요를 완벽하게 파악할 수 있고, 그것을 해결하기 위한 가장 합리적이고 최선인 대안을 찾을 수 있다는 인간의 이성과 합리적 행동에 대한 믿음을 기초로 한 모형이다.

정책결정자의 전지전능함, 최적 대안의 합리적 선택, 목표의 극대화, 합리적 경제인을 전제로 하고 있다는 점에서 이상적 · 낙관적 모형이라 할 수 있다.

2 **만족모형**(만족화 모형 : satisfying model)

이 모형은 March와 Simon이 주장한 것으로서 합리성의 한계를 어느 정도 수용한 제한적인 합리성을 전제한 이론 모형이다. 최선의 결정은 절대적 의미에서 최고가 아니라 만족스러운 상태의 것이라는 생각을 반영하는 이론 모형으로서 정책결정자의 행동에 더 많은 주의를 기울이게 된다.

문제점으로는 만족한 상태를 결정하는 기준은 무엇이고, 그 기준을 구성하는 변수가 무엇인지를 제시하지 못하는 약점이 있고 조직 차원의 거시적 정책결정의 문제를 설명하는 데 무리가 있다.

3 **점증모형**(점진적 모형 : incremental model)

이 모형은 합리모형의 비현실성을 극복하기 위한 방안으로 제안된 모형으로서 Lindblom에 의해 제안되었다. 정책결정 과정에서 선택되는 대안은 대체로 기존 정책의 문제점을 개선해 나가는 것이라는 전제하에 제한된 수의 대안만을 검토하여 현실성 있는 정책을 선택하려 한다는 특성이 있으나 선택된 대안이 얼마나 폭넓은 동의를 얻을 수 있느냐에만 관심이 많고, 드러난 문제나 불만의 해소에만 주력함으로써 적극적인 선의 추구보다는 소극적인 악의 제거에만 관심을 쏟는다는 비판이 있다.

4 **혼합모형**(mixed-scanning model)

이 모형은 Etzioni에 의해 제시된 것으로서 합리모형의 이상주의와 점증모형의 보수주의를 비판하고 이 두 모형의 장점을 결합시킨 이론 모형이다.

즉 기본방향의 선정과 같은 것은 합리모형을 적용하고, 방향설정 후 특정한 문제해결은 점증모형을 적용하는 방식으로 두 모형의 특성과 장점을 혼합한 것이다.

따라서 새로운 모형이 아니라 절충 · 혼합한 모형에 불과하기 때문에 이론모형으로서 가치는 떨어지는 것으로 평가된다.

5 최적모형(optimal model)

이 모형은 점증모형의 타성적이고 현실 안주적인 성격을 비판하면서 그 대안으로 Dror가 제안한 모형이다. 이 모형은 합리모형과 점증모형의 절충을 시도하고 있다는 점에서 혼합모형과 유사하나, 양자의 단순한 합계적 혼합이 아니라 합리성과 초합리성을 동시에 고려하는 최적치를 추구하는 규범적인 모형이라는 점에서 혼합모형의 경우와는 크게 다르다.

최적치란 모든 것이 고려된 것이라는 의미에서 최선의 것이지만 그것은 지고지선 그 자체가 아니라 주어진 목표에 도움이 되는 가장 바람직한 상태를 의미하며 직관적 판단이나 상상력과 같은 초합리성이 중시되기도 한다.

반면에 달성 방법도 명확하지 않고 개념도 불명료한 초합리성이라는 개념에 의존하고 있어 다소간 비현실적이고 이상적인 모형이라는 평가를 받고 있으며 합리모형의 범위를 크게 벗어나지 못하고 있다는 비판도 없지 않다.

3) 교육정책의 결정과정

(1) 교육정책의 결정과정

1 교육문제의 제기

제1단계는 현재 국가적으로나 사회적으로 이슈화된 교육문제를 해결하기 위하여 ① 교육에 관한 사회적 논쟁점, ② 교육활동의 장애물 혹은 극복해야 할 곤란, ③ 교육에서 성취해야 할 미결의 과제, ④ 연구와 검토의 대상이 되는 의문점 등을 중심으로 문제를 제기해야 한다.

2 정부 귀속과 교육정책의 의제화

① 정치체제에 의해 그 중요성이나 심각성이 인식되는 교육문제는 정책의 의제가 된다.

② 해결할 주체가 없거나 있더라도 관련자 간의 해결이 어려운 사회문제는 정책의 의제가 된다.

③ 문제해결을 위해 소요되는 재원의 규모가 방대할 때 그 문제는 정책의 의제가 된다.

④ 민간투자 유인력이 저조하기 때문에 정부지원이 필요할 때 그 교육문제는 교육정책의 의제가 된다.

⑤ 당면한 교육문제를 방치하는 경우 그것이 정치적으로 중대한 의미를 가질 때 그 문제는 정책의 의제가 된다.

3 교육정책의 목표 설정

교육정책의 목표는 미래 지향적이며 대의명분을 표방해야 하며 공공의 이익을 우선시해야 한다.

교육정책 목표는 다음과 같은 네 가지 특징을 갖는다.

첫째, 공식적으로 표방한 목표와 실제의 목표는 다를 수 있으며, 목표가 위장되거나 목표의 일부가 숨겨진 채 제시되는 경우도 있을 수 있다.

둘째, 정책목표는 최종목표, 중간목표, 당면목표 등으로 구분되거나 상위목표, 하위목표 등으로 구분되어 있다.

셋째, 교육정책의 목표는 정책의 집행과정에서나 집행 후 평가의 중요한 준거가 되며 정책 수행의 효과성 측정을 위한 기준이 된다.

넷째, 교육정책의 목표는 형성과정에서나 집행과정에서 변동될 수 있다.

4 정책 대안의 탐색과 선택

① 대안의 탐색에 앞서 교육문제의 실태와 문제점, 미래의 환경변화 등에 대한 충분한 정보를 확보해야 한다.

② 여러 대안을 충분히 검토, 가능하면 모든 대안을 검토하여 가장 합리적인 대안을 모색해야 한다.

③ 대안의 기술적 · 정치적 가능성을 검토해야 한다.

④ 대안의 작성 과정에는 정부관료, 자문기구와 연구기관, 언론매체, 정책 결정자 등 여러 요소가 참여하여 직접 · 간접적인 영향을 미칠 수 있다.

⑤ 대안을 실험적으로 시행, 모의실험뿐만 아니라 실제로 대상과 범위를 한정하여 특정한 기간 동안 실험적으로 시행해 보고, 그 시행평가의 결과에 따라 전면적으로 실시하거나 수정 실시 혹은 보류, 기각할 수 있다.

5 정책 대안의 심의 · 결정과 합법화

대안이 선택되면 이를 심의 · 평가하고 정부의 교육정책으로 결정하여 합법화하는 과정을 거치게 된다. 여러 과정과 절차를 거쳐 교육정책이 결정되고 교육부 장관이나 대통령의 이름으로 공포되거나 국회의 심의 · 의결을 통해 관련 법률안이 정부의 이름으로 공포되면 교육정책의 합법성이 공인된다. 법률안의 공포는 교육정책에 대한 공식적인 정당성을 부여하는 것이며, 행정부 내의 결정도 합법적인 정부기능의 일환으로 정당성이 인정된다.

(2) 교육정책 결정의 참여자와 제약 요인

1 교육정책 결정의 참여자

교육정책 형성의 참여자는 일반적으로 아래와 같다.

① 교육부 관계자

② 연구기관과 학자

③ 국회와 정당

④ 이익집단

⑤ 매스컴과 여론

⑥ 국민과 학부모

2 교육정책 결정의 제약요인

① **인적요인** : 정책결정자나 참여자들이 가지고 있는 인성, 지식과 기술 및 경험, 가치관과 태도 등 개인적 요인이 합리적인 교육정책 수립을 제약할 수 있다.

② **조직적 요인** : 중앙집권적인 조직구조와 관료제적 특성, 의사소통체제의 미비, 자원 · 정보 · 시간의 부족 등 조직과 관련된 제약요인이 합리적 정책 결정을 제약할 수 있다.

③ **환경적 요인** : 조직을 둘러싸고 있는 정치적 풍토, 문화적 배경이 정책 결정에 영향을 미친다.

제11장
교육재정론

1. 교육재정의 개념과 특성
2. 교육비의 분류
3. 교육재정의 배분론
4. 교육재정 관련법령
5. 학교단위 교육재정운영

1. 교육재정의 개념과 특성

1) 교육재정의 개념

(1) 교육재정의 정의

교육재정(educational finance)은 "국가나 지방공공단체가 교육활동의 운영을 지원하기 위하여 필요한 재정을 조달하고 관리 · 사용하는 경제활동"이라 정의할 수 있다. 즉 교육재정이란 국가 · 사회의 공익사업인 교육활동을 지원하기 위하여 국가나 공공단체가 필요한 재원을 확보 · 배분 · 지출 · 평가하는 일련의 경제활동으로 국 · 공립학교의 교육활동 뿐만 아니라 사립학교의 교육활동, 사회교육활동을 지원하는 일까지 포함한다.

(2) 교육재정의 성격

위와 같은 정의는 교육재정의 성격상 교육재정의 주체를 국가 및 공공단체에 한정하는 공경제활동이라는 점과, 교육활동의 지원을 목적으로 하는 수단이라는 점과, 교육경비의 확보 · 배분 · 지출 · 평가를 내용으로 하고 있다는 점을 시사한다.

첫째, 공경제활동이라는 뜻은, 교육재정은 국가나 지방공공단체를 주체로 하여 행해지는 공경제활동으로서, 재정일반의 기본성격에 관한 것이다. 공경제로서의 재정은 국민으로부터 소득의 일부를 조세정책에 의하여 강제적으로 받아들임으로써 성립되는 강제경제의 성격을 띠고 있다. 즉 재정의 부담을 국민에게 강제하는 것이며, 본질적으로 직접적인 수익 여부와 관계없이 일반적으로 경비의 보상을 받게 된다.

둘째, 교육재정이 교육활동의 지원을 목적으로 하는 수단이라 함은 교육재정의 본질이 교육목적 달성을 위한 인적 · 물적 조건을 정비 확립하는데 필요한 경비를 조달 · 배분 · 관리하는 수단적 · 조장적 활동이라는 것이다.

근본적으로 교육재정은 교수(instruction)나 학습활동(learning activities)의 필요에 따라서 발생되는 것이므로 교수와 학습의 목표를 달성할 수 있도록 하는 수단인 것이며, 결코 그 자체가 목적이 될 수는 없다.

셋째, 교육경비를 확보 · 배분 · 지출 · 평가하는 일련의 경제활동이라는 점은 그것이 교육비의 수입과 지출에 관한 예산, 예산의 집행과 회계, 결산과 감사 등의 제 영역을 포함한다는 것을 의미한다. 교육경비의 조달과 운영이란 좀더 구체적으로 말하면 수입, 보관, 지출은 물론 그 합법적인 절차로서의 회계 및 회계 · 지출의 적부와 합법성을 밝히는 감사활동까지 포함한다. 교육재정이라 할 때 흔히 재원의 확보 · 배분 · 지출까지 말하고 회계지출의 합법성을 밝히는 감사활동을 제외시키고 있다. 그러나 교육예산의 감사는 공공신뢰를 고취하고 경영관리를 설명하며, 예산절차를 개선하는 평가활동이므로 교육재정의 중요한 영역이라 할 수 있다.

2) 교육재정의 특성 및 운영의 원리

(1) 교육재정의 특성

교육재정은 일반재정이 지니고 있는 특성과 교육의 특수성에서 비롯된 교육재정만의 특성이 있다.

교육재정은 일반재정과 마찬가지로 수입조달 방식이 강제적 수단에 의하며, 사적 이익이 아니라 국민전체의 공공복지를 도모하는 공공적 성격을 지니고 있다. 또한 재정의 존속기간이 민간경제보다 길고 무한하며, 양출제입(量出制入)의 원칙에 의해 필요한 경비를 산출한 후 수입을 확보한다. 이외에도 일반재정과 마찬가지로 교육재정은 수입과 지출이 반드시 균형을 이루어야 한다는 균형예산의 원칙과 정부가 제공하는 서비스나 혜택의 여부와는 관계없이 모든 국민은 일괄적으로 조세 형태로 그 대가를 지불한다는 일반보상의 원칙이 지켜진다.

이상의 공통적인 특성 외에도 교육재정은 교육의 특수성으로 인한 비긴요성과 비생산성이라는 특징을 내포하고 있다. 단기적으로 보면 교육재정은 비긴급적이며 비생산적이다. 교육의 결과가 바로 나타나는 것이 아니라 교육받은 자의 전 생애를 통하여 장기간을 두고 나타나므로 교육재정은 긴급한 것이 아니고 또 비생산적인 투자로 여겨져 일반적으로 투자 우선 순위의 결정과정에서 하위로 밀려나는 경우가 많다고 하겠다.

(2) 교육재정의 이념

교육이 평등, 효율, 자유를 실현하고자 하듯이 교육재정이 추구하는 이념 또한 자율성, 평등성, 효율성의 실현이다.

1 평등성

평등성은 교육에 대한 접근기회의 평등과 차별받지 않고 동등한 교육적 취급을 받는 것을 말하며, 더 나아가 교육 산출의 평등을 실현하기 위해 학교에 필요한 자원을 지원하여야 한다는 의미이다.

2 효율성

효율성은 간단히 말하여 투입단위당 부가적 산출단위를 구하려는 노력이다. 일정한 산출을 유지하면서 투입을 축소시켜 효과성을 제고하거나 동등한 수준의 투입으로 보다 많은 산출을 얻어서 부가적 생산을 얻는 것이다. 흔히 이런 효율은 교육에서 평등과 자유의 이념과 상충되고 있다.

3 자율성

자율성은 선택의 자유와 정부의 권한을 광범위하게 분산시키는 것을 의미한다. 재정정책의 수립과 운영 및 평가에서 중앙집권적인 통제에서 벗어나 다양한 집단이 정책결정에 참여할 수 있어야 한다.

(3) 교육재정 운영의 원리

교육재정의 일반 이념을 실현하기 위한 교육재정 운영의 원리는 재정 확보면에서 충족성 · 자구성, 재정 배분면에서 효율성 · 공정성, 재정 지출면에서는 자율성 · 적정성, 재정평가면에서는 책무성 · 효과성의 원리가 중요하다. 이들 원리는 교육재정의 성과를 평가하는 기준이 된다. 이들 원리간에서 상충하는 것도 있으나 조화시켜 나감으로써 교육재정의 이념이 최대한 실현될 수 있도록 하는 것이 바람직하다.

2. 교육비의 분류

1) 교육비의 분류

일반적으로 교육비란 교육활동을 위해 지출되는 모든 비용을 말한다. 그러나 교육비는 분석 목적과 분류방법에 따라 여러 가지로 나눌 수 있다.

교육비의 재원에 따라 공교육비와 사교육비로 나눌 수 있고, 교육비의 부담 주체에 따라 공부담 교육비, 사부담 교육비, 교육비의 목적과 관련성에 따라 직접교육비, 간접교육비로 나눌 수 있다. 또한 교육비 지출시 사용 목적에 따라 인건비, 운영비, 시설비로 구분할 수 있다.

(1) 공교육비와 사교육비

교육비를 재원에 따라 분류하면 크게 공교육비와 사교육비로 구분할 수 있다.

공교육비란 교육활동을 재정적으로 지원하기 위하여 국가나 지방 공공단체가 합리적으로 예산회계 절차를 거쳐 교육에 투입하는 경비를 말한다. 교육재정의 대상이 되는 교육비는 보통 이 공교육비만을 포함시킨다. 공교육비를 부담자별로 구분해 보면 정부부담(국가 및 지방자치단체), 법인 부담(사립학교, 법인), 학생부담(입학금, 수업료, 실험실습비, 학생자율적 경비, 기성회비, 육성회비)으로 나눌 수 있다. 또한 공교육비의 성질별로 행정비, 학교경비로 양분할 수 있고, 목적별로는 인건비, 운영비, 시설비로 구분해 볼 수 있다. 이와 같은 공교육비는 적법한 예산회계에 계상되어 지출이 이루어지고 있으므로 지출된 교육비용의 규모를 쉽게 파악할 수 있다.

한편 사교육비는 합법적인 예산회계 절차를 거칠 필요 없이 학부모 혹은 학생이 자의적으로 지출하는 교육비이다. 흔히 학부모가 부담하는 교육비를 모두 사교육비로 잘못 생각하기 쉬우나, 그 가운데 입학금, 수업료, 기성회비(육성회비), 학생자율경비는 모두 예산에 계상되기 때문에 공교육비에 속하며, 그밖에 학부모가 부담하는 교재대, 학용품대, 과외수업비, 학교지정용품비, 교통비 등은 모두 사교육비에 해당한다. 즉 사교육비는 사부담 공교육비를 제외시킨 사부담 사교육비만을 의미한다.

이와 같이 사교육비는 시장경제체제하에서 개인의 욕구 충족을 위한 의사결정에 따라 지출이 이루어지고 있어 통제하기가 어려운점이 있으나, 국가 전체적인 차원에서 자원의 효율적인 활용이라는 점을 고려해 본다면 매우 중요하다.

(2) 공부담교육비와 사부담교육비

교육비를 부담하는 주체에 따라 공부담교육비와 사부담교육비로 나눌 수 있다.

공부담 공교육비는 공교육비 중에서 중앙정부가 내국세 및 교육세를 세원으로 부담하는 교부금 및 양여금, 지방정부가 부담하는 전입금, 사립학교법인이 부담하는 전입금, 기타 사회 민간단체가 부담하는 기부금을 재원으로 한다. 공부담공교육비는 교육재정의 근간이 됨은 물론, 한 국가의 공적 교육재정 부담 의지를 가늠케 하는 중요한 교육비용이다.

사부담교육비는 결국 학부모가 부담하는 모든 교육비라고 볼 수 있다. 즉 사부담 공교육비와 사부담 사교육비를 합한 개념이다. 이러한 사부담교육비는 간접교육비와 함께 교육의 사회적 수익률을 구하는데 요긴하게 사용된다.

경제개발협력기구에서 사교육비로 보는 것이 바로 사부담교육비이고, 공교육비로 보는 것은 공부담교육비이다. 따라서 사부담 공교육비의 개념은 학부모가 부담하는 입학금, 수업료, 육성회비 등이 무시 할 수 없을 정도로 큰 비중을 차지하는 우리의 현실에서 직접공교육비(또는 총교육비) 규모를 쉽고 정확하게 파악하기 위해서 고안해 낸 항목이다.

(3) 직접교육비와 간접교육비

교육비는 교육목적과 관련성 정도에 따라 직접교육비와 간접교육비로 분류된다.

직접교육비란 교육목적 달성을 위한 교육활동에 지출되는 모든 공·사교육비를 말한다. 한편 간접교육비는 교육기간 중에 취업할 수 없기 때문에 유실된 또는 포기된 수입(foregone earnings)을 뜻한다. 일반적으로 교육비라고 할 때에는 이 기회비용까지 포함한다.

(4) 인건비·운영비·시설비

교육비는 사용 목적에 따라 인건비·운영비·시설비 등으로 구분된다. 인건비는 교육활동을 수행·지원하기 위하여 필요한 인력·용역을 구입하기 위한 경비로 교직원봉급 및 수당 등이 포함된다.

운영비는 교육활동을 수행하거나 지원하는데 필요한 경비로 학교 경비 중 여비, 수용비, 실험실습비 등이 해당된다.

시설비는 장기간 사용이 가능한 학교 건물과 같은 시설자본 형성을 위한 경비이다. 시설비는 시기와 대상이 불확정적이며 또한 공사기간에 따라 수년에 걸친 장기투자의 성격을 갖는다.

(5) 표준교육비

1 표준교육비의 개념

표준교육비란 공교육활동을 유지하기 위하여 필요한 최소한도의 경비를 말한다. 하지만 표준교육비가 최소 소요경비로 이해될 때는 현재의 교육목표 및 교육과정 등 제반 교육체제를 유지한다는 전제 아래 학교교육을 유지하기 위하여 없어서는 안 될 최저 필요수준의 경비이다. 하지만 적정단위교육비로 이해될 때는 학교운영과 교육과정 운영을 이상적으로 할 수 있는 단위교육비를 의미한다.

또한 표준교육비를 일정규모의 단위학교가 그에 상응하는 표준교육조건(교직원, 교구, 시설, 설비)을 확보한 상태에서 교육과정에 제시된 대로 정상적인 교육활동을 수행하는데 필요한 최소소요 경상비로 정의할 수도 있다. 이 경우 표준교육비는 표준인건비와 표준운영비의 합으로 계산된다.

2 표준교육비의 성격

표준교육비는 교육예산 편성과 교육계획 수립의 과학적이고 합리적인 기초자료가 되며 교육의 기회균등을 보장하는데 의의가 있다.

표준교육비 산정에 관해서는 「기회균등의 원칙」과 「공비지변(公費支辨)의 원칙」이 그 기저를 이루어야 할 것이다. 기회균등의 원칙이란, 어떠한 지역, 어떠한 조건에 있더라도 누구나 최저교육을 받을 수 있도록 기회가 균등하게 보장되어야 함을 뜻하며, 공비지변의 원칙이란 의무교육만이라도 최저의 교육을 받을 수 있도록 경상비 전부를 공비로 지변해야 함을 말한다. 표준교육비란 용어의 개념에는 의무교육 이외에도 교육의 기회균등 또는 최저 교육만이라도 보장하기 위하여 반드시 필요하다고 인정되는 비용의 일부는 국가가 부담하거나 지원해 주어야 한다는 의미가 내포되어 있다.

2) 교육비 수입의 원천

국가나 지방자치단체가 교육경비의 재원으로 삼는 제 수입을 교육수입이라 한다. 이것은 일반적으로 공비수입(公費收入)을 의미하는 것이나 보다 더 광의의 교육수입 중에는 각종의 사비수입(私費收入)이 포함될 수 있다. 기성회비(期成會費) · 후원회비 · 학생회비 · 육성회비(育成會費) · 개인 기부금 등은 사비교육수입이라고 할 수 있으나 기성회비의 예에서 보는 바와 같이 공비수입과 사비수입의 구분이 명확치 않다. 교육수입은 이 밖에도 상이한 기준에 의해 여러 가지 방법으로 분류될 수 있다. 수입의 규칙성을 기준으로 하면 규칙적으로 매년 반복하여 유입(流入)되는 것은 경상수입(經常收入)이다. 조세수입 · 관업(官業)수입 · 사용료 · 수수료 · 수업료 · 육성회비 등은 경상수입이며, 공채(公債) · 물품매각대금 · 기부금 등은 임시수입이라 할 수 있다.

국가권력의 강제적 작용 여부를 기준으로 한다면, 임외적 수입(예 : 공채와 기부금)과 강제적 수입(예 : 조세와 수업료)으로 구별할 수 있고, 그 수입이 특정 경비지출을 위한 것이냐 아니냐를 기준으로 하면 목적수입(한시적인 교육세)과 일반수입(예 : 일반 조세)으로 구별할 수 있다. 또한 수입이 고정되어 있느냐, 급격한 증감이 있을 수 있느냐에 따라서 확정수입과 불확정수입으로 나눌 수 있다. 예를 들어 오늘날 지방 교육재정에 있어서 일반회계로부터의 전입금(轉入金)은 일종의 불확정수입으로서 하나의 문제점이 되고 있다. 오늘날 대한민국에 있어서 교육예산은 정부예산에 관한 단일성의 원칙과 수지간(收支間)의 담보금지의 원칙이 적용됨으로써 거의 전액이 일반회계에 계상되어 있으며, 따라서 조세수입을 대종(大宗)으로 하는 일반 재정수입을 세입의 재원으로 하고 있다.

지방교육재정의 재원으로서는 교육법 제68조에 명시된 대로 ① 교육에 관한 특별부과금 · 수수료 · 사용료, 기타 교육 · 학예에 관한 재산수입, ② 지방교육재정교부금, ③ 당해 지방자치단체의 일반회계로부터의 전입금, ④ 기타 교육에 속하는 수입이 있다. 지방교육비의 세입예산에 계상되어 있는 수입으로는 ① 재산수입, ② 사용료 및 수수료, ③ 지방교육재정교부금, ④ 보조금, ⑤ 기부금, ⑥ 과년도(過年度) 수입, ⑦ 전입금, ⑧ 지방교육채, ⑨ 잡수입, ⑩ 이월금(移越金) 등이 있다.

3. 교육재정의 배분론

우리나라의 교육재정은 지방교부금, 지방양여금, 국고보조금의 형태로 배분된다.

지방교부금은 자체수입이 부족한 지방자치단체가 최소한의 행정수준을 유지하는데 필요한 재원확보와 지역간의 재정적인 격차를 완화하기 위한 제도로서 내국세의 일정비율을 일괄적으로 지방에 지원하며, 그 용도 제한 없이 지방자치단체의 일반재원으로 활용된다. 지방양여금은 국세 중 특정 세목수입이 일부 또는 전부를 일정한 기준에 따라 지방자치단체에 양여하여 특정사업 수요에 충당하도록 하는 제도이다. 교부금과 양여금은 부의 형평, 교육적 기회의 형평, 교육적 필요에 의해 그 규모가 결정된다.

국고보조금은 지방재정교부금과는 별도로 국가사업과 지방사업의 연계를 강화하고 국가정책적 필요에 따른 지방사업의 지원 또는 국가위임사업의 수행을 위하여 사업비의 일부 또는 전부를 지방자치단체에 대한 보조금으로 국고에서 지원하는 제도이다. 보조금의 규모는 국가의 재정여건에 따라 그 규모가 상이하게 결정된다.

교육재정의 총 규모를 막론하고 확보된 재원을 효율적 · 합리적으로 배분하여 예산의 낭비를 제거하고 교육적 자율성, 효율성, 형평성을 극대화하는 일은 교육재원 확보의 문제 이상으로 중요하다. 우리나라의 교육재정 배분 모형은 미국의 배분 모형을 원용하여 교육재정교부금 및 양여금 제도가 발전해 왔고, 최근에는 지방재정의 자율성과 효율성을 증대시키는 방향으로 배분제도가 변화되고 있다.

1) 교육재정 배분제도의 목적

교육재정교부제도는 지방정부에 필요 불가결한 교육지출 수준을 유지하도록 하고 특정교육사업을 장려하여 교육목적 달성을 조장하기 위한 제도이다.

교육재정교부제도를 통해서 중앙과 지방의 수직적 재정불균형과 지방정부간의 수평적 재정불균형 및 불균등을 조정하고, 지방자치단체간 재정 지출의 공평성을 재고할 수 있다. 또한 교육재정교부제도는 지방정부 자조노력을 유발하고 건실한 지방교육자치를 뒷받침할 수 있는 자립기반을 확충하고자 한다.

2) 교육재정 배분의 유형

지방 교육재정 지원제도는 지방교육 교부금제도와 국고보조금제도로 대별된다. 이와 같은 두 가지 교육재정 배분의 유형간의 근본적인 차이점은 그 사용에 특별한 용도가 부가되느냐의 여부에서 찾아볼 수 있다.

교부금(grants)은 크게 지방교부금(general grants)과 국고보조금(specific grants)으로 나누어진다.

(1) 지방교부금

지방교부금은 다시 노력에 상응하는 교부금(effort-related general grants)과 정액교부금(lump-sum general grants)으로 나뉘는데, 전자는 교부금의 규모가 지방정부의 징세 노력의 결과에 따라 가변적이거나 지방정부가 적어도 중앙정부가 재정 지원하기 이전의 공공지출 부분을 유지하여야 한다는 조건이 첨부되는 교부금을 말하며, 후자는 이러한 징세 노력이나 유지 노력과 무관하게 일정한 금액을 교부하는 것을 말하는데, 우리나라의 지방교부금제도는 바로 이 형태에 해당한다.

(2) 국가보조금

국고보조금은 다시 정률보조금(matching specific grants)과 정액보조금(lump-sum specific grants)으로 대별되는데 전자는 특정사업에 대한 지방정부의 자체 수입에 의한 부담 규모에 따라 재정지원 규모가 변하는 보조금이며, 후자는 지방 정부의 자체부담과 무관하게 일정한 금액을 보조하는 경우를 말한다. 또 정률보조금은 다시 폐쇄형 정률보조금과 개방형 정률보조금으로 나뉘는데, 전자는 지방정부 부담액에 따른 보조액에 상한을 설정하는 경우다. 개방형 정률보조금은 지방정부 부담액의 특정수준에 관계없이 항상 일정한 교부율을 적용하는 경우로서 우리나라의 국고보조금의 대부분이 이 형태에 속한다고 할 수 있다.

4. 교육재정 관련 법령

1) 교육재정 법령

(1) 지방교육재정교부금법

지방재정교부금법은 지방자치단체가 교육기관 및 교육행정기관을 설치 경영함에 필요한 재원의 전부 또는 일부를 국가가 교부하여 교육의 균형있는 발전을 도모함을 목적으로 한다(지방교육재정교부금법 제1조).

지방자치단체의 초 · 중등학교 교육을 위한 교육재정은 2000년도까지는 특정세액 중 일정률을 교부하고 부족액을 국가예산으로 지원하여 왔으나, 지역간 교육의 균형있는 발전을 기하기 위하여 소요되는 교육재원을 안정적으로 확보하여 배분하는 것이 필요함에 따라 현행제도와 같은 교부금제도를 확립하여 왔다.

지방교육재정교부금은 크게 보통교부금과 특별교부금으로 나눈다. 보통교부금의 재원은 당해 연도 의무교육기관의 교원봉급과 교육공무원법 제35조 각호에서 규정한 수당(기말, 정근수당), 당해 연도의 내국세 총액의 1,000분의 130에 해당하는 금액의 11분의 10에 해당하는 금액을 합한 금액으로 하고, 특별교부금의 재원은 내국세 총액의 1,000분의 130의 11분의 1에 해당하는 금액으로 한다(지방교육재정교부금법 제3조).

국가는 지방교육재정상 부득이한 수요가 있는 경우에는 국가예산이 정하는 바에 의하여 보통교부금과 특별교부금 외에 따로 증액교부를 할 수 있다.

지방교육재정교부금의 교부는 보통교부금의 경우는 기준재정 수입액이 기준재정 수요액에 미달하는 경우 그 미달액을 기준으로 하여 교부한다.

기준재정 수입액은 교부금을 제외한 지방교육양여금법에 의한 지방교육양여금 일반회계의 전입금 등 교육 · 학예에 관한 모든 수입의 예상으로 하며, 기준재정 수요액은 각 측정단위의 가치를 그 단위비용에 곱하여 얻은 금액을 합산한 금액으로 한다.

특별교부금은 기준재정 수요액의 산정방법으로 포착할 수 없는 특별한 재정수요가 있을 때, 보통교부금의 산정기일 후에 발생한 재해로 인한 재정수요가 있거나 재정수입의 감소가 있을 때, 교육행정기관 등 교육 체육에 관한 시설의 신축 · 복원 · 확장 · 보수 등의 사유로 인하여 특별한 재정수요가 있을 때 교부한다.

최근에 교육세법 및 지방세법이 개정됨에 따라 지방교육재정교부금법이 일부 개정되었다. 특히 국세로 징수되었던 지방세분 교육세가 지방교육세로 전환됨에 따라 지방자치단체의 일반회계 예산에 교육비 특별회계 전출금으로 계상하도록 되었다(지방교육재정교부금법 개정안 제11조).

(2) 지방교육재정양여금법

이 법은 국세 및 지방세의 조정 등에 관한 법률 제5조 제2항의 규정에 의하여 국세의 일부를 국가가 지방자치단체에 양여하여 지방교육재정의 확충에 소요되는 재원을 확보함으로써 지방교육의 질적 향상 및 발전을 도모하고자 제정되었다.

지방교육양여금제도는 국가의 특정한 수입을 지방에 분배한다는 점에서 교부금과 유사하나 교부금이 재원의 사용에 대한 조건이나 규제가 없는데 비해 양여금은 특정한 분야를 대상으로 사용하도록 되어 있다.

(3) 교육환경개선 특별회계

이 법은 고등학교 이후의 노후 시설을 단기간에 개선하기 위한 시설사업의 재원으로 사용된다. 그 구체적인 사업 내용은 노후시설 개선, 교원 편의시설 확충, 난방시설, 화장실, 급수시설, 기타 부속 시설 및 각급 학교시설의 안전제고를 위한 교육환경개선 등이다.

(4) 교육세법

이 법은 교육의 질적 향상을 도모하기 위하여 필요한 교육재정의 확충에 소요되는 재원을 확보함을 목적으로 한다.

교육세는 1981년 신설 당시와 비교할 때 많은 변화를 거쳐 왔다. 우선

1981년 신설 당시 교육세는 국세로서 직접세와 간접세의 양면성을 띠고, 목적세로서 임시세에 속하며, 다른 세원에 부속되는 부가세의 성격을 갖고 있었다. 1990년 12월 31일 교육세법 개정법률과 지방교육양여금법이 제정 · 공포되었고, 개정된 교육세법에서는 1991년 12월 31일로 되어 있던 교육세의 징수시한을 폐지하고 영구세로 전환시켰다. 2001년 개정된 교육세법에서는 국세로 징수되었던 지방세분 교육세가 지방교육세로 전환되었다.

(5) 사립학교법

사립학교의 학교재정은 사립학교법의 적용을 받는다. 동법에 의하면 학교법인이 그 기본재산을 매도 · 증여 · 임대 · 교환 또는 용도 변경하거나 담보에 제공하고자 할 때 또는 의무의 부담이나 권리의 포기를 할 때에는 감독청의 허가를 받아야 하며 학교교육에 직접 사용되는 학교법인의 재산 중 동시행령에서 정하는 것은 이를 매도하거나 담보에 제공할 수 없다고 규정하고 있다.

학교법인의 회계는 그가 설치 · 경영하는 학교에 속하는 회계와 법인의 업무에 속하는 회계로 구분하며, 학교에 속하는 회계는 교비회계와 부속병원회계(부속병원이 있는 경우에 한한다)로 구분할 수 있고 각 회계의 세입 · 세출에 관한 사항은 동시행령에 정하고 있다. 학교에 속하는 회계의 예산은 학교장이 편성하여 학교법인의 이사회가 심의 · 결정하고 학교장이 집행하되, 교비회계에 속하는 수입은 다른 회계에 전출하거나 대여할 수 없다(차입금의 원리금을 상환하는 경우는 제외).

학교법인의 회계연도는 그가 설치 · 경영하는 사립학교의 학년도에 따르며, 학교법인은 예산의 경우 매회계연도 개시 15일 이전에, 결산의 경우 매회계연도 종료 후 3월 이내에 감독청에 제출하여야 하고 감독청은 예산이 부당하게 편성되었다고 인정할 때에는 그 시정을 요구할 수 있다.

학교법인은 매회계연도 종료 후 2월 이내에 재산목록 · 대차대조표 및 수지계산서 기타 필요한 장부 또는 서류를 작성하여 이를 항시 그 사무소에 비치해야 한다. 학교법인의 예산편성요강 · 회계규칙 기타 예산 또는 회계에 관하여 필요한 사항은 교육부장관이 정하도록 사립학교 법에서는 규정하고 있다.

2) 학교회계제도의 설치

학교회계제도는 기존에 세입 재원을 구분해 각 자금별로 지정된 목적에 따라 제한적으로 편성해 오던 학교예산을 일상경비, 도급경비로 구분하지 않고, 회계연도 개시 전에 총액으로 배분하고, 학교운영지원비 등 다른 자금과 하나의 회계로 통합 운영하는 것이다. 이렇게 통합된 세입 재원은 교사의 참여와 학교운영위원회의 심의를 거쳐 학교에서 필요한 우선순위에 따라 자율적으로 세출예산으로 편성돼 집행된다.

학교회계에서 단위학교 중심의 학교재정운영 효율화를 도모하고, 예산편성, 심의, 집행, 결산의 절차를 규정함으로써 학교재정운영의 투명성을 확보하여 궁극적으로는 학교재정이 학교교육과정을 효과적으로 뒷받침할 수 있게 되었다.

(1) 학교회계제도의 목적

학교회계의 목적은 학교회계 정보의 이용자가 필요로 하는 정보 측면에서 찾을 수 있다. 비영리조직의 회계목적(재무보고 목적)에 대한 미국 FASB의 개념체계보고서 제4호에서 제시한 비영리조직의 회계목적은 학교회계의 목적을 이해하는데 도움이 된다.

이 보고서에서 비영리조직의 회계자료는 ① 자원배분 결정에 관한 유용한 정보제공, ② 서비스 및 서비스 제공 능력 평가에 유용한 정보제공, ③ 경영자의 수탁책임 및 성과평가에 유용한 정보제공, ④ 경제적 자원, 채무, 순자원 및 이들의 변동에 관한 정보의 제공, ⑤ 경영자의 설명과 해석에 도움이 된다고 했다.

학교회계는 학교운영을 위한 자원 제공자인 정부(실제로는 국민의 세금을 재원으로 하지만 정부가 국민의 대리인 역할을 함)의 자원배분에 관한 의사결정을 위한 유용한 정보를 제공하여야 한다. 정부 또는 정부의 대리인인 교육행정책임자는 학교회계 절차에 의해 제공된 정보를 바탕으로 적절한 학교예산 배분의 의사결정을 하여야 한다.

학교회계 정보는 학교가 제공하는 교육서비스와 서비스 제공 능력에 대한 평가의 수단을 제공하여야 한다. 이와 같은 평가는 주로 교육서비스 제공을 위한 자원의 소비와 그 결과물인 교육의 질을 비교하는 것으로 가능하다.

학교회계는 학교의 경영자라고 할 수 있는 교장 · 교감 등 관리자의 수탁책임 이행과 성과평가에 유용한 정보를 제공하여야 한다. 단위학교의 책임자는 배정된 예산을 관련 법규를 따라 적합한 용도에 사용하여야 하고 또한 필요한 경우 예산 절감도 성취하여야 한다. 책임자의 성과는 제공된 교육서비스의 질과 예산운영의 효율을 비교하여 평가되어야 한다. 따라서 학교회계 시스템은 이와 같은 성과평가의 기초가 될 수 있는 계량적인 자료를 적절히 산출할 수 있도록 설계되어야 한다. 종전의 복잡한 세입구조 위주의 중앙집권적인 학교회계제도에서 탈피할 수 있다면 학교회계는 단위학교를 중심으로 학교가 소유하는 경제적 자원, 채무, 순자원에 관한 정보를 제공하게 되고 또한 이들의 변동에 관한 정보가 학년도 등 기간단위로 제공될 수 있다. 학교도 사회 전체적으로 보면 경제적 가치를 갖는 조직이므로 사회 구성원은 지역사회에서 학교가 가지는 자원의 경제적 가치에 대한 평가 등을 필요로 할 수 있다.

이상에서와 같이 학교회계에서는 외부보고를 위한 재무회계적 측면과 내부관리를 위한 관리회계적 측면이 모두 중요하며 통합된 재무보고서로서 정보 욕구를 충족시킬 수 있음을 알 수 있다. 주된 자원제공자이며 또한 감독자인 정부는 학교 외부자로서 재무회계적 정보를 필요로 하며 경우에 따라서는 내부자의 입장으로 관리회계적 정보를 필요로 한다. 학교의 책임자인 교장 · 교감은 학교의 경영자로서 관리회계적인 입장에서 학교회계 정보를 이용하여야 한다. 또한 학부형이나 지역사회 구성원 등 다양한 외부자가 존재하기에 학교회계 정보는 공공정보로서 공시되어야 할 필요성이 있다.

(2) 학교회계제도의 특징

학교회계가 설치되기 전까지 우리나라의 국 · 공립 초 · 중 · 고등학교의 학교예산과 회계 절차는 일반 정부 회계운영 절차에 따라 엄격하게 운영되어왔다. 하지만 학교회계가 설치됨에 따라 단위학교가 기본적인 회계단위로서의 역할을 수행할 수 있게 되었다.

첫째, 교사 인건비와 대규모 시설 공사비를 제외한 대부분의 사업비와 학교 운영비를 단위학교에서 독자적으로 편성, 집행할 수 있다.

둘째, 수입원에 따라 여러 종류로 분산되어 있던 잡다한 회계가 단일화되어 확정된 학교의 결산이 학부모 및 교직원에게 공개된다.

셋째, 교사들의 예산 참여권이 보장된다. 학교장은 반드시 교직원 등으로부터 예산 요구서를 제출받아 예산안을 편성하게 된다.

넷째, 각 경비별로 달랐던 회계연도가 학년 시작과 맞춰 3월 1일부터 이듬해 2월 말일로 한다.

다섯째, 교육부나 교육청이 지원한 경비는 회계연도가 끝나면 전액 반납했지만 학교회계제도 아래에서 이월이 허용된다.

여섯째, 교내 시설물을 외부기관에 빌려 주면 국고나 교육비 특별회계로

귀속됐지만 학교회계제도 아래서는 사용료 전액을 학교가 자체적으로 받아 직접 사용할 수 있다. 우리나라 학교회계제도의 특징을 요약하면 〈표 11-1〉과 같다.

표 11-1 우리나라 학교회계제도의 특징

구분	학교회계제도
회계연도	3월 1일에서 이듬해 2월 말
예산배부 방식	일상경비와 도급경비 구분 없이 표준교육비 기준으로 총액 배분함
예산배부 시기	학교회계연도 개시 이전에 일괄 배부함
세출예산 편성	재원에 따라 사용 목적 구분없이 학교 실정에 따라 자율적으로 세출예산을 편성함
사용료, 수수료 처리	학교 시설, 사용료, 수수료 수입 등을 학교 자체 수입으로 처리함
회계장부 처리	학교예산에 편성되어 있는 여러 자금을 학교회계로 통합하고 장부도 단일화해서 관리함
잔액 처리	집행 잔액 발생시 다음 회계연도로 이월 가능함

5. 학교단위 교육재정 운영

1) 학교단위 예산의 기초

(1) 학교단위 예산의 개념

학교경영의 자주성, 민주성 및 효율성을 제고하기 위해서는 단위학교에 예산의 편성 및 운영권이 부여되어야 한다. 이를 위하여 단위학교 학교에 예산 편성권과 운영권을 부여하는 학교단위예산제(School Based Budgeting System)가 있다. 학교단위예산제는 과거에는 단위학교 이상의 상위 부서에서 예산과정을 주도한 것에서 탈피하여 학교에서 학교장이 예산과정의 중심적인 역할을 담당하는 분권화된 예산제도를 의미한다.

학교단위예산제는 학교재정 운영에 대한 자율성을 증대시킬 수 있고, 책무성을 증대시킬 수 있으며, 특성있는 학교경영을 함으로써 경영의 효율화를 기할 수 있다. 또한 교육 수요자인 학부모와 학생의 요구를 반영할 수 있으며, 예산편성 과정에 교직원들의 참여를 통하여 학교경영의 민주화에 기여할 수 있다는 장점이 있다. 반면에 단점도 있는데, 학교에서는 일부 교직원은 예산에 대하여 관심 밖에 있기 때문에 형식적인 예산편성으로 방만한 운영이 될 수 있고, 교장이 예산 집행에 있어 재량권을 남용하거나 일탈함으로써 회계 질서를 문란시킬 수 있다는 점이다.

(2) 학교단위 예산의 원칙

학교예산은 일정 기간 동안(1회계 연도) 학교가 교육활동 계획을 실천해 나가는데 필요한 수입과 지출이 체계적인 예정적 계획표를 의미한다. 학교예산도 정부예산의 일부분으로 전통적인 예산의 원칙이나 현대적인 예산의 원칙을 모두 지켜야 한다. 교육예산을 운영하는 기본 단위로서 학교단위 예산이 지켜야 할 예산의 원칙을 제시하면 다음과 같다.

1 계획의 원칙

학교의 예산안은 학교 발전계획이나 교육활동 계획을 반영한 것이다. 아무리 훌륭한 교육활동 계획이라도 적절한 예산 지원이 없을 때는 형식적인 교육활동에 그치기 쉽고, 아무리 멋진 예산안이라도 교육활동 계획을 반영하지 못하는 것은 소기의 목적을 달성할 수 없다.

2 사전승인의 원칙

학교예산은 회계연도 이전에 편성되어 의결을 거쳐 의결 승인된 범위 내에서 집행되어야 한다. 학교의 예산안과 결산안은 초 · 중등교육법 제32조에서 학교운영위원회의 심의를 받도록 규정되어 있다. 따라서 학교회계는 학교운영위원회의 심의를 거쳐 집행하는 것이 원칙이다.

3 예산 총계주의 원칙

예산회계법 제18조에서 한 회계연도의 모든 수입을 세입으로 하고, 모든 지출을 세출로 하며, 세입 · 세출은 모두 예산에 계상되어야 한다고 규정함으로써 예산 총계주의 원칙을 천명하고 있다. 학교예산도 모든 세입과 세출은 학교회계에 계상되어야 한다.

4 예산 단일의 원칙

예산을 효과적으로 통제하고 효율적으로 관리하기 위해 여러 개의 예산이 존재하면 안 된다. 특히 각 예산간에 세입 · 세출의 전출입 관계가 있을 때는 금액이 중복 계산되어 정확한 순계를 내지 않으면 전체를 명료하게 만들기 어려울 뿐만 아니라, 예산통제를 약화시킨다. 새롭게 재정된 학교회계는 예산단일의 원칙에 부합된다고 할 수 있다.

5 예산공개의 원칙

예산의 편성 · 심의 · 집행 · 결산 그리고 감사의 모든 과정과 관련 보고서가 공개되어야 한다는 원칙이다. 민주적 학교운영과 발전을 위해서는 교직원과 학부모들의 이해와 협조가 무엇보다 중요함으로 예산의 편성 · 심의 · 집행 등의 과정에서 이들을 적극적으로 참여시키고 의견을 개진할 수 있는 기회를 부여하여야 한다.

6 회계연도 독립의 원칙

각 회계연도에 지출되어야 할 경비는 그 연도의 수입으로 조달되고, 당해 연도에 지출되어야 할 경비는 그 익년도 등 다른 연도에서 지출되어서는 안 된다. 학교의 경우는 학년도 단위, 즉 3월 1일부터 다음해 2월 말까지로 회계연도를 정하고 있다.

7 예산 한정성의 원칙

예산은 사용 목적, 금액, 기간 등에 한정을 두어야 한다는 것으로 구체성의 원칙이라고도 한다. 특정 목적을 위하여 편성 · 배분된 예산은 그 목적을 위하여 사용되어야 함을 의미한다.

8 예산 신축성의 원칙

이는 예산의 한정성의 원칙과 상반되는 것으로서 예산은 통제를 위하여 엄격하게 편성되고 운영되어야 하나 지나치게 엄격하면 효율성을 저해하므로 신축성 있게 운영될 수 있는 제도적인 장치가 마련되고 신축성 있게 예산이 집행되어야 한다는 것이다.

2) 학교단위 예산의 운영

(1) 학교예산의 편성 절차

학교운영위원회 설치 및 학교회계의 도입 등으로 중앙정부나 지방자치단체의 예산과정과 마찬가지로 학교도 예산편성, 예산심의, 예산집행, 결산에 이르는 일련의 과정을 수행하게 되었다.

학교예산 편성은 크게 교육청으로부터 시달된 예산편성 지침과 가용재정 규모에 따라 학교단위에서 사용할 수 있는 재원을 파악하고, 소관별 소요예산 자료를 제출받아 협의 조정한 후 예산을 편성하고 학교운영위원회로부터의 심의를 거쳐 예산을 확정 · 공개하는 순서로 이루어지는데 이러한 흐름은 〈표 11-2〉와 같다.

표 11-2 학교예산 편성 과정

과정		내용
① 회계연도에 가용한 재원 파악	→	학교회계(3. 1~2. 28)
② 단위기구 소관별 사업내용별, 소요예산 관련 자료 제출 요구	→	교육부, 교육청 등의 예산편성지침서를 기본자료로 하여 학교장이 방향을 설정 부별, 학년별, 교과별로 각각 교육목표를 설정하고 단위 사업을 설정, 연간 소요예산을 판단하고 우선순위를 설정함
③ 예산요구서, 관련 자료의 수집과 분석	→	각각 부별, 학년별, 교과별로 만들어진 사업계획서를 수집하여 요구자료에 대한 검토 및 협의
④ 단위간 협의 및 조정	→	요구자료에 대한 단위간 검토와 협의를 거쳐 전체적인 우선순위와 가용재원 내에서의 예산액 조정
⑤ 학교 전체 예산안(안) 편성, 조정	→	전체 사업에 대한 점검과 당해 학교간부회의 등에서 조정
⑥ 학교운영위원회 심의	→	예산안 상정과 동시에 예산안에 대한 제안설명 예) 결산소위원회에서의 심의 · 조정 및 계수조정
⑦ 예산 확정	→	학교장이 최종 확정
⑧ 결정된 예산 공개	→	교직원 및 학부모 기타 관련자
⑨ 결정된 예산의 집행과 필요시 추경예산편성	→	담당부서별 예산 요구에 따라 집행하고 예산 사용 변경 필요시 추경예산편성

1 학교단위 재원(세입) 파악

예산편성의 구체적인 절차를 살펴보면 학교예산은 학교단위에서 가용한 재원 소재와 규모를 파악하는 일에서 시작된다. 학교회계가 통합된 상태에서 가용재원은 ① 국가 및 일반회계 또는 지방자치단체의 교육비 특별회계로부터의 전입금, ② 학교운영 지원비, ③ 학교 발전기금으로부터의 전입금, ④ 수업료 기타 납부금 및 학교운영 지원비 이외에 학교운영위원회의 심의를 거쳐 학부모가 부담하는 경비, ⑤ 국가 또는 지방자치단체의 보조금 및 지원금, ⑥ 사용료 및 수수료, 이월금, 기타 수입 등의 총계이다.

2 소관 사업안과 사업별 소요예산 계획 작성

학교 행정실은 학교장의 예산편성 방침이 담긴 예산요구서를 배부한다. 해당 부서 또는 관련 교직원은 교과운영과 담당업무 수행에 필요한 예산요구 자료를 지정된 기일까지 행정실에 제출한다. 예산요구 자료는 학교교육계획과 학교운영 등과 관련하여 단위사업명(예 : 교무운영, 연구사업, 교실내 기본교구 확충, 현장학습)을 기재한다. 요구내역상의 산출기초는 기준단가 또는 실거래 단가를 정확하게 기술한다. 이 때 주요 사업은 사전에 교장, 교감에게 사전 보고하고 결재를 거친다.

주로 대부분의 학교가 부서별로 예산요구서를 수렴한다. 취합된 예산요구서를 바탕으로 교육청의 지침과 학교장이 정한 학교 예산편성 우선순위에 입각하여 예산안 작성의 실무를 담당한다.

3 학교 전체 예산안 편성 및 확정

학교장은 각 부서에서 제출한 예산 요구자료와 기타 필요한 자료를 종합적으로 검토하여 학교교육계획과 연계하여 조정과정을 거쳐 학교예산안을 확정한다.

4 예산의 심의 및 결과의 공개

편성된 예산안은 학교운영위원회에 상정되어 예산심사소위원회의 심의를 거쳐서 확정된 예산은 7일 이내에 교육청 기획예산담당관에 보고해야 한다. 또한 학교운영위원회의 심의를 마친 내용은 학부모 및 교직원에게 공개하여야 한다.

(2) 학교단위 예산의 집행

예산의 집행에는 수입 원인행위, 수입, 지출 원인행위, 지출 등이 포함된다. 예산집행은 재화와 서비스의 구매 정, 납품, 검수, 지급을 포괄하는 개념이라 할 수 있다. 예산의 집행은 법령상의 제약, 관할청의 예산집행지침에 따른 제약, 학교운영위원회의 심의에 따른 제약 등 여러 가지 제약이 있지만 예산의 집행권자인 학교장에게 상당한 재량을 부여하기도 한다.

(3) 학교단위 예산의 결산

학교예산의 집행이 완료되는 회계연도 말에는 결산서를 작성하여 이를 학교운영위원회에 회부하여 심의를 받게 된다. 결산은 회계연도 내에 집행한 실적으로 이를 평가하여 다음 회계연도 예산편성이나 학교운용 지원비 결정에 중요한 자료로 활용된다.

3) 학교단위 예산관리기법

(1) 품목별 예산제도(Line Item Budgeting System)

품목별 예산제도란 예산을 편성할 때 지출대상, 즉 구입하고자 하는 품목별로 지출 항목을 분류한 다음 지출대상과 금액을 규정하여 놓은 예산제도이다. 예를 들어 학교에서 인건비, 운영비 등 지출 대상별로 얼마씩 쓰도록 예산을 지정해 주는 것으로 비교적 예산편성 과정이 단순하다.

품목별 예산은 품목별로 분류, 통제중심, 투입에 초점, 계획에 대한 상대적 무관심 등의 특징을 가지고 있다. 이러한 특징은 이 예산제도의 장단점을 낳는 바탕이 된다. 이 예산은 회계 책임을 명확히 하여 예산의 낭비를 방지할 수 있으며, 예산편성이 용이하고, 회계감사가 용이하다는 장점이 있는 반면 성과를 파악하기 곤란하고, 예산 운영의 탄력성이 부족하여 자원이 비효율적으로 사용될 수 있다는 단점이 있다.

품목별 예산의 편성과정에서 중요한 요소는 품목구분, 편성기준, 품목단가의 세 가지로서 특히, 체계적인 품목구분과 품목단가의 합리적인 설정은 통제지향의 본래적 성격을 제대로 구현하기 위해 중요하다.

학교회계제도의 시행으로 학교별로 품목별 예산제도, 성과주의 예산제도, 기획예산제도 등의 다양한 예산제도를 원용하여 지출계획을 수립할 수 있다. 그런데 실제로 대부분의 학교에서 품목별 예산제도의 틀을 활용하여 지출계획은 품목별로 구분하고 있다. 학교별로 품목은 일치하지 않지만 20개 내외의 항목으로 구분되는데 일반적으로 학교별로 공통항목이 대부분이다.

실제에 있어서는 순수한 의미의 품목별 예산제도는 많지 않으며 성과주의 예산제나 기획예산제 등과 혼합된 형태를 띠는 경우가 많다. 지금까지 우리나라의 예산제도는 품목별 예산제도를 근간으로 하여 기획예산제나 목표관리예산제의 특징을 부분적으로 수용하였다.

(2) 성과주의 예산제도(Performance Budgeting)

성과주의 예산제도(PB)는 사업별로 비용을 책정하고, 목적 달성을 위하여 상호융통할 수 있게 한 것으로서, 예산과목을 사업계획별, 활동별로 분류하고, 각 세부 사업별로 업무 측정단위를 선정하여 업무를 양적으로 표시한 다음 예산액을 원가에 기준하여 산정하는 과학적인 예산 결정방식이다.

성과주의 예산을 편성하기 위해서는 먼저 당해 부처가 담당하고 있는 업무나 사업을 분류하고(기능별 분류, 기관별 분류, 사업별 분류), 각 업무의 성과를 가능한 한 계량화하고 표준화하여 업무측정 단위로 표시한다. 단위원가에 업무량을 곱하여 예산액을 산출한다.

학교에서는 사무조직(교무, 연구, 학생 등), 학생조직(1학년, 2학년 등), 교과조직(국어, 수학, 과학 등)으로 분류하고 이를 다시 활동별로 분류하여 업무의 성과를 계량화하여 업무측정 단위로 표시하고 예산액을 산출한다.

이 제도는 통제중심 예산제도에서 벗어나 관리기능에 중점을 두고, 활동의 성과 또는 업무량의 달성과 관련시켜 예산을 추계한다. 따라서 성과의 분석이 가능하여 부문별 효율성을 제고시키는데 유용하다. 하지만 교육활동에서 업무측정 단위의 측정과 단위원가 산출이 실질적으로 어렵고, 예산을 통제하기가 어려우며 회계책임이 불분명한 문제점이 있다.

(3) 영기준예산제도(ZBBS)

영기준예산제도(Zero-Base Budgeting System)는 의사결정 패키지를 작성하여 패키지에 순위를 부여해서 한정된 예산에 맞추어 사업을 결정하는 것이다. 일반적으로 예산을 세울 때 과거의 경향이라든지 전년도 예산내역을 근거로 해서 금년도 예산을 확정하는 것이 상례로 되어 있다. 영기준예산제도는 매년 거의 동일한 액수의 예산이나 인력이 꼭 필요한가에 대한 의문을 가지고 매 회계연도마다 모든 사업을 첫 출발하듯이 새로이 모든 사업을 평가하고 조정하여 선택하는 것이다. 영기준예산제도는 모든 사업 · 활동에 전년도 예산을 고려하지 않는 영기준을 적용하여 작성함으로써 무엇보다 사업의 우선순위를 정기적으로 새로이 결정하여 노력의 중복, 과다한 활동과 낭비를 배제할 수 있으므로 사업의 효율성을 향상시키고, 학교의 모든 사업 · 활동에 관하여 그 능률 · 비용 · 효과를 계속적으로 재평가 함으로써 자원배분의 합리화를 보장할 수 있다.

영기준예산제도의 실시방법은 크게 두 단계로 나누어 설명할 수 있다. 첫째 단계는 의사결정 패키지의 작성이다. 이는 요약된 사업계획서라고도 할 수 있는데, 일반적으로 한 장의 종이에 한 사업의 개요를 간략하게 서술한 것이다. 그 내용은 사업명, 사업의 목적, 실천방안과 그에 따른 기대되는 성과, 소요예산, 필요인력, 그리고 사업수행책임자 등이다.

둘째 단계는 기관설립 존속상 가장 중대한 목적 달성을 위하여 제일 중요한 사업부터 제일 낮은 사업으로 순서를 정하여 제한된 예산범위에서 수행 가능한 사업만을 결정하는 것이다. 이러한 순위결정의 과정에서 필요한 인력과 예산을 세밀히 검토하여 수행방안들을 평가할 수 있는 기회를 갖는다.

영기준예산제에 의한 학교경영계획 수립의 절차는 일반계획서 작성의 절차와 별로 다를 것이 없다. 기획의 절차는 일반적으로 ① 목표의 설정, ② 방침의 결정, ③ 행동방안 결정의 3단계를 밟아야 한다고 한다.

영기준 예산편성은 학교경영계획을 수립할 때에 따르는 절차와 같이 일률적으로 규정하기는 어렵지만 일반 계획수립 절차에서 제시된 기획과정에 준하여 작성하는 것이 바람직하다.

준비단계에서는 학교경영계획 수립에 필요한 사전준비를 하는 단계이며 계획수립 결정, 기획예산위원회(가정) 조직, 계획서 작성과 같은 몇 가지 단계가 필요하다.

수립단계에서는 교육청의 교육목표 이해, 의사결정 단위 결정, 목표의 구체화, 사업계획서 작성, 우선순위 결정, 사업확정의 순서를 밟는 것이 바람직하다.

확정단계에서는 앞에서 수립된 안들을 적절하게 문서화하여 학교경영계획 및 예산안 작성, 학교경영계획 및 예산 확정, 학교경영계획 및 예산 공고, 학교경영계획 및 예산홍보의 단계를 거친다.

(5) 목표기준예산제도(Target Base Budget System)

목표기준예산은 각 부처가 예산요구서를 제출할 때 스스로 한계를 지어주는 제도이다. 즉 각 부처는 예산 요구액을 목표와 비목표 항목으로 구분하여 목표 요구액은 반드시 배정받도록 하는 것이다. 따라서 비목표 예산요구액은 목표 요구액은 아니지만 신규사업이나 기타 비목표 업무에 필요한 자금을 말한다. 비목표 요구액은 다시 우선순위를 정하게 되어 있어 우선순위에 따라 예산배정이 결정된다. 목표 요구액은 세입의 예측 및 기타 여건을 고려하여 각 부처에 대한 목표를 정하게 된다.

목표기준예산제도는 미국 연방정부에서는 이미 오래 전부터 이와 유사한 개념으로 운영되어 왔으며, 많은 지방정부들이 이를 활용하고 있다. 목표기준예산제도는 영기준예산제도와 더불어 자원의 효율적 관리에 치중하고 있다. 따라서 ZBBS의 정신에 TBBS의 개념을 도입한다면 더욱 좋은 예산제도가 될 것이다.

(5) 예산관리기법의 비교

학교예산관리기법을 기본방향, 사업계획 수립, 강조점, 조직면, 예산운영 측면에서 비교하면 다음과 같다.

표 11-3 학교예산관리기법 비교

예산제도 기준	품목별 예산제도	성과주의 예산 제도	영기준예산 제도
기본방향	통제	관리지향	의사결정 지향
사업계획수립	품목별로 지출항목을 분류, 지출대상과 금액을 규정	활동 성과와 관련시켜 수립	목표와 연결된 투입 방식으로 세부사업 계획
강조점	지출의 적격성	관리 및 활동 성과	관리적 측면, 단기적인 사업계획
조직면	집권적	집권적	분권적
예산운영	매우 경직적	신축적	신축적

품목별 예산제도는 예산편성이나 집행과정을 통제하기 위한 예산제도이며, 성과주의 예산제도는 지출의 효율적 관리를 목적으로 한다. 반면 기획예산제도는 예산운영의 계획적인 측면을 강조하는 예산제도이며, 영기준예산제도는 재정 낭비를 줄이고 예산운영의 능률성을 향상시키기 위한 감축지향적인 예산제도이다.

위의 예산제도들은 상호 보완적이어서 어느 한 예산제도가 어떤 조직에서나 유용한 예산제도는 아니다. 따라서 단위학교의 조직의 특성, 목적에 따라 유용한 예산제도를 채택해야 한다.

학교운영위원회의 설치 및 학교회계의 도입으로 학교구성원의 참여, 예산과 학교 목표의 연계 등이 강조됨에 따라 중앙집권적이고, 예산운영이 경직적인 기획예산제도는 부적절한 것 같다. 비록 ZBBS가 서류부담, 최저수준의 패키지 작성의 곤란, 장기계획 수립의 곤란 등의 문제점이 있지만 전직원이 참여, 예산과 계획 및 목표와의 연계성을 강조하기에 부분적으로 혹은 전면적으로 적용할 필요가 있다.

제12장
학교경영론

1. 학교경영의 개념과 기능
2. 학교경영의 영역과 계획
3. 학교경영기법
4. 학교경영의 평가

1. 학교경영의 개념과 기능

1) 교육경영의 의미

경영이란 개념은 어떤 조직에서든지 일반적으로 사용되고 있으며, '경영'에 대한 정의도 매우 다양하다. 그 중에서 Hersey와 Blanchard는 경영(management)을 "조직의 목적을 달성하기 위하여 개인과 더불어 또 집단을 통하여 일하는 것"이라고 규정하고 있다.

교육경영이란 교육에 적용하는 여러 변인을 통제하여 교육의 목적을 달성하는 경영적 활동을 뜻한다. 학교경영이 학교 내의 교육을 경영하는 것이라면, 교육경영은 학교는 물론 학교 이외의 교육에 영향을 미치는 여러 변인을 포함하는 교육을 경영하는 것이 된다.

학교 내의 교육경영은 학교경영과 같다. 광범위하게 교육에 영향을 미치는 변인으로는 학교 · 사회 · 가정이 있으며 교육은 이들의 상호작용 속에서 이루어진다. 교육이 경영되어야 한다고 할 때 이들 변인을 교육을 위하여 어떻게 유기적으로 관련시킬 수 있는가에 관심이 집중된다. 따라서 사회적 환경변인이 교육적으로 유리하게 조성되면 될수록 교육경영은 그 만큼 그 목적을 달성하기가 용이해질 것이다. 이러한 교육을 경영하는 과정은 학교경영과 다를 바 없다.

2) 학교경영의 개념

(1) 학교경영의 정의

경영이란 "학교가 그 목적을 수립하고, 수립된 목적을 달성하기 위하여 인적, 교육적, 물적, 재정적 자원을 확보하여 이를 배분하고 능률적으로 활용하며 목적 달성을 극대화하기 위하여 기획, 운영, 평가하는 일련의 관리과정"이라 하겠다.

(2) 학교행정과의 차이점

학교경영의 개념은 일반적으로 학교행정과 혼용해서 사용하지만 엄격하게 따지면 차이가 있다.

① 학교행정은 고도의 확실성과 구성화되고 기획화된 결정 사항을 달성하기 위한 하나의 관리과정이라면 학교경영은 고도로 불확실하며 구성화 되어 있지 않은 하나의 결론을 매듭지어가는 관리과정이다.

② 학교행정은 현상을 유지 · 관리하는데 더 관심을 둔다면 학교경영은 생존과 경쟁을 위해 새로운 시도에 더 관심을 둔다.

③ 학교행정은 정해진 예산의 집행이나 규정대로 운영하는데 더 비중을 두는데 비해 학교경영은 경영자의 교육관 내지 철학에 따라 운영하는데 더 비중을 둔다.

④ 학교행정은 비교적 객관적 강제성을 띄는 반면 학교경영은 비교적 주관적 융통성을 띈다.

⑤ 학교행정은 정해진 일을 수행하는데 학교경영은 일을 찾아서 수행하게 된다.

⑥ 학교행정은 비교적 단순한 의사결정 구조 속에서 기능 수행이 가능하

나 학교경영은 복잡한 이해관계의 조정 속에서 다원적 의사결정이 필요하다.

(3) 학교관리와의 차이점

1 공통점

한 학교를 단위로 하여 이루어진다는 점, 최종적인 책임은 학교장에게 있다는 점, 일반적으로 교육행정의 규제를 받아서 이루어진다는 점 등을 들 수 있다.

2 차이점

학교관리는 법규를 기초로 하여 객관적 · 강제적 작용인 점, 타율적인 의무감에서 피동적으로 움직인다는 점에 비추어, 학교경영은 경영자의 식견, 포부, 교육관이 비교적 자유롭게 반영되어 운영되는 주관적인 측면이 강조되는 개념이다. 그리고 학교경영은 교육의 협력이나 경영에의 참여를 본질적인 요인으로 보는데 특징이 있다. 종전에는 학교관리라는 용어가 널리 사용되고 있었지만 근래에는 학교경영의 개념이 보다 일반화되어 있다.

3) 학교경영의 목적

(1) 일반적 목적

학교경영이란 교육 본래의 목적을 능률적으로 달성하도록 작용하는 활동이라고 정의한다면, 학교경영의 목적은 학교가 지니고 있는 교육 목적을 충분히 효율적으로 실현하도록 하는 수단적 의미를 지니고 있다. 따라서 학교경영 그 자체에 목적이 있는 것은 아닌 것이다.

학교경영 활동은 학생을 훌륭하게 교육하려고 하는 근본 목적을 달성하고자 하는 수단인 것이다. 따라서 학교의 교육목표 수립은 그 자체가 학교경영의 주요 내용이 된다고 하겠다. 학교교육의 목표는 국가교육의 목적, 교육부장학목표, 교육위원회에서 설정된 교육목표를 바탕으로 하여 학교의 특수사정과 합치되는 방향으로 설정되어야 하는 것이다.

(2) 구체적 목표

학교경영 목표는 교육목표를 효과적으로 달성하기 위해 학교의 전체적 혹은 각 부분의 활동을 이끌어 가기 위한 표적이 되는 것으로서 학교장과 교사 및 사무직원들의 노력을 체제적으로 유도하기 위한 것이다. 따라서 경영목표는 학교의 교육목표를 근거로 그 학교의 실정에 맞추어 경영이 가능한 활동의 방향을 추출한 것이 된다.

학교의 경영상의 목표는 교과지도 · 창의적 체험활동 및 생활지도를 포함하는 교육과정 관리와 이를 지원 · 통제하는 지원조건(支援條件) 관리로 나누어 설정된다. 이 경영목표는 경영체제의 전 영역을 망라한 것이어야 하며 구체적이며 계량화되는 것이 바람직하다. 학교경영의 각 영역별로 경영목표가 설정되지 않는다는 것은 아니다. 경영목표를 설정한다는 것은 그 영역의 경영에 강조를 둔다는 것을 의미한다.

4) 학교경영의 원리와 기능

(1) 학교경영의 기본원리

1 민주적인 경영의 원리

교장과 교사와 학생의 민주적인 인간관계는 교육의 성과를 최고도로 증대시키는 계기가 되며, 책임성, 자율성, 협동성이 지배되는 학교 살림살이는 교육목적 달성의 첩경이 되는 것이다.

② 과학적인 경영의 원리

교육계획→추진→평가→수정 등의 과정에 있어서 management cycle의 원리가 적용될 때 학교경영은 과학적인 박력있는 살림이 가능하게 되는 것이다. 즉 계획, 추진, 평가가 순환적으로 이루어져 재계획, 재추진, 재평가의 단계까지 간다면 그 학교는 근대화된 모습으로 개선 향상이 되는 것이요, 또한 과학적인 운영이라 볼 수 있을 것이다.

③ 생산적인 경영의 원리

창의성을 발휘하며 협동심을 강화하고 책임성을 분담하는 경영관리가 근대화된 학교경영의 참 모습이다.

(2) 학교경영의 기능

학교경영의 기능은 경영의 과정 요소의 기능으로 설명된다. 교육경영 과정의 요소로 경영 요소인 계획, 조직, 동기유발, 평가 등과 같다. 경영의 기능은 기획하기, 조직하기, 동기유발하기, 평가하기인데 이는 학교경영에서도 그대로 적용될 수가 있다. 이들 기능들은 서로 독립적인 요소 같지만 상호 관련되어 있다. 학교경영의 중요 기능 요소는 다음과 같다.

① 계획

계획은 조직의 목적과 목표를 설정하고 또 이 목적과 목표를 어떻게 달성하려는지 구체적인 방안을 세우는 활동이다. 학교에서 연간 학교교육계획을 세우고 그 속에 구체적인 교육목표를 설정하고 이를 달성하기 위해 구체적으로 교과지도, 생활지도 등 여러 면에서 실천 방안을 마련하는 일이 이 기능이다.

2 조직

일단 계획이 서면 조직이 따라야 한다. 조직하는 일에는 가장 효과적인 방법으로 목적을 달성하기 위하여 사람, 자본, 장비와 같은 자원 등을 동시에 확보하는 일이다. 즉 조직하는 일은 가용 자원을 통합하는 일이다.

학교에서 학교 교육계획을 실천하기 위하여 교사들에게 업무를 배분하고 역할을 맡기는 일이나, 적절한 방법으로 필요한 재원을 확보하고 배분하는 일이나, 시설 및 설비를 확보 · 교체 · 수리하는 일 등이 이 기능에 속한다.

3 동기유발

기획 및 조직과 더불어 동기유발이 구성원의 질적 수준을 결정하는데 큰 비중을 차지한다. 즉 동기유발이 조직목적을 효과적으로 달성하는데 영향을 미친다.

학교에서 교육목적을 달성하는데 주도적인 역할을 하는 사람은 교육을 직접 담당하고 있는 교사이다. 이들이 학교 분위기도 결정하고 학교교육의 성과에도 영향을 미친다. 이들이 학교생활에서 만족감을 느끼고 자기들의 능력을 최대한 발휘하도록 동기를 유발시켜야 하는데 이 일이 중요한 한 기능이다.

4 평가

평가는 통제(controling)이기도 하다. 통제는 결과의 피드백과 관련되며, 계획이 얼마나 달성되었는지를 비교하고 또 결과가 기대에 미치지 못하면 적절히 조정하는 후속조치가 바로 평가 기능이라고 말할 수 있다.

이 단계에서는 학교 교육에서 교육목적이 제대로 설정되었는지, 교육목적을 달성하기 위한 교육내용이나 교육방법은 적절하였는지, 교육목적 달성을 위한 인적 · 물적 지원은 효율적으로 이루어졌는지, 교사들은 각자의 능력을 최대한 발휘할 수 있도록 동기가 부여되었는지 등에 관하여 일일이 점검해 보는 기능이 수행된다.

2. 학교경영의 영역과 계획

1) 학교경영의 영역과 방향

(1) 경영과업영역

학교경영의 영역은 경영과업과 경영과정으로 구분할 수 있다. 우리나라 초 · 중등학교의 학교경영에서 교육활동의 우선순위를 고려하여 학교경영의 과업영역으로 교육경영 목표, 교육목표, 교육 프로그램, 교직원의 인사와 인간관계, 아동 학생의 지도, 시설 · 재무 · 사무 등의 관리, 그리고 지역사회와의 관계 등을 포함시킬 수 있다.

(2) 경영과정영역

과정 요인에 따라 학교경영의 영역을 기획, 의사결정, 조직, 의서소통, 지도, 조정, 통제 및 평가의 여덟 가지로 세분화하고 이를 다시 기획과 결정, 집행, 그리고 통제와 평가의 세 가지 과정으로 구분할 수 있다.

(3) 학교경영의 주요 활동영역

학교경영의 주요 활동으로는 교육 이상을 실현하기 위한 적절한 시설과 설비 등 물적 자원의 정비와 유지활동, 인적 자원인 교직원의 유기적 조직과 학생조직의 기능적 편성활동, 학교의 전체 예산편성에 관한 활동, 학교의 설비를 효율적으로 이용하기 위한 시설관리 활동, 각종 기록문서의 작성 및 보관 등의 교육사무 활동, 가정 및 각종 사회단체와의 섭외활동 등을 들 수 있다.

(4) 학교경영의 기본방향

단위학교 책임경영제의 정착이 이루어져야 한다. 학교경영의 새로운 패러다임으로써 단위학교 책임경영제(SBM: School-Based Management)는 교육의 수요자와 교육 담당자를 중심으로 단위학교가 조직관리, 인사, 재정, 교육과정 운영에 있어서 자율권을 가지고 학교를 운영하며, 그 결과에 대해 스스로 책임을 지는 것을 의미한다.

또한 단위학교 책임경영에서는 학교경영자의 전문적 자질 향상, 학교조직의 재정비, 학교교육 목표 달성을 위한 전략 모색, 전략 실천에 관련된 권한과 책임을 분배하는 전문적인 경영 능력의 발휘 등이 무엇보다 중요하다.

또한 기존의 중앙집권적 · 지시적 · 획일적인 학교경영 계획에서 벗어나 지역 및 학교 실정에 적합한 학교경영 계획을 수립해 학생들의 자율과 창의에 초점을 둔 학교경영 계획을 수립해야 할 것이다. 더불어 창의적인 학습과 쾌적한 교육환경을 위해서는 충분한 예산의 확보와 합리적인 배분을 통해 다양한 학습공간의 마련과 환경친화적인 학교 · 학급 시설 정비와 관리가 이루어져야 한다.

2) 학교경영계획

(1) 학교경영계획의 개념과 성격

1 학교경영계획의 개념

학교교육계획이란 학교가 교육목표에 따라 그것을 실현하기 위한 구체적인 활동내용을 담은 계획을 의미한다.

교육의 내용이 복잡하고 교육방법이 다양화함에 따라 교육의 생산성을 올리기 위한 교육활동은 구체적인 계획이 없이는 효율적이며 합리적으로 수행될 수 없다. 학교경영에 있어서의 계획은 장래에 대한 예측과 분석적 학교여건을 바탕으로 일정한 목표를 설정하고, 이를 달성하는 데 요구되는 합리적 행동을 예정하고 준비하는 과정을 말한다. 계획은 목표와 그것을 달성하는 수단 사이에 내적인 일관성을 가지게 하고, 목표를 구현하기 위한 관리기능의 기초로서 학교조직의 각 부서 및 활동간의 조화와 균형을 갖도록 하는데 필수적 요건이 된다.

학교경영계획은 학교장과 교사간에 달성되어야 할 교육목표 내지 경영목표를 합의하고 나서 각기 자기의 과업을 정하여 이를 자기통제(self control)의 원리에 따라 실천하고 그 도달도를 평가함으로써 학교체제 경영의 효과를 높이기 위함이다.

2 학교경영계획의 기본성격

한편, 학교교육계획은 교육부가 제정한 교육과정을 상세화하여 학교단위의 교육과정운영계획을 작성하는 것이 학교교육계획이라고 생각하는 입장과, 교육목표 달성을 위하여 학교경영체제의 하위부분인 지원 조건 관리의 여러 체제들을 교육과정과 상호 관련시켜 전체 체제로서의 학교경영계획을 세워서 이것을 학교교육계획으로 간주하는 입장의 두 가지가 있다. 즉, 학교

교육계획은 학교교육의 목표나 수준을 포함한 미래의 학교교육 활동을 가시화한 것이라고 볼 수 있다.

(2) 학교경영계획 수립의 절차

일반적으로 다음과 같이 7단계 절차로 이루어지고 있다.

1 문제의 인식 및 분석

학교교육계획에 참여하는 사람들은 기획의 대상이 될 미래의 문제에 대한 내용과 성질을 명확히 인식한 후에야 구체적인 교육목표나 경영목표의 설정이 가능하다.

2 교육목표의 설정

학교가 지향하는 교육의 기본 방향과 지침을 중심으로 실현가능한 구체적인 목표의 설정이 되어야 한다. 학교교육 목표를 설정할 때에 고려되어야 할 사항으로는 헌법, 교육법, 교육부 장학방침, 시도교육위원회와 교육청의 주요시책 등에 나타난 기본 정신의 반영뿐만 아니라 학교의 설립목적이나 특수성과 지역사회의 요구 및 학생들의 교육적 필요성까지도 고려되어야 할 것이다.

3 계획의 전제 설정

계획은 불확실한 미래를 예측하는 일이기 때문에 특정계획에 앞서서 통제할 수 없는 외적 변인에 대하여 어떤 가정을 전제로 하는 것이 필요하다. 특히 학교 주변의 지역사회 발전의 전망이라든가 취학 인구의 변동추세 등에 대한 가설설정이 요구되고 있다.

4 대안의 탐색과 비교

탐색된 대안 중 최적대안을 선택하기 위해서는 비용-효과분석적인 측면에서 각 대안들을 비교 · 분석하여야겠고 또한 대안은 학교의 제반 여건과 재정확보면에서 비추어 보아 실현 가능성 여부를 판단하여야 한다.

5 최적 대안의 선택

주어진 교육목표와 계획의 전제를 바탕으로 마련된 대안을 탐색 · 비교하여 최적대안을 선택하게 되는 단계로서 학교장의 가치판단이나 전문적 통찰력이 절실히 요구되는 의사결정단계이다. 최종적으로 결정된 안은 널리 홍보되어야 한다.

6 집행계획

최적대안이 확정되면 이를 추진할 기구, 인원, 재정조달 등을 마련하여 계획의 집행을 지장 없이 하도록 하여야 한다.

7 계획의 평가

교육계획의 시행결과에 대한 심사분석을 하고 관련 과정에 재유환시켜 수정 · 보완하고 후속계획도 작성하여야 한다.

(3) 학교경영계획 수립상의 유의점

학교현장에서 학교교육계획이 본래의 가치를 인정받고 형식적인 요식문서로 취급받지 않기 위해서는 다음과 같은 몇 가지 점이 고려되어야 한다.

① 학교교육계획에 대한 절대적인 지지가 있어야 한다.

학교장은 교육계획에 대한 올바른 가치관과 통찰력을 가지고 기획업무를 추진시켜야 하고 교직원 전원의 참여를 바탕으로 한 집단사고가 전제되어야 한다. 집단사고 과정은 교직원들에게 공감대를 형성하고 소속감을 갖게 해 준다. 그러나 오늘날 대부분의 학교에서는 학교교육계획이 연구부장이나 교무부장에 의해 일방적으로 작성되어 교장의 결재를 받는 경향이 많은 바, 전 교직원의 참여가 요망되는 실정이다.

② 어느 학교에나 통용될 수 있는 형식적 교육계획의 작성은 지양되어야 한다.

학교 현실성을 떠난 추상적인 낱말의 배열, 지역 특수성을 고려하지 않은 획일적 사업의 선정 등으로 인해 교육계획 자체가 형식적 문서로 취급되고 있는 바 특히 교육목표 진술은 구체적이고 분명해야 한다.

③ 학교경영관은 구체적 표현으로 간단명료하게 밝혀져야 한다.

너무 욕심을 부려 중언부언함으로써 초점을 흐리지 말아야 한다. 또한 교육계획의 기초자료를 얻기 위해 학교 및 지역사회의 실태조사를 바탕으로 하여 안전지도 지침을 마련할 수 있고 보건위생지도 지침 등을 작성하여 가정과 공동지도를 하면 이상적이다.

④ 일률적인 장학지도보다는 학교교육계획에 입각한 장학지도가 이루어질 때 창의성 있는 학교경영이 되고 학교교육계획도 활성화되게 될 것이다.

⑤ 교육계획의 평가를 위한 심사분석은 매 학년 말에 꼭 행하여 재유환받아야 한다. 지나간 일년간의 학교교육계획 집행 실적을 분석, 미진한 부분은 보완하는 등 재유환 기능이 활성화되어야 한다.

(4) 학교경영계획안의 내용(목차예시)

Ⅰ. 교육계획의 기저
1. 교육지표
2. 교육청 시책

3. 교육지원청 실천방향
4. 전학년도 학교교육 활동 자체평가 결과
5. 금 학년도 학교경영에 대한 의견 수렴 결과

II. 학교 교육목표 및 학교장 경영관

1. 본교 교육비전
2. 본교 교육목표
3. 학교장 경영관
4. 본교 역점 교육활동 내용

III. 본교 교육과정 편성 및 운영계획

1. 교육과정 편성 및 운영계획(기본원칙, 편제, 시간배당, 교과운영, 창의적 체험활동 운영 등)
2. 교육과정 운영 평가계획(교과 및 창의적 체험활동 평가방침, 학교 교육활동 자체평가 계획)

IV. 영역별 세부 추진계획

1. 교육청 역점사업
2. 교육지원청 특색사업
3. 본교 특색사업

V. 부서별 교육활동 추진 계획

1. 교무부
2. 생활지도부
3. 연구부
4. 진로상담부
5. 교육정보부
6. 언어교육부
7. 사회교육부
8. 이 · 수교육부
9. 보건체육부
10. 환경부
11. 서무부

VI. 부록
1. 학교 연혁
2. 교실배치도
3. 시설 현황
4. 교직원 및 학생 현황
5. 학교조직(교무분장표, 교무분장 주요 업무 및 담당자, 학교운영위원회, 지역사회 관련 조직, 성적관리위원회, 학생선도위원회, 교과협의회, 학년협의회, 부별협의회, 교육과정위원회 등)
6. 학년별 연간 시수 통계표 및 학사일정 세부계획표
7. 금 학년도 학사력

3. 학교경영기법

1) 목표관리기법

(1) 목표관리기법의 개념

1 개관

목표관리(MBO : Management By Objectives)란 Drucker에 의해 처음으로 제창되었으며, 그 후 Ordiorner에 의해 널리 보급되기에 이른, 경영계획의 효율적 달성을 위한 하나의 관리방안이다.

2 Ordiorner의 정의

목표관리란 상하 관리자들이 협조하여 그들의 공통적인 목표를 명확히 하며, 예상되는 결과의 측면에서 책임의 한계를 규정하여 이를 조직의 운영 지침으로 활용하고, 이에 따라 구성원의 업적을 평가하는 과정이다.

(2) 목표관리기법의 특징

[1] 교육목표 설정에 교직원의 공동 참여

목표관리제에서는 교장과 교사들이 합동으로 목표를 결정한다. 이러한 점에서 목표관리는 민주적 학교경영과 통하는 참가적 경영형태이다.

[2] 목표달성을 위한 각자의 책임 영역으로 명료화와 합의

학교의 목표는 구성원들의 합의로 결정되어야 하며, 이를 통해 각자의 역할을 수행할 수 있도록 명료하게 진술되어야 한다.

[3] 교직원 각자의 자기통제를 통한 목표의 도달

목표설정에 있어 모든 교직원이 참가하여 이를 명료화하는 과정을 통해, 모든 교직원은 그 성과에 대한 책임감을 가지게 된다. 즉 교직원의 자기평가와 자기통제를 통해 목표를 적극적으로 달성하고자 한다.

[4] 공동작업에 의한 목표 실현 노력과 성과의 평가 및 보상

목표관리에서는 공동의 노력을 통한 목표달성과 이에 대한 평가 및 보상을 중시한다.

[5] 목표에 의한 예산

목표관리는 기획예산제도의 경우와 같이 목표의 중요성을 강조하면서, 목표별로 또는 목표달성을 위한 관련 프로그램별로 예상되는 사업비용을 배분한다.

(3) 학교경영에서의 목표관리 절차

① 학교경영 목표와 경영방침의 설정
② 조직의 정비, 과업과 책임 분담
③ 교직원의 구체적인 자기목표 설정
④ 세부목표의 점검 및 목표 달성을 위한 자기통제
⑤ 교육성과의 정리 및 평가
⑥ 성과 및 문제에 대한 자기반성 및 보고
⑦ 종합정리 및 평가, 환류
⑧ 목표 달성도에 따른 시상과 격려

(4) 목표관리의 효과

1 교육의 효율성 제고

모든 학교교육 활동을 교육목표에 집중시킴으로써 교육의 효율성을 제고시킬 수 있다.

2 교직원의 참여의식 고양

교장, 교감, 학년 및 교과부장, 교사들이 함께 활동계획을 수립하고 이를 활용함으로써 교직원들의 참여의식을 높일 수 있다.

3 의사소통의 활성화

참여를 통한 의사결정을 통해 교직원들간의 의사소통을 활성화하고 상하간의 인화를 도모할 수 있다.

4 역할갈등의 해소

목표와 책임에 대한 명료한 설정으로 교직원들의 역할 갈등을 해소하고 학교관리의 문제나 장애를 조기에 발견, 치유할 수 있다.

5 학교의 관료화방지

학교운영의 분권화와 참여관리를 통해 학교의 관료화를 방지하고 교직의 전문성을 살릴 수 있다.

(5) 목표관리기법의 한계와 난점

1 장기적이고 전인적인 목표에 부적합

목표에 대한 지나친 중시와 단기적이고 구체적인 목표에 대한 강조 때문에 장기적이고 전인적인 목표를 내세우는 학교에는 부적합한 면이 있다.

2 교원의 업무부담 과중

목표설정과 성과보고 등을 많은 노력과 시간을 필요로 하기 때문에 교직원들의 잡무부담 가중과 불만의 원인이 되기 쉽다.

3 질적인 교육의 저해

측정 가능하고 계량적인 교육목표를 설정하고자 하여 질적인 교육을 저해할 우려가 있다.

2) 과업평가계획기법

(1) 과업평가계획관리기법의 개념

PERT는 최초 1957년 미해군이 개발한 과학적 관리기법으로서 종합계획관리기법 또는 프로젝트평가 및 검토기법, 과업평가계획기법(PERT: Program

Evaluation and Review Technique)으로도 불려지고 있다.

PERT는 어떤 사업 수행에 필요한 세부과업들을 활동과 수행단계로 세분하며 이들의 선후관계와 인과관계를 따져 과업추진 공정을 수립하고 이를 도표화함으로써 과업을 추진공정에 따라 순차적으로 수행하고 관리할 수 있도록 해 주는 합리적 관리기법이다.

PERT의 기본원리는 계획의 세련화, 전원 참가의 원칙, 상하 공동책임원칙, 협력체제 개선, 소요시간 및 소요경비 절감, 가능성 추정 등이 제시되고 있다.

(2) 과업평가계획기법의 특징

① 작업을 질서정연하게 관리할 수 있도록 해 준다.

② 과업을 추진공정에 따라 순차적으로 수행할 수 있도록 지원과 예산분배를 체계화해 준다.

③ 관리자와 과업수행자가 과업의 진전 상황을 쉽게 파악할 수 있게 해 준다.

④ 시간에 맞추어 과업을 완수할 수 있게 해 준다.

과업평가계획기법 기본모형은 다음과 같다.

【보기】 : ○는 노드(node)를 의미, 즉 선의 이음매 또는 연결고리

→는 간선(edge 또는 line)을 의미, 방향을 나타내는 선

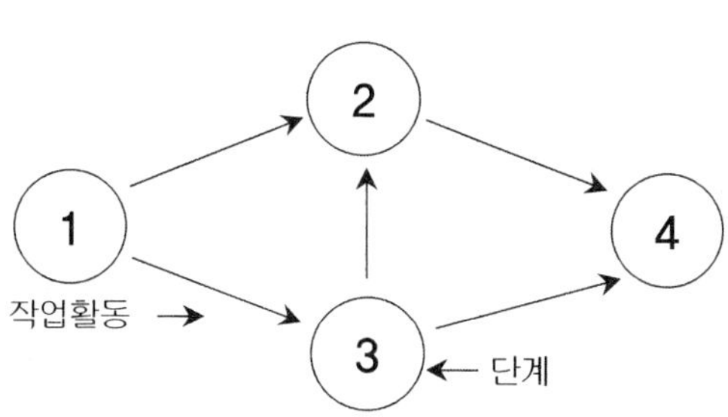

〈그림 12-1〉 과업평가계획기법 기본모형

(3) 과업평가계획기법의 절차

1 활동과 단계의 구분

우선 과업을 수행하는데 필요한 구체적인 작업인 '활동'과 특정한 활동과 다른 활동을 구분해 주는 시점인 '단계'를 구분한다.

2 플로차트(flowchart)의 작성

과업을 완수하기 위해 수행하여야 할 활동과 단계를 선후-인과관계에 따라 연결하여 플로차트를 작성한다.

3 각 작업 활동의 시간과 전체 과제수행 시간 산출

플로차트를 작성한 후, 각 작업 활동의 시간과 전체 과제수행 시간을 산출하여 그 플로차트에 체계적으로 기입하고 단계와 활동 내용별로 시간을 산출한다.

(4) 과업평가계획기법의 이점

1 구성원의 자발적인 참여와 협조

작업과정의 작성에 관계자 전원이 참여하게 되므로 의사소통과 자발적인 협조를 이끌어 낼 수 있다.

2 인적 · 물적 자원의 효과적 활용

작업과정의 전모의 파악을 통해, 어려운 작업과 쉬운 작업을 구별할 수 있으므로 인적 · 물적 자원을 효과적으로 활용할 수 있다.

③ 상황의 변화에 대처

작업과정에 대한 구체적인 계획과 정밀한 분석에 기초하여 작업계획을 수시로 수정할 수도 있어 상황의 변화에 쉽게 대처할 수 있다.

④ 계획의 체계적 수립

특정한 과업을 추진하기 위한 세부 작업활동의 순서와 상호관계를 유기적으로 파악할 수 있기 때문에 계획을 보다 신중하고 체계적으로 수립할 수 있다.

3) 기획예산제도

(1) 기획예산제도의 개념

기획예산제도(Planning Programming Budgeting System : PPBS)는 예산편성에 있어 예산사업의 목표를 계량적으로 표시하고 그 사업효과를 측정하고 예산심의 과정을 통해서 최소의 비용으로 실현될 수 있는 최적 대안을 찾아내고 그것의 집행을 위해 재원을 배분하는 제도이다. 이 제도는 통제의 수단을 넘어서 최고핵심자의 주요한 경영수단 내지 계획수단으로 정책결정자나 행정가가 제한된 자원을 가장 적절히 배분하여 정책결정의 합리성을 추구하는 예산편성 방식이다.

(2) 기획예산제도의 특징

① 기획예산제도의 특징은 추정된 목표와 성취할 프로그램을 병치한 예산편성을 취하는 점이다. 기획예산제도는 산출 또는 목적지향적인 제도라 하겠으며 주요한 프로그램의 모든 과업은 어떻게 이들이 목표달성에 기여하

는가 하는 관점에서 결정되어져야 한다. 따라서 기획예산제도는 계획의 재정적 측면(예산편성)과 실질적 측면(목적과 목표)를 결합시키는 것이라 볼 수 있다. 특히 새로운 교육프로그램을 개발하고 그 효과를 다른 대안과 비교하는데 있어서 기획예산제도는 객관적 기준에 비추어 가장 효과적인 해답을 제공해 준다.

② 기획예산제도의 기본적 특징으로는 분석성, 계획성, 방안수립, 예산배정, 성과 중심제, 책임행정 등이 제시되고 있는데 이 제도는 품목예산제(Line Item Budgeting System : LIBS)의 불합리성을 보완하는 것이다. 이는 경비가 주체가 되는 조직단위별 및 금전지출을 품목별로 작성하는 것으로, 행정책임의 소재와 회계 책임에 대한 소재가 달라 상부의 통제가 불가능한 제도다. 즉, 어느 기관에서 어느 품목을 사는데 얼마의 금전예산을 써도 좋다는 것을 의미하는데 관료주의식 예산이라고 평할 수 있다.

(3) 기획예산제도의 적용 절차

1 학교교육기본계획 수립

학교교육체제의 경영목표를 반영하는 기본계획을 수립한다.

2 구체적인 교육계획 수립

기본계획을 토대로 목표를 달성하기 위한 학년별/학급별/교과별 프로그램을 구체적으로 설계한다.

3 최적의 프로그램 선정

프로그램을 가용자원, 특히 예산과 관련하여 검토하여 최적의 프로그램을 선정한다.

4 추진계획 수립

프로그램별로 구체적인 추진계획을 수립한다.

5 예산계획 수립

추진계획에 따른 장단기의 예산계획 및 연도별 예산을 편성하고 자금조달 계획을 세운다.

6 분석 및 평가

완성된 프로그램을 분석하여 계획의 성공여부를 평가한다.

(4) 기획예산제도의 효과

1 학교의 통합적인 관리운영

학교체제를 통합적으로 관리 · 운영할 수 있으며, 학교의 목표와 프로그램과 예산을 체계화할 수 있다.

2 목표에 따른 소요자원 확인

연도별 교육목표와 그를 달성하기 위한 교육 프로그램의 소요자원들을 확인할 수 있다.

3 자원의 적정배분을 통한 예산 절약

목표나 과목, 시간에 따라 자원을 적정하게 배분할 수 있고, 특히 교육목표의 우선순위에 따라 자원을 합리적으로 조정할 수 있기 때문에 예산을 절약할 수 있다.

4) 경영정보관리체제

(1) 경영정보관리체제의 개념

1 의사결정에 대한 정보의 제공

경영정보관리체제(MIS : Manggement Infomation System)란 의사결정자가 합리적인 의사결정을 내릴 수 있도록 필요한 정보를 적시에 신속하고 정확하게 제공하는 체제를 말한다.

2 정보의 효율적인 관리체제

정보관리체제는 사업의 수행시 야기되는 의사결정 필요에 직면하여 의사결정자가 대안들을 검토하여 합리적인 결정을 내릴 수 있도록 관련된 경영정보나 회계자료 등을 수집, 처리, 보관, 평가하였다가 적시에 효율적으로 제공하는 종합적인 정보관리의 체제이다.

3 행정관리의 고도화에 요구되는 체제

정보관리체제는 사무량이 증대하고, 사무처리의 신속화가 요청되고, 행정관리의 고도화가 요구되기 때문에 발달된 개념으로, 컴퓨터의 발달로 스스로 의사결정자의 역할을 할 수 있는 정보체제로까지 확장되고 있다.

(2) 경영정보관리체제의 특징

경영정보체제는 합리적인 의사결정을 강조하는 입장이며, 조직 내의 기획(planning)과 통제(control)라는 기능에 초점을 두는 것으로 관리(management)와 운영(operation)의 목적에 강조점을 두고 있다.

현대사회에 와서 정보체제는 컴퓨터를 기초로 한 경영정보체제(computer based MIS)가 개발되고 있다. 이 컴퓨터를 이용한 경영정보관리체제는 학교행정가들에게 자기학교의 일상운영에 필요한 정확한 최신정보를 제공하고 장기 및 단기계획에 필요한 분석적 기술을 제공하고, 복잡한 경영문제에 직면했을 때나 상급기관으로부터 보고요청을 받았을 때도 이를 해결해 낼 수 있는 능력을 마련해 주고 있다.

(3) 학교경영에의 적용

① 효율적인 학교 관리는 예산과 경비의 내역, 학생 관련 정보, 시설목록, 성적관리 등과 같은 자료를 정보화하면 학교관리를 보다 효과적으로 할 수 있다.

② 정보관리체제는 경비분석, 교사부담 분석, 학생의 성향 분석, 성적사정 등을 기초로 학교경영 목표의 우선순위 결정, 인사관리, 진학사정, 사업별 재정 및 인력수요 판단 등에 대한 유용한 정보를 제공해 준다.

③ 사업별 예산계획을 합리적이고 효율적으로 수립할 수 있다.

④ 학교경영계획과 예산이 일치함으로써 학교장은 합리적이고 과학적으로 학교를 경영할 수 있다.

(4) 부정적인 결과

① 교원들에게 새로운 잡무를 부가하는 결과를 빚을 수 있다.

② 교원들이 예산업무에 정통해 있지 않기 때문에 사업계획 자체가 많은 시행착오를 겪을 수 있다.

③ 잘못된 의사결정으로 비용 및 인원절감에 실패할 가능성이 있다.

5) 선망관리기법

(1) 선망관리기법의 개념

조직이 추진하고 있는 수행과업의 상호관련성과 진행과정을 시간관계에 따라 선망(線網 : line network)으로 구성하여 나타내는 기법을 뜻한다.

(2) 선망관리기법의 유형

1 Gantt Chart

갠트도표란 제1차 대전 중 프랭크포드(Frankford) 병기창(兵器廠)의 고문이었던 H. L. Gantt 기사가 병기제조의 계획 · 관리를 목적으로 고안해 낸 도표를 의미한다.

이 도표는 하나의 관리도표로서 작업계획과 작업실적을 비교해 작업진도를 관리 · 통제하는 진척관리에 이용된다.

갠트 차트는 한 축(가로)에 시간의 흐름을 표시하고 다른 한 축(세로)에 생산 사이클에서 요구되는 과업들을 표시, 전체 생산공정의 일정계획을 수립할 수 있고 핵심과업이나 지체작업을 손쉽게 파악할 수 있다.

갠트는 과업의 성과뿐 아니라 생산일정계획의 작업순위를 결정할 수 있는 기준이 확립되어야 한다고 주장했는데, 생산과업의 작업순위가 효과적으로 계획 · 조정 · 수행되려면 최적 타이밍 결정이 우선되어야 한다고 보았다.

일정계획이 수립되어 있지 못하면 병목현상이 발생하고 비효율이 내재돼 전체 시스템의 기능을 저하시킨다는 것이다.

갠트도표는 ① 기획활동을 필요하게 하며, ② 계획과 실적을 비교할 수 있게 하고, ③ 그리고 쉽고 읽기 편하며 시간의 경과를 육안으로 볼 수 있어, 낭비와 태만을 줄이도록 하는데 기여한다.

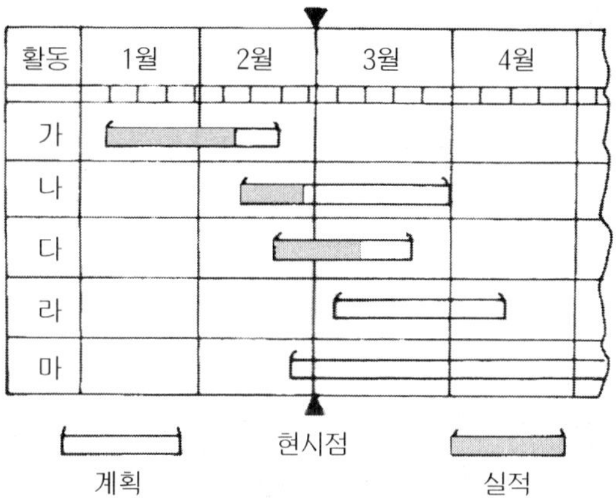

〈그림 12-2〉 갠트 작업계획 도표

그러나 이 도표는 ① 막대그림표로 나타내는 활동(노력)간의 상호 의존성을 알 수 없으며, ② 정태적(靜態的) 척도는 계획의 역동성과 변화성을 반영하기 어렵고, ③ 시간 추정에서 불확실성, 또는 공차(公差)를 나타낼 수 없으며, ④ 새로운 과정보다는 반복적이고 정의가 잘 된 때에 적용이 잘 될 수 있는 제한점이 있다.

이 약점을 보완할 수 있는 기법이 PERT와 CPM이다.

2 Flowchart

계획 진행의 흐름도를 말한다. 문제의 범위를 정하여 분석하고, 그 해법을 명확하게 하기 위해서 필요한 작업이나 사무처리의 순서를 통일된 기호와 도형을 사용해서 도식적으로 표시한 것을 말한다. 프로그램에 관해서는 논리의 흐름을 특정한 기호를 사용해서 도식적으로 표현한 다이어그램 또는 블록 다이어그램이라고도 한다.

플로차터는 프로그램에서 사용된 데이터명과 절차명을 플로차트상에 표현하는 것으로 프로그램에서 의미 있는 데이터명과 절차명이 사용되지 않은 경우, 생성된 플로차트 역시 프로그램 로직을 이해하는데 유용성을 가지지 못하게 된다.

수업을 실제로 담당하고 있는 교사 수준에서의 교육과정 개발계획을 위한 플로차트의 모형을 예시하면 아래 〈그림 12-3〉과 같다.

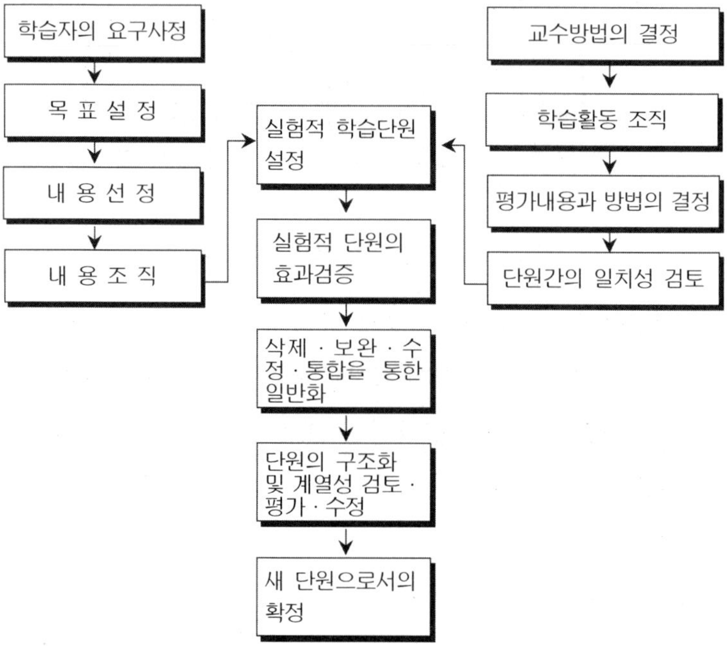

〈그림 12-3〉 교육과정 개발계획의 흐름도

3 PERT

앞에서 설명한 PERT(과업평가계획기법 또는 종합계획관리기법)는 계획내용인 프로젝트의 달성에 필요한 전작업을 작업 관련 내용과 순서를 기초로 하여 네트워크상(狀)으로 파악하는 기법으로서 선망관리기법의 한 유형으로도 분류된다. 통상 프로젝트를 구성하는 작업내용은 이벤트(event)라 하여 원(node)으로 표시하며, 각 작업의 실시는 액티비티(activity)라 하여 소요시간과 함께 화살표(간선, edge)로 표시한다. 따라서, 계획내용은 이벤트, 액티비티 및 시간에 의해서 그림과 같은 네트워크 모양으로 표시된다.

전작업이 A에서 시작되어 G에서 완료된다고 하면, 이 전체의 소요시간은 최장작업경로(A→B→E→D→G)에 의해 규정된다. 이와 같은 최장시간경로를 크리티컬 패스(critical path)라 하며, 이 크리티컬 패스를 단축하는 것이 일정을 단축하거나 또는 종료시간을 엄수하는 데 있어 매우 중요하다.

만약 그것이 허용기일보다도 길다면 자원을 중점적으로 크리티컬 패스에 추가 투입하여 단축을 도모한다. PERT는 1958년 미해군 군수국 특수 프로젝트부에서 폴라리스잠수함용 미사일의 개발 진척 상황을 측정 · 관리하기 위하여 부즈알렌앤드해밀턴사(社)가 개발하였다.

4 CPM

CPM(임계경로기법 : Critical Path Method)은 처음 듀퐁사에서 개발되었으나, PERT와 CPM이 서로 장점을 취하며 혼합되면서 현재에는 CPM(Complete Project Management)으로 불려지고 있는데 주로 과거에 몇 번 경험했던 프로젝트에 응용되는 계획관리기법이다.

PERT와 CPM의 공통점과 차이점은 다음과 같다.

① **공통점** : 비용을 적게 사용하면서 최단 시간 내 계획 완성을 위한 프로젝트 일정 방법이다.

② **차이점**

<PERT와 CPM의 차이점>

PERT	구성	작업별로 낙관적인 경우, 가능성이 있는 경우, 비관적인 경우로 나누어 각 단계별 종료 시기를 결정하는 방법
	노드/간선	원 노드(node)에는 작업을, 간선(edge)에는 낙관치, 기대치, 비관치를 표시함 PERT 공식을 이용하여 작업 예측치를 계산함

CPM	구성	프로젝트 완성에 필요한 작업을 나열하고 작업에 필요한 소요 기간을 예측하는데 사용하는 기법
	노드/간선	노드는 작업을, 간선은 작업 사이의 전후 의존 관계를 나타냄 원형 노드 : 작업을 의미, 각 작업 이름과 소요 기간 표시 박스 노드 : 이정표를 의미, 박스 노드 위에 예상 완료 시간 표시

③ PERT/CPM(네트워크 공정표)의 특징

· 네트워크를 작성하여 분석하므로 상세한 계획을 수립하기 쉽고 변화나 변경에 대하여 곧 대처할 수 있다.

· 네트워크를 사용하여 전체 활동을 파악하여 활동착수 전에 네트워크상의 문제점을 명확히 그리고 종합적으로 파악할 수 있으며, 중점관리가 가능하다.

· 네트워크상의 애로활동과 여유활동을 명확히 구별할 수 있으므로 총소요기간의 신뢰 정도가 높아진다.

· 인원 및 특수시설 등 사용에 제한이 있는 자원들을 주공정(critical path)활동으로 우선순위를 주거나 시점이 가까운 활동 사이에 자원계획의 수립으로 자원의 효율화를 기할 수 있다.

· 주공정이 들어간 네트워크는 계획내용을 상대방에게 설명하는데 유력한 자료가 될 뿐만 아니라 상호간의 유력한 의사소통의 수단이 된다.

· 세부계획 단계의 순위와 조립관계를 유기적으로 파악할 수 있으므로 정확한 계획분석이 가능하다.

· 시간을 단축하고 비용을 절감할 수 있다.

· 관계자 전원이 참가하게 되므로 의사소통이나 정보교환이 용이하며 아울러 보고제도가 확립된다.

· 경험이 적은 사람들에 대하여 계획내용을 표시하는 계획공정표는 교육적 효과에 기여하는 바 크다.

4. 학교경영의 평가

1) 학교경영 평가의 의의

학교경영에서의 평가는 학교경영 과정의 마지막 단계에서 이루어지는 중요한 기능이다. 학교경영 평가는 다음과 같은 점에서 그 의의를 갖는다.

첫째, 학교경영의 평가 과정에서 얻어진 결과를 다음의 학교경영 계획, 조직, 동기유발 과정에 환류(feedback)시켜 학교경영을 개선 · 발전시키는데 필요한 정보를 제공한다.

둘째, 학교경영의 목적이 궁극적으로 학교교육의 목적을 효율적으로 달성하고자 하는데 있기 때문에 평가는 학교교육의 질을 제고하는 계기가 될 수 있다. 경영평가는 앞서 평가지침이 마련되어 제공되기 때문에 이 지침으로 본 평가 이전에 자체평가를 통하여 부족 부분을 보완 · 개선할 수 있다.

셋째, 학교경영 평가를 통하여 학교교육의 취약점을 발견하고 이를 보완케 함으로써 교육수혜자에 대한 책무성을 증대시킨다.

넷째, 학교경영에 있어 평가 그 자체가 체제접근의 한 주요 요소이므로 학교를 체계적이고도 합리적으로 운영하도록 자극을 주는 계기가 된다.

다섯째, 학교경영 평가를 통하여 종래에 타성적으로 운영해 온 학교경영 방식에 교육적 노력을 통하여 변화를 가져올 수 있게 하는 기회를 갖게 된다.

여섯째, 학교경영 평가를 통하여 학교의 구성원들이 전반적인 학교 생활에 관하여 관심을 가지고 스스로 점검해 보고 학교교육의 질 향상을 위해 자발적으로 노력을 기울이도록 유도할 수 있다. 학교경영 평가는 학교장

혼자의 힘으로 받을 수 없다. 학교평가를 받기 위해서는 자체평가 위원회가 교사들 중심으로 구성되어야 하고, 이들은 또 모든 구성원의 협조 아래 평가자료를 얻을 수 있고, 문제도 정확히 파악할 수 있다.

2) 학교경영 평가의 기본방향

학교 평가가 어떤 철학적 시각과 지향을 가지고 수행되는가에 따라 학교경영 평가의 성패가 결정되기 때문에 학교경영 평가를 함에 선행되어야 할 기본방향을 제시해 본다.

첫째, 학교경영 평가는 학교교육의 현재 상황에 대한 문제의식에서 출발하여야 한다. 만약 학교의 교육 실천과 기능이 현재 아무런 문제도 없이 잘 진행되고 있다는 의식에서 출발한다면 평가의 필요성을 느끼지 못한다.

둘째, 학교경영 평가는 자율성의 원칙에 충실해야 한다. 자율성이란 학교경영 평가 주체가 학교 외부 평가자이든, 학교 내부 평가자이든 간에 외부의 어떠한 간섭 및 요구를 배제하고 독자적인 윤리적 준거와 전문적 판단에 의해 학교교육을 평가하며 그 결과에 대해서도 책임을 지는 것을 말한다. 자율성을 위협하는 요소는 학교 내외에 여러 가지 형태로 존재할 수 있다.

셋째, 학교경영 평가는 가치에 대한 비판의식이 수반되어야 한다. 평가행위의 정신적 기능은 가치판단과 비판의식이다. 따라서 학교경영 평가에서 중요한 것은 무엇이 가치로운 교육이고 어떤 교육내용이 가치 있고 필요한 것이며, 효율적인 수업체계는 어떤 것이며, 인적 · 물적 지원은 어떤 것이 바람직한 것인지 등에 대한 명확한 가치판단이 전제가 되어야 한다. 이러한 가치판단은 적어도 평가자들 사이에 공감대가 형성되어 있어야 한다.

넷째, 학교경영 평가는 각 학교가 지니고 있는 독특한 개별성이 존중되어야 한다. 각 학교는 학교마다 특이한 특성이나 특수성을 지니고 있다. 경영평가에서는 이 점이 고려되고 격려되어야 한다.

다섯째, 학교경영 평가는 타 학교와의 상대비교 평가가 아니라 목표지향적 평가의 시각에서 접근해야 한다. 목표지향 평가(준거지향 평가)에서는 학교가 무엇을 취했는가에 관심을 두게 되므로 달성해야 할 목표가 평가의 궁극적 표준, 기준, 지향이 된다. 이 경우 평가는 학교가 설정된 교육목표를 제대로 성취했는지, 이를 성취하기 위하여 학교의 제 영역에서 기능은 제대로 수행되었는지, 만약 그렇지 못했다면 어떤 점이 개선되어야 하는지 등에 초점이 맞추어진다. 목표지향적 평가가 학교의 교육목표를 궁극적 준거로 삼는다는 점에서 중요시되어야 한다.

3) 학교경영 평가의 영역 및 기준

학교경영 평가에서 측정할 영역은 교육경영의 과정과 관련된 내용을 중심으로 학교교육계획, 교육과정, 학생, 교사, 학부모, 지역사회, 시설, 행·재정, 특성화 노력 등으로 할 수 있다. 이들 각각의 영역을 다시 구체적인 평가요소로 세분할 수 있으며 이들 각 평가요소의 평가방향은 다음과 같은 내용이 될 수 있다.

(1) 학교교육계획 영역

학교교육계획 영역에서는 교육목표, 교육과정 운영, 교과학습 지도, 생활지도, 방과후 지도 등을 평가요소로 할 수 있다.

1 교육목표

학교교육 목표가 얼마나, 어떻게 교육기본법과 교육과정 규정에 명시되어 있는 교육이념이나 교육목적을 일관성 있게 잘 반영하고 있는지를 확인하고, 점검한다.

2 교육과정 운영

교육과정 편성이 국가수준의 교육과정과 학교교육 과정에 근거하여 학년별, 교육활동별, 과목별 주당 시간수가 얼마나 적법하게 편성되었으며, 운영계획은 얼마나 적정하고 타당하게 설정되어 있으며, 또 편성한 내용에 따라서 얼마나 충실하게 수행되고 있는가를 평가하게 된다.

3 교과 및 학습지도

교과 및 학습지도의 기본적인 활동인 교수-학습 지도의 효율성을 제고하기 위하여 학습자의 개인차를 고려한 수업을 하고 있는가, 학습주제에 맞는 교수-학습 방법을 선택하고 있는가, 학생들의 흥미를 유발하기 위해 교재·교구를 능동적으로 활용하고 있는가, 학습과제는 교육적으로 적절한가, 그리고 교수-학습 방법을 개선하기 위하여 어떻게 노력하고 있는가를 평가한다.

4 생활지도

학교에서 주관하는 학교 수련활동 내용이 얼마나 다양하며, 교육적으로 적절한지를 평가하고, 인성교육과 기본생활 습관의 생활화를 위하여 노력하는 정도를 점검한다. 그리고 학교 주변의 유해환경을 정비하고, 학교폭력을 없애기 위한 구체적인 노력 정도를 평가한다.

5 방과후 활동지도

학교에서 현재 제공하고 있거나 계획 중인 방과후 교과지도와 교육활동이 정규교과 활동과 밀접히 관계가 있는지 그리고 그 내용이 교육적으로 적절한지를 평가한다.

(2) 교사 영역

교사 영역에서는 교사의 연구 · 연수 · 장학, 복무관리, 인사관리 등을 평가요소로 할 수 있다.

1 연구 · 연수 · 자율장학

학교에서 교사들이 새로운 교수-학습 방법을 탐구하고, 현장을 새로운 시각에서 연구하고, 공부하는 자세를 가질 수 있도록 연구, 연수, 및 자율장학 계획이 얼마나 효율적으로 이루어지고 있는지, 그리고 실제로 교사의 질 향상을 위하여 어떻게 기여하고 있는지를 점검한다. 이와 더불어 내용들이 얼마나 교육의 질을 향상시키는데 효율적인가, 또는 실제 자기 연수와 관련된 활동에 관한 실적을 평가한다.

2 복무관리

철저하고 엄정한 복무관리를 위한 구체적인 노력과 의지를 평가하고, 학교행정의 원활한 진행과 교원의 사기진작이라는 측면에서 휴가, 연가, 출장 등을 적법하게 시행하는지의 여부를 검토하고, 교과담당 교사들을 효과적으로 활용할 수 있는 계획과 활동 등을 평가한다.

3 인사관리

학교의 인사관리 원칙이 얼마나 공정하고 투명한가를 평가하며, 교원의 업무배치를 위하여 학교가 얼마나 공정하게 했는가 그리고 포상 및 연수 대상자의 선발 때에 누구나 납득할 만한 공정한 기준과 배치의 원칙에 공정성이 갖추어져 있는가를 평가한다.

(3) 학생 영역

학생 영역에서는 학생회 및 학급활동, 학교행사 및 창의적 체험활동 등을 평가요소로 들 수 있다.

1 학생회 및 학급활동

학생회 및 학생회의 구성이 얼마나 충실하며 교육적으로 지도성, 자치능력과 자율성 함양, 협동에 의한 공동체 의식 함양, 인간관계를 체험하는 기회를 갖는지를 점검한다. 또 학생들의 의사를 집약하여 얼마나 자율적이고 민주적인 원칙에 따라 공정하게 운영되고 있는가를 평가한다.

2 창의적 체험활동

학교에서 이루어지고 있는 각종 행사가 얼마나 교육적으로 타당하며, 학생들의 관점에서 볼 때 얼마나 적절하게 운영되고 있는가를 평가한다. 그리고 학생들의 봉사활동 부서 조직과 활동이 얼마나 교육적으로 효용성이 있는가 하는 정도와 창의적 체험활동에서 명예교사 및 자원인사의 활용 정도를 평가한다.

(4) 학부모 영역

학부모 영역에서는 학부모 활동, 지역사회와의 관계, 학교운영위원회 운영 등을 평가요소로 들 수 있다.

1 학부모

학부모 활동을 대표하는 자치기구는 민주적인 절차와 방법에 따라 구성되어야 한다. 이를 위해 학부모 자치기구 운영의 구심점이 되는 임원의 선출과정이 구성한 다수의 참여에 의해 공정하게 이루어져야 한다. 뿐만 아니라 학부모 자치기구가 궁극적으로 학교발전에 기여할 수 있도록 운영되어야 한다.

2 지역사회

학교와 지역사회의 관계성에 대한 평가는 양 방향에서 이루어질 수 있다. 먼저 학교에 대한 지역사회에 대한 관심과 실질적인 기여도를 평가하는 한편, 지역사회에 대한 학교의 협조와 참여에 대한 평가가 이루어져야 한다.

3 학교운영위원회

학교운영위원회 구성과 관련하여 위원 선출이 적법한 절차와 방법에 의해 이루어지며, 구성된 위원회가 위원 다수의 참여하에 합리적으로 운영되고 있는지 확인할 필요가 있다. 그리고 운영위원회의 결정 사항들이 학내 · 외 관련자들에게 공식적인 통로를 통해서 적시에 전달되고 있는지 등이 평가되어야 한다.

제13장
장 학 론

1. 장학의 개념과 목적

1) 어원적 고찰

장학이란 개념은 본래 영어의 supervision은 superior vision이란 말에 근거를 두고 '높은 곳에서 본다'는 의미로 사용되었기 때문에 미국에서도 19세기 후반까지만 해도 시찰 내지는 검열(inspection)의 뜻이 강하였다. 이 때의 장학이란 행정적 시찰(administrative inspection)의 개념으로서 교사는 조직의 수동적 도구라는 가정하에 교사들이 기대되는 행동을 했는지 혹은 보다 더 잘했는지를 시찰하고 채점하고 지적하는 것이었다.

우리나라에서는 영어의 supervision이 해방 전에는 일본의 영향을 받아 '시학(視學)'으로 이해되었으며 해방 후에는 미국의 영향을 받아 '조언지도' 혹은 '장학'으로 이해되어 사용되어 왔다.

'장학'이란 용어 자체는 1946년 1월 교육부 조직을 개편할 때 중등교육과와 초등교육과에 민주적인 명칭과 임무를 띤 '장학사'를 각각 1명씩 배정한 데서부터 연유한다고 볼 수 있겠다. 여하간에 영어의 supervision이 해방 이후 지금까지 장학이란 말로 통용되어 오고 있는 것은 사실이다.

2) 교육조직 수준별 장학의 개념

(1) 교육부 수준의 개념

장학이란 '교육활동의 전반적인 기획 · 조사 · 연구 · 관리 · 지도 · 감독을 통하여 중앙의 교육행정 업무를 보좌하는 참모활동'이라 볼 수 있다. 중앙에서 이루어지는 장학활동은 주로 중앙 정부조직에서 근무하는 교육전문직 중심으로 수행된다.

중앙의 장학 관련 부서는 '교육의 지도 · 조사 및 감독에 관하여 장관과 차관을 보좌하게 하기 위하여' 설치되었고 주요업무로서 주로 교육정책을 기획 · 추진할 뿐만 아니라 전국 각급 학교 및 지방 교육기관을 지도 · 조사 · 감독한다는 점에서 중앙부서 내에서 교육에 관한 전문적 · 조언적 참모기능은 여러 가지 방법으로 지방의 교육행정기관을 비롯하여 일선학교와 교사에게까지 영향을 미치게 된다. 이런 점으로 볼 때 계선조직의 행정활동에 대한 전문적 · 기술적 조언을 통한 참모활동으로 정의된다.

(2) 교육청 수준의 개념

교육청 수준에서의 개념은 장학을 교육활동을 위한 장학지도, 교원의 인사관리, 학생의 생활지도, 교육기관의 감독 등을 통하여 지방의 학무를 총괄하는 계선활동으로 본다. 즉 장학관이 국장, 초등교육과장, 중등교육과장, 실업교육과장 등의 보직을 맡고 있을 뿐만 아니라 초등 및 중등교육과의 장학담당관직도 맡고 있다. 교육정책국 산하의 각과와 담당관리실에는 대부분 장학사들이 배치되어 있어 주로 ① 교과과정, ② 학사 및 장학지도, ③ 교원의 인사관리, ④ 학생의 생활지도, ⑤ 시청각교육 및 학예지도, ⑥ 학생행정, ⑦ 교육기관 감독, ⑧ 장학생 선발 및 장학금 관리, ⑨ 기술자격검정 등을 맡고 있다.

본래 장학기능을 담당할 직위인 장학관이나 장학사가 교육정책국 내의 계장급 · 과장 · 국장의 계선활동을 통하여 교육활동을 집행하고 있어 직무상으로 볼 때 장학은 학무를 통괄하는 계선활동인 것이다.

(3) 학교수준의 개념

학교수준의 개념은 '학생들의 학습기회를 향상시키기 위하여 교사의 수업 행위에 직접적으로 영향을 주는 학교 내에서의 제반 지도 활동'이다. B. H. Harris에 의하면 장학은 학교에서의 교수-학습과정을 유지하고 개선하기 위한 것이며, 학교의 교장이 교사들의 학습지도 과정을 용이하게 하기 위하여 인적 · 물적 자원을 조정하는 것이라고 본다.

따라서 학교 내의 장학활동이 학생의 학습기회를 최대화하기 위해 교사의 교수행위에 직접 영향을 미치는 것이라고 보면 학교장은 물론 교감 · 부장교사 및 평교사까지도 장학담당자가 된다. 학생의 학습효과를 올리기 위하여 기획되고 실천되는 교사의 교수활동과 직접적으로 관련된다는 점에서 교장을 중심으로 한 학내장학은 궁극적으로 학습자의 학습을 촉진하기 위한 수업 개선 · 교수-학습 과정의 개선을 목적으로 교사의 계속적인 전문성 신장과 발달을 촉진하는 활동이라고 정의할 수 있다.

(4) 교실수준의 개념

장학의 개념은 "학급 내의 교수-학습과정을 개선하기 위하여 교사와 학생 간의 상호작용에 중점을 두고 교사를 지도 · 조언하는 활동"이다. Cogan에 의한 임상장학(clinical supervision)이 교사의 학급 수업개선에 초점을 두고서 학급 내의 교수-학습과정의 개선을 위해 교사와 학생 사이에 일어난 일을 관찰 · 분석 · 처리하는 것이란 점에서 이에 해당된다고 하겠다. 이런 의미에서의 장학담당자의 장학활동은 교사와 더불어 교사의 학급에서의 행동을 개선함으로써 학생의 학습을 개선하도록 기본적 자료를 수집 · 분석하고 전략을 짜는 것이다. 여기에서는 교사의 학급행동이란 교실에서 학생과 더불어 상호작용하는 지도방식 · 질문방식 · 자료의 활용 · 생활지도 · 평가 등의 활동을 말한다.

2. 장학의 목적과 원리

1) 장학지도의 목적

장학이라고 하는 것은 한 마디로 도와주는 일, 이끌어 주는 일, 북돋워 주는 일이다. 이런 일을 교육부 교육 조직에서 하면 중앙장학, 교육청 조직에서 하면 지방장학, 학교 차원에서 하면 수업장학이라고 말할 수 있겠다. 중앙 교육행정에서 수행하고 있는 장학도 결국은 도와주는 일, 북돋워 주는 일, 이끌어 주는 일이며, 지방 교육행정에서 이루어지는 장학 활동도 결국은 도와주는 일, 이끌어 주는 일, 북돋워 주는 일이다. 이런 입장에서 볼 때 장학의 궁극적인 목적은 교육 목적을 효율적으로 달성하는데 도움을 주고자 하는데 있다. 장학의 궁극적인 목적이 교육목적을 효율적으로 달성하기 위한 것이라고 할 때, 중앙장학, 지방장학, 수업장학 등에서 이루어지는 장학활동은 궁극적으로 학교교육의 목적 내지 국가의 교육목적을 효율적으로 달성하기 위한 활동이다.

2) 장학지도의 원리

(1) 장학지도의 성격

장학지도는 명령적으로 내려오는 것이 아니라 주어진 상태로부터 추출되는 것이며 장학지도는 모든 사람들의 지도성(leadership)을 공유 발휘하게 되고 많은 사람들의 참여와 협력에 의해서 이루어지며 또한 객관적이고 실험적 방법을 응용하게 된다.

특히 장학지도의 핵심은 교수-학습 상태로부터 추출된다.

(2) 장학지도의 기능

장학지도의 제 기능은 다음과 같다.

① 장학지도의 기능은 교수과정에 대한 방향을 제시하며 그 효과여부를 평가하는 것이다.

② 장학지도의 기능은 교사의 자주성과 창조성을 함양시킨다.

③ 장학지도의 기능은 교사들로 하여금 그들이 일상 생활에서 당면하고 있는 문제를 분석하고 처리할 수 있는 능력을 길러 주는 것이다.

④ 장학지도의 기능은 장학을 통하여 교사들로 하여금 안정감을 갖게 해 주는 것이다.

⑤ 장학지도의 기능은 지역사회에 대항 학교교육 프로그램을 소개하는 동시에 지역사회의 전 자원을 학교교육에 다양적으로 활용할 수 있도록 도와 줌으로써 교육의 효과적인 향상을 기대할 수 있게 한다.

⑥ 장학지도의 기능은 장학담당자가 교사들로 하여금 건전한 교육철학을 가질 수 있게끔 협조하는 것이다.

⑦ 장학지도의 기능은 교사들로 하여금 자기 발전을 위해 노력하게 한다.

(3) 장학지도의 기본원리

1 태도의 원리

장학담당자에게 올바른 장학관이 확립되어 있어야 하며 민주적 교육관과 민주적 태도 그리고 철학적 이념에 투철한 태도가 근본적으로 요구된다.

2 창조성의 원리

교육의 현실 문제를 해결하기 위해서는 창조성이 발휘될 것이 필연적으로 요구된다. 장학이 교사의 성장 · 발달을 도모하며 모든 교수-학습 상태의 개선 향상을 도모하기 위해서 지도 · 조언하는 전문적이며 기술적인 봉사활동이라고 한다면 창조성 없는 장학지도란 생각조차 할 수 없다. 교사들의 창조성을 계발하기 위해서는 무엇보다도 먼저 장학담당자 자신의 창조적 활동이 기대되는 것이다.

3 협력의 원리

장학담당자가 일반적으로 지시, 명령, 충고, 권고하는 것이 아니라 교사와 더불어 같이 협력해서 교육문제를 해결해야 한다는 원리이다. 이러한 협력과정을 통해서 교사들은 성장하게 되고 창조성을 기르게 되며 교육문제에 대한 인식이 개선되어 나가는 것이다.

4 과학성의 원리

장학담당자가 전문적, 기술적 봉사를 하려면 과학적 방법을 제시할 수 있어야 한다는 것이다. 과학적 방법을 제시하지 못하는 장학은 결코 신뢰할 수 없게 되는 것이다.

5 효과의 원리

장학담당자가 장학의 효과와 능률을 향상시키기 위해서는 계속적인 자기평가가 요구되는 것이다. 즉 장학 프로그램이 얼마나 유효한 것인가를 검토할 기회를 갖고 그 효과를 계속적으로 평가 · 검토할 필요성을 말하는 것이다.

3. 장학지도의 기술

교내 장학담당자의 바람직한 기술로서는 다섯 가지 전략을 생각할 수 있다.

1) 지도성의 기술

(1) 지도성의 성질

지도성이라 함은 집단이 목적을 세우고 또한 그것을 달성하는 데 이바지함을 말하며, 집단 구성원의 행동을 변화시키는 과정이다.

또한 집단이 공동으로 지향하는 목적을 달성하기 위해 성원들의 활동을 선도하는 행동이기 때문에 일정한 직위에 앉아 있는 사람에 국한될 것이 아니고 그 집단에 속하는 사람이면 누구나 할 수 있는 것이다.

공동체와 지도성은 상호 의존적이어서 그 중 하나가 없어서는 다른 또 하나도 있을 수 없다.

(2) 지도유형

1 집단과의 관계에서 본 유형

① **'집단위에 서서' 일하는 방식** : 이 유형은 지배형으로서 비민주적이라는 점에서 비난을 받아야 하나, 특히 집단의 힘을 충분히 발휘시키지 못하는 점에 있어서도 좋지 못한 것이다.

② **'집단을 위해서' 일하는 방식** : 이 방식도 지도성을 부정하는 것이다. 왜냐하면 지도성을 집단 활동의 일부분이라고 인정한다면, 집단 밖에서 겉도는 어떤 사람에 의해서 취해지는 행동은 지도라고 해석될 수는 없기 때문이다. 장학을 맡아 보는 이가 '학교 교사들을 위해서 일한다'고 생각한다면 그는 그 교사들의 밖에 있는 셈이다.

③ **'집단 속에서' 일하는 방식** : 이것은 집단의 목적을 수립하고 그것을 달성하게끔 그 집단을 받드는 것이다. 즉 장학을 맡아 보는 이가 집단의 일부분이 되어서 기능을 발휘하는 것으로서 가장 이상적인 지도유형이라 하겠다.

2 장학담당자의 행동으로 본 유형

① **강요형** : 장학담당자가 교사들을 개인적 목적이나 집단의 목적을 달성시키기 위해서 또는 집단의 목적 달성에 공헌하지 않는다고 생각되는 활동일지라도 강제로 일하게 하는 방식이다. 이런 방식은 흔히 독재형, 전제형이라고도 불리우고 교사들의 불평과 반발을 불러일으키기 쉬우며 집단의 정서적 기풍을 저해시키기 쉽다.

② **타협형** : 장학담당자와 교사간에 일종의 타협행위를 통하여 교사들의 행위에 영향을 주는 방식이다. 이 지도방법은 피차간에 신뢰감이 있으면 강요법보다는 훨씬 좋은 수가 있다. 그리고 이 방식에서는 지도자의 권한은 경감되고 교사들의 선택의 자유는 증가한다. 그러나 타협은 교사나 지도자의 능률에 심한 제한을 주게 된다. 그것은 상호간의 신뢰감이 결여되고 있고 타협 협정을 서로 이행시키는 데 많은 시간과 정력이 소비되기 때문이며, 그렇게 되면 상호 신뢰감의 부족에 대한 비난이 흔히 생긴다 그리고 학생들의 복지보다는 교사나 그 지도자들의 복지만을 중시하기 쉽다.

③ **온정주의형** : 온정주의는 외부로 명백히 드러내지 않고 실행되는 특별한 종류의 타협이다. 예를 들면, 교장은 교사들이 '감사한 마음과 충성심'에

서라도 자기의 지도에 따를 것이라는 희망에서 자기가 그들의 욕구를 만족시키기 위하여 최선을 다하고 있다는 것을 알리고 싶어할 수도 있다. 온정주의는 처벌보다는 보상에 치중한다는 점에서 강요법보다 유리하다.

④ **협동적 결정형** : 교장과 교사들은 자유로운 토의와 협의와 협조를 통하여 공동목적과 이들 목적을 달성하기 위한 상호간에 만족할 만한 수단을 발견할 가능성이 증대되는 것이다. 이 방식은 곧 민주적 절차와 방법을 취하는데 그 특징이 있다.

(3) 장학담당자의 위치

장학담당자가 자기의 힘을 발휘하려면, 그리하여 많은 성과를 거두려면 학교교사들 속에 파고 들어가서 그 집단의 일원이 되어야 하고 그들로부터 그러한 시인을 얻어야 하며, 집단의 관심이 무엇인가를 밝히고 그것을 출발점으로 하여 부단한 개선을 해 나가야 한다.

장학담당자는 학교 교사들의 마음을 편안하게 해 주어야 하며, 교사에게 요구하고 싶은 일에 있어서 먼저 모범을 보여주어야 하고, 전 교직원을 공평히 대해야 한다.

그리고 장학담당자는 교사들에게 지도자 자신에게 충성을 할 것이 아니라 가치실현의 단계에 나타나는 프로그램에 성실한 것을 강조해야 한다.

2) 인간관계의 기술

(1) 인간관계의 중요성

집단 내에서 각 개개인의 욕구가 만족될 때 그 집단은 통일이 되고 힘을 더 내고 능률을 올리게 된다.

교육행정 실패의 원인 중 가장 큰 이유는 교육행정가가 다른 사람과 함께 일할 줄 모르는 무능력에서 오는 것이지 사무적 기술의 불충분에서 생기는 것이 아니다.

교사의 사기가 고무된 집단일수록 교육의 성과가 높게 나타나며 생산적이다.

(2) 교사의 사기

사기란 사람의 그의 직장에 대한 정서적 및 정신적 반응, 즉 직무만족도이며 사기의 중요한 요소는 교사가 어떻게 믿으며, 어떻게 느끼는가가 문제된다.

사기란 설명할 수도 없으며, 볼 수도 없고 무시할 수도 없다. 즉 명랑하고 민첩하고 열성있고 신뢰할 만한 태도, 협조적 태도는 높은 사기의 나타남이다

그리고 사기는 교사의 능률에 큰 영향을 미친다. 낮은 사기는 생산량을 감소시키고 높은 사기는 증가시킨다. 따라서 사기는 집단 내 인간관계의 척도라 할 수 있다.

(3) 교사들의 직무 만족을 높이기 위한 전략

① 교사들은 생활 안정과 편안한 생활을 원한다. 교장은 적당한 봉급과 좋은 근무환경을 확보해 주도록 노력해야 한다. 교장이 교사들의 근무환경을 행복하게 만들어 보려는 데에 조금도 관심이 없는 사람이라고 생각하게 되면 그 교사의 사기는 떨어지게 될 것이다.

② 교사들은 그들이 일하고 있는 집단에 대한 소속감을 갖기를 원한다.

소속감은 교사들간에 우정이 장려될 때 자라난다. 교장의 조정에 따라

그가 화목하고 친밀한 태도를 가지게 되면 모든 교사들은 그 뒤를 따라 올 것이다. 공동작업, 즉 공동목적 달성을 위하여 공동으로 계획하고 공동으로 책임을 담당하는 가운데서 소속감은 나타난다.

③ 교사들은 공평한 대우를 원한다. 동료 중 어떤 교사가 신용문제나 승진 문제로 앞서게 될 때에는 그들은 원심을 품게 된다. 집단 내에서 어떤 교사가 다른 교사를 능가하고 있다고 믿게 될 때 집단 정신이 없어지고 사기는 떨어진다. 따라서 교장은 교사를 편애하지 말고 공평하게 대우하고 처리하여야 한다.

④ 교사들은 자기 일에 대하여 진보감과 성취감을 갖기를 원한다. 즉 그들은 자기가 자격이 있고 참된 공헌을 할 수 있으며 진보 · 향상되고 있고, 또 그 일에 능숙해 간다는 것을 알고 싶어한다. 교장은 승진의 기회가 있다는 것을 보장해야 한다.

⑤ 교사들은 그의 직업, 즉 교육을 위해 자기가 없어서는 안 되는 인물이라고 느끼고 싶어한다. 인정을 받고자 하는 욕망은 중요감의 욕망과 같은 것이다. 교장은 칭찬과 격려, 인정, 신임과 존중에 인색해서는 안 된다.

⑥ 교사들은 자기가 자기의 운명 조종에 참여하고 있다는 것을 알고 싶어한다. 만일 교사에게 그를 다스릴 방침 작성에 참여할 기회를 준다면 그의 직업은 큰 만족을 제공한다. 교장은 학교의 주요방침의 결정시에는 교사들을 참여시켜야 할 것이다.

⑦ 교장은 교사들의 자존심을 유지시켜 주어야 한다. 교장의 비평은 교사의 위신을 세워 주는 것이어야 하며 규칙은 될 수 있는 한 적게 해야 한다. 규칙의 많음은 교사의 자기 지도를 저해시키며 사기를 떨어뜨리고 자존심을 상하게 하기 쉽다.

⑧ 좋은 인간관계라는 것은 모든 문제에 있어서 인격의 제 요소를 기초로 하고 결정을 내림으로써 이루어진다.

3) 집단과정의 기술

직원회를 어떻게 운영하느냐 하는 집단과정의 운영 기법은 다음과 같다.

① 집단 내의 목적 수립과 달성을 위해서 지도성이 도움이 되는 것이라면 교장은 교사들이 갖고 있는 지도력의 소질을 가능한 반드시 성장시켜 주어야 할 것이다.

② 실패를 두려워하지 않고 해 보려는 태도를 갖게 하려면, 가령 무슨 과오를 범하였다 할지라도 벌하는 법이 없는 자유로운 분위기가 수립되어야 한다.

③ 교장은 책임을 분담시킬 때에 그를 위해서 하기보다 그와 더불어 일을 해 주기를 요청하여야 한다.

④ 교장은 학교 문제의 해결을 이르기 전에 전 교직원의 합의를 얻어야 한다.

⑤ 집단적 책임감에서 나온 집단의 위력은 교장 개인의 위력보다 퍽 강하게 작용되는 것이다.

⑥ 학교교육 프로그램 개선의 최종의 결정은 교사의 손에 있게끔 노력해야 한다.

⑦ 장학은 그 집단의 세력과 힘을 발휘시키는가 못하는가 하는 점을 평가의 기준으로 삼아야 한다.

⑧ 교장은 누가 옳은가 하는 점보다 무엇이 옳은가 하는 점을 강조하여야 한다.

⑨ 집단 전체의 사고와 의사를 중요시한다면 교장의 거부권이란 것은 없어야 한다.

⑩ 직원회란 집단의 공동 목적을 추구하기 위하여 교사들간의 상호작용에 의한 집단사고의 과정이다.

⑪ 직원회는 교직원의 향상과 교육안 개선의 한 가지 방법이다.

4) 인사관리의 기술

인사관리는 교사들의 잠재능력을 발달시키고 그것을 최대 한도로 이용하기 위해서 존재하기 때문에 장학담당자는 교사들의 선택, 배치 및 성장시킬 수 있는 능력이 필요하고 교사들의 욕구를 충족시켜 주어야 한다.

교장은 신임교사가 부임하면 교직에 잘 적응할 수 있도록 지도성을 발휘해야 하며, 신임교사로 하여금 스스로가 자기가 필요한 존재임을 느끼고 그리고 채용조건을 이해하게끔 도와주어야 한다.

특히 교장은 교사들을 현직에서 성장할 수 있도록 도와주어야 하며, 학교교육이 지향하는 바를 고려해서 교사들에게 어떤 형태의 현직 교육이 필요한 지를 알아서 다양한 방법을 이용하여 그들의 성장을 도와야 한다.

교장은 인사담당자이다. 교사의 욕구나 근심과 소원에 관하여 그는 항상 마음을 써야 한다. 개인적 불평을 해결하지 않은 채 내버려 두면, 그것은 어느 새 전체의 불평을 초래하게 된다.

그리고 교장이 교사를 개인적으로 상담할 때에는 인격 대 인격적 상담이 되어야 한다.

5) 평가적 기술

장학담당자의 평가활동은 효과적인 장학지도를 달성함에 있어서 필요불가결한 것이며, 평가활동은 체계적인 교육계획의 기초가 된다.

평가란 비단 교사의 평가만을 의미하는 것이 아니고 장학담당자 자신에 대한 평가도 엄연히 포함되는 것이다.

교사의 평가에는 직무사항에 관한 능력과 교사의 인성적인 태도가 포함된다.

평가법으로서의 학력고사는 학생을 이해하기 위해서 실시되어야지 교사 평가를 위해서 사용해서는 안 된다.

4. 장학지도의 유형

1) 중앙장학

중앙장학은 중앙교육 행정조직 내에서 이루어지는 모든 장학행정이라고 말할 수 있다. 특히 중앙교육행정조직 장학활동은 주로 교육행정 부서의 장학관이나, 장학사, 연구관이나 연구사에 의해서 이루어진다. 중앙장학의 특징은 중앙에서 근무하는 교육전문직이, 참모의 역할로써 전문적 조언을 주로 하는데에 있다.

중앙장학은 학교지원국(2010. 1. 기준)을 중심으로 이루어진다고 볼 수 있다. 학교지원국에서는 교육과정의 개정과 후속지원, 교과서 제도의 개선, 교육공무원의 관리 등에 관한 업무를 담당하면서 교육과정과 수업의 질을 관리하는 업무를 한다고 볼 수 있다. 중앙장학은 교육활동의 전반을 기획, 조사, 연구, 관리, 지도하는 형태로 이루어지고 있다고 볼 수 있다.

2) 지방장학

지방장학은 지방교육행정조직의 대표적인 기관인 서울특별시 · 부산 · 인천 · 대구광역시 · 각 시 · 도교육청 및 그 하위 교육청을 중심으로 이루어지는 모든 장학활동을 말한다. 따라서 지방장학을 교육위원회장학이라고도

할 수 있을 것이다. 지방장학은 지방교육청의 학무를 담당하는 교육정책국 산하의 장학관 및 장학사에 의하여 이루어진다. 그런데 지방교육청의 장학관은 국장 · 과장 · 담당관의 보직을 맡고 있는 점에서 계선조직의 특징을 강하게 나타내고 있다. 따라서 장학활동이 이론상으로는 전문적 조언을 위주로 하는 참모의 역할을 해야 하지만 실제에 있어서는 지시 · 감독 · 명령하는 권한을 가지고 있는데서 관리행정과의 구분에 혼란을 가져오기도 한다. 지방장학의 내용은 주로 교육정책국의 업무 및 학무국의 업무와 관련된다.

3) 교내장학

(1) 전통적 장학

전통적 장학은 교장, 교감이 간헐적으로 짧은 시간(5~10분) 동안 학급 순시나 수업참관을 통하여 교사의 학급경영과 수업활동을 관찰하고 교사에게 지도 · 조언을 제공하는 장학활동으로 약식장학, 일상장학, 확인장학이라고도 한다. 전통적 장학은 교장 · 교감의 계획과 주도하에 전개되는 비공식적인 성격이 강한 장학이다.

전통적 장학은 교장과 교감의 주도하에 전개되며, 학급 순시나 수업참관을 중심으로 하며, 다른 장학 형태의 보완적이고 대안적인 성격을 지닌다. 전통적 장학을 통하여 행정가는 학교경영과 학교풍토 전반에 대한 정보를 수집하여 개선방안으로 활용할 수 있다. 전통적 장학의 취지를 이해하지 못하는 교사는 거부 반응을 표시하기도 하지만, 교장 · 교감은 단위학교의 최종적인 교육책임자 및 1차 장학책임자로서 전통적 장학을 수행할 책무성과 당위성을 지닌다.

(2) 임상장학

임상장학이란 학급 내에서 학생과 교사 사이에 이루어지는 상호작용 관계에 초점을 두고 있다. 임상장학의 기본자료는 학교 내에서 일어난 교사와 학생간의 상호작용 과정을 기록한 것과 수업에 관련된 교사의 지각 · 신념 · 태도 · 지식에 대한 정보로 구성된다. 이러한 관계자료를 기초로 하여 교사와 장학담당자가 함께 이들을 분석하고 또 결과에 따라 교사가 학급 내에서의 교수행동을 개선함으로써 학생들의 학습을 향상하도록 하는 활동 · 절차 · 전략이 임상장학의 내용이 된다. Cogan은 임상장학의 과정을 8단계의 국면으로 구성된 순환과정으로 설명하고 있다.

1 1단계 : 교사-장학담당자의 관계 확립하기(establishing the teacher-supervisor relationship)

교사와 장학담당자는 서로 도움을 주고받는 동료적 관계를 먼저 수립하여 교사로 하여금 임상장학에 관한 일반적 이해를 가지고 교사가 새 역할과 기능을 알도록 한다.

2 2단계 : 교사와 함께 기획하기(planning wich the teacher)

장학담당자가 교사와 함께 학습지도 계획을 작성하는 것이다. 이 계획에는 학습목표 및 성과, 예상되는 문제, 수업자료 및 전략, 학습성과 평가 등을 포함한다.

3 3단계 : 관찰전략 기획하기(planning the strategy of observation)

장학담당자는 관찰 목적 · 과정 · 장소 · 자료수집 등을 기획하고 교사는 이 기획에 참여하여 임상장학 활동에 익숙케 한다.

④ 4단계 : 수업관찰하기(observing instruction)

장학담당자는 혼자 혹은 다른 사람과 함께 수업을 참관하던가 하여 학급에서 수업 중에 일어나는 교사와 학생간의 비언어적 · 상호작용을 조심스럽게 체계적으로 관찰한다.

⑤ 5단계 : 교수-학습과정 분석하기(analyzing the teaching-learning processes)

관찰 후 교사와 장학담당자가 함께 교실에서 일어났던 일들을 분석한다. 처음에는 개별적으로 하고 나중에는 함께 분석하게 된다. 분석은 교사의 능력과 관계된다는 점에서 조심스럽게 다루어져야 한다.

⑥ 6단계 : 협의회 전략 기획하기(planning the strategy of conference)

초기단계에서는 일반적으로 장학담당자 혼자서 교사와의 협의회를 위한 계획 · 대안 · 전략을 짜고, 만약 필요하다면 후에 협의회 계획을 교사와 함께 수행할 수도 있다.

⑦ 7단계 : 협의회(the conference)

협의회는 장학담당자와 교사만이 참석하는 것이 보통이나 필요에 따라서는 다른 사람이 동석할 수도 있다. 협의회는 보통 교사가 주재하며 장학사 없이 다른 사람에 의해 주재될 때도 가끔 있다.

⑧ 8단계 : 새로운 기획하기(renewed planning)

협의회 중 적절할 때 교사와 장학담당자는 고쳐야 할 교사의 학급행동을 결정하게 된다. 경우에 따라서 앞의 수업분석이나 논의를 중지하고 다음 학습과 교사가 수업에 고쳐야 할 때를 기획하기 시작한다.

(3) 동료장학

동료장학은 동료교사 간에 그들의 교육활동의 개선을 위하여 공동으로 노력하는 과정으로 동료교사에 의해 이루어진다. 이들의 주요 활동은 동학년 · 동교과 협의회나 같은 부서의 동료간 수업 연구, 동료 간 상호작용 등을 통하여 이루어진다.

교사들은 장학담당자보다 동료 교사에게 더 자연스럽게 용이하게 도움을 요청할 수 있으며, 수업 개선을 위하여 교사가 다른 교사를 돕는 일은 매우 자연스러운 일로 받아들인다. 즉, 교사 상호 간에 이루어질 수 있는 동료 지원은 매우 직접적이고 실제적인 효과가 있는 장학과정이 될 수 있는데, 이것이 곧 동료장학이다.

동료적 관계에서 장학을 실행하려면 교사는 서로 도와줄 수 있는 자질과 기술을 가지고 있어야 하며, 동료에게 조력을 제공하고 교수방법의 개선을 돕기 위해서 교사는 기술적 · 임상적 · 인간적 · 비평적 자질을 보유하고 있어야 한다. 또한 관찰하고 자료를 분석하는 기술이 필요하고, 문제를 발견하고 대안을 제시할 수 있어야 한다. 대화하고 래포를 형성하고 협의를 원활하게 수행할 수 있는 기술이 있어야 하며, 장학의 원리와 규칙에 대한 기초적 이해도 필요하다.

(4) 요청장학

요청장학은 단위학교의 자율적 · 창의적 교육활동 전개와 학교가 요구하는 교육활동의 협의 · 지원, 그리고 단위학교에서 개선이 필요한 교육활동의 진단 및 문제해결을 위해서 단위학교에서 요청하는 교과 · 교육활동에 대한 전문적 · 심층적 장학활동을 전개하는 것이다.

요청장학은 학교 주도의 요청장학과 교육청 공동의 요청장학으로 구분할 수 있다. 학교 주도의 요청장학은 단위학교의 문제점을 진단한 후 계획 수립, 장학 요원 섭외 · 협의 및 결과 정리까지의 전 과정을 학교가 자체적으로 시행한 후 결과보고서만 교육청에 제출하는 형태다. 교육청과 공동으로 이루어지는 요청장학은 단위학교에서 문제점을 진단한 후 교육청에 요청하여 교육청에서 해당 영역의 상설 장학단으로 장학반을 구성하여 시행하는 형태다.

기타 교내장학의 형태를 포함해 교내장학의 유형을 요약하면 〈표 13-1〉과 같다.

표 13-1 교내장학의 유형

유형	개념	형태	대상자	장학담당자
전통적 장학	교장, 교감이 간헐적으로 학급순시 · 수업참관을 통하여 교사의 학급경영과 수업활동을 관찰하고 교사에게 지도 · 조언을 제공하는 활동	학급순시 수업찬관	전체 교사	교장, 교감
임상장학	교수행동과 교수 능력 향상을 위한 활동을 분석하면서 장학담당자와 교사 간에 상호작용을 수반하는 장학	수업연구	초임 교사 및 수업기술 향상의 필요를 느끼는 교사	장학사 교장 교감
동료장학	동료교사 간에 그들의 교육활동의 개선을 위하여 공동으로 노력하는 과정	동학년협의회 동교과협의회 동부서협의회 동료간 수업연구 동료간 상호작용	전체 교사 동학교/ 동교과/ 동부서 교사	동료 교사
요청장학	단위학교에서 요청하는 교과 · 교육활동에 대한 전문적 · 심층적 장학활동	장학 요청 내용과 영역을 고려한 장학단의 협의 · 지원	전체 학교	장학사

유형	개념	형태	대상자	장학담당자
담임장학	연간 장학 업무의 효율적 추진을 위하여 학교별 담임장학사를 배정하여 학교 운영 전반에 대한 지도 · 조언 · 협의를 이루어 가는 장학활동	담임장학 시행 계획에 따른 장학 자료 검토, 교내 순회, 수업참관	전체 학교	장학사

제14장
교육법규론

1. 교육법규의 위계
2. 헌법의 규정
3. 헌법의 교육관련 법규
4. 교원의 인사 행정관련 법규
5. 교원의 권리 및 징계관련 법규
6. 교원의 복무관련 법규
7. 초·중등교육법시행령 중 주요내용

1. 교육법규의 위계

교육법규의 위계는 제정권자에 따라 다음과 같이 상하의 위계가 있다.

헌법	법률	명령	자치법규	기타
	• 교육기본법 • 초 · 중등교육법 • 교육공무원법 • 사립학교법 • 지방교육자치에 관한 법률	• 대통령령 • 총리령 • 부령 • 초 · 중등교육법시행령	• 조례 • 교육규칙	• 학칙 • 정관 • 행정규칙

교육에 관한 성문법으로 헌법이 가장 상위법이고, 그 다음이 법률, 명령, 조례 및 교육규칙, 훈령 및 예규, 조약 등이 있다. 불문법에는 관습법, 판례(헌법재판소의 판례 및 각종 교육관계 판례), 조리 등이 있다.

우리나라의 교육법은 1949년 11월 31일 교육법이 제정 · 공포된 이래 단일 교육법으로 존속되어 오다가 1997년 12월에 교육기본법, 초 · 중등교육법, 고등교육법 등으로 세분되어 시행되어 오고 있다.

2. 헌법의 규정

1) 학문의 자유

헌법 22조 1항에서 규정하고 있는 "모든 국민은 학문과 예술의 자유를 가진다"는 규정은 학문의 자유권 보장은 개인의 학문연구와 단체의 학술연구에 어떠한 권력의 침해를 받지 않는 제도적 보장을 의미하는데, 연구의 자유, 연구 발표의 자유, 교수의 자유를 내포하고 있다고 보겠다.

2) 교육의 기회균등

헌법 31조 1항과 교육기본법 4조에 규정되어 있는 '교육의 기회균등' 개념은 모든 국민은 성별 · 종교 · 신앙 · 사회적 신분 · 경제적 지위 · 신체적 조건 등을 이유로 교육에 있어서 차별을 받지 아니하고 능력에 따라 균등하게 교육을 받을 권리를 가진다는 정신을 함축하고 있다.

3) 무상의무교육

헌법 31조 2항과 3항에서는 "모든 국민은 그 보호하는 자녀에게 적어도 초등교육과 법률이 정하는 교육을 받게 할 의무를 지고, 의무교육은 무상으로 한다"고 규정하고 있다.

교육기본법 6조에서도 의무교육은 6년의 초등교육 및 3년의 중등교육으로 한다고 규정하여 의무교육의 기간과 무상교육개념 정신을 규정하고 있다. 이와 아울러 모든 국민은 의무교육을 받을 권리를 가진다고 규정하고 있다. 그러나 3년의 중등의무교육은 국가의 재정 여건을 고려하여 순차적으로 실시하도록 되어 있다.

4) 교육의 자주성(교육의 중립성)

헌법 33조에 규정된 '교육의 자주성'은 교육기구와 교육내용이 교육자에 의하여 자주적으로 결정되고, 행정 권력에 의한 교육통제가 배제되어야 한다는 의미를 가지고 있다.

교육기본법 5조에서 국가 및 지방자치단체는 교육의 자주성, 전문성을 보장하여야 하며, 지역 실정에 맞는 교육의 실시를 위한 시책을 수립 · 실시하여야 한다고 규정하고 있어 교육자치제의 실시의 배경이 되고 있다.

헌법과 교육기본법에 규정되어 있는 '교육의 중립성'은 교육은 교육 본래의 목적에 따라 그 기능을 다하도록 운영되어야 하며, 어떠한 정치적 · 파당적 또는 개인적 편견의 전파를 위한 방편으로 이용되어서는 안 된다는 것으로서, 교육의 본질에 위배되는 국가적 권력이나 정치적 · 사회적 · 종교적 세력 등의 부당한 영향을 배제하고, 특정 이념에 대한 편향교육이나 특정 정권, 특정 정당을 위한 교육이 되어서는 안 된다는 정신이 담겨져 있다. 국가 및 지방자치단체가 설립한 학교에서는 특정한 종교를 위한 종교교육을 하여서는 안 되도록 되어 있다.

5) 학습자의 학습권

헌법 31조 1항에 규정되어 있는 "모든 국민은 능력에 따라 균등하게 교육을 받을 권리를 가진다"는 것에서 비롯된다고 볼 수 있다.

학습자의 교육권인 학습권은 교육권의 핵심이요 기본인데, "모든 국민은 평생에 걸쳐 학습하고 능력과 적성에 따라 교육받을 권리를 가진다"는 교육기본법 3조에 근거를 두고 있다. 이와 같은 학생의 학습권을 보장해 주어야 한다는 전제에서 학부모 · 교사 · 학교설립자(국가 혹은 재단)의 교육권이 발생한다고 볼 수 있다. 또한 학부모 등 보호자는 그 보호하는 자녀 또는 아동이 바른 인성을 가지고 건강하게 성장하도록 교육할 권리와 책임을 가지고 있다.

6) 교사의 권리

헌법 31조에서는 학문의 자유와 교육 · 연구할 권리를 보장하고 있다. 또한 교육기본법 및 교육공무원법, 국가공무원법 등에서는 '의사에 반한 신분조치 금지의 권리', '불체포특권', '권고사직 당하지 아니할 권리', '직무집행권', '처분사유설명서 교부권 및 후임자 보충발령의 유예', '재심청구권' 등 신분상의 권리가 보장되어 있다. 이 밖에도 교원은 '봉급청구권', '수당청구권', '연금청구권', '실비변상청구권', '휴직 및 직위해제 기간 중의 보수지급 청구권' 등 재산상의 권리를 가지고 있다. 또한 교원에게는 단체결성 및 교섭 · 협의권이 보장되어 있다.

3. 헌법 외 교육관련 법규

1) 법률

법률은 헌법의 정신 안에서 국회의 의결을 거쳐 제정 · 공포된 것으로서 교육기본법, 초·중등교육법, 고등교육법, 사립학교법, 평생교육법, 교육공무원법, 교육세법 등이 대표적이다. 이 중 교육기본법(법률 제7399호)의 주요내용을 살펴보면 다음과 같다.

(1) 총칙

① **목적**(제1조) : 교육에 관한 국민의 권리·의무, 국가 및 지방자치단체의 책임, 교육제도와 그 운영에 관한 기본적인 사항을 규정하고 있다.

② **교육이념**(제2조) : 홍익인간의 이념 아래 인격 도야, 자주적 생활 능력, 민주시민의 자질을 갖추어 인간다운 삶, 민주국가의 발전, 인류공영의 이상을 실현하게 한다.

③ **학습권**(제3조) : 모든 국민은 평생 학습하고, 능력과 적성에 따라 교육받을 권리를 가진다.

④ **교육의 기회균등**(제4조) : 모든 국민은 성별, 종료, 신념, 사회적 신분, 경제적 지위, 신체적 조건 등을 이유로 교육에 있어서 차별을 받지 않는다.

⑤ **교육의 중립성**(제6조) : 교육의 정치적·종교적 중립 원칙을 말한다.

⑥ **의무교육**(제8조) : 6년의 초등교육과 3년의 중등교육이 있다.

⑦ **학교교육**(제9조) : 학교교육의 단계, 학교의 공공성, 문화의 유지·발전과 평생교육에 대한 학교의 책무, 창의력 개발, 인성의 함양 등 전인적 교육을 중시한다.

(2) 교육 당사자(제12조~제17조)

학습자, 보호자, 교원, 교원단체, 학교 등의 설립·경영자, 국가 및 지방자치단체로 규정하고 있다.

(3) 교육의 진흥(제17조~제29조)

① 국가와 지방자치단체는 남녀 평등정신을 적극적으로 실현할 수 있는 시책을 수립 · 실시한다(제17조 2항).

2) 명령

명령은 법률의 위임에 의하여 행정관청이 필요에 의하여 제정되는 규범인데, 각종 교육법시행령, 평생교육법시행령, 사립학교법시행령, 교육공무원임용령, 교원자격검정령 등이 있다.

3) 지방자치단체의 자치법규

(1) 조례

조례는 지방자치단체가 지방의회의 의결을 거쳐 제정한 지방의 교육자치에 관한 법규이다.

(2) 규칙

지방자치단체의 장이 그의 고유 권한에 속하는 사무에 관하여 법령이나 조례가 위임한 범위 내에서 규정한 법규를 규칙이라 한다.

4) 교육규칙

교육감이 법령이나 조례가 허용하는 범위 내에서 제정하는 규칙을 교육규칙이라고 한다.

5) 조약

국가간 또는 국가와 국제기관간에 문서를 통하여 이루어지는 합의를 조약이라 하는데, 국회서 비준 · 공포되게 되면 국내법과 동일한 효력을 발생하게 된다. 조약이라는 명칭 외에도 협약, 헌장 등의 표현으로도 쓰이고 있다. 조약의 예로서는 유네스코헌장이 있다.

4. 교원의 인사 행정관련 법규

1) 임용

임용은 공직의 결원을 충원하여 직위를 부여하는 법률행위인데, 임용의 종류에는 신규채용, 승진, 승급, 전직, 전보, 겸임, 파견, 강임, 휴직, 직위해제, 정직, 복직, 해임, 파면 등이 있다. 교사의 임용은 국가공무원법 28조, 교육공무원법 11조, 교육공무원임용령 9조 및 11조 등을 근거로 하고 있다.

(1) 교사임용의 결격 사유

① 금치산자 또는 한정치산자
② 파산자로서 복권되지 아니한 자
③ 금고 이상의 형을 받고 집행 종료 또는 집행유예가 확정된 후 5년

미경과자

④ 금고 이상의 형을 받고 집행유예 완료 후 2년 미경과자

⑤ 금고 이상의 형의 선고 유예자

⑥ 법원의 판결 또는 다른 법률에 의하여 자격 상실 또는 정지된 자

⑦ 징계에 의하여 파면 처분을 받은 때로부터 5년 미경과자

⑧ 징계에 의한 해임 처분을 받은 때로부터 3년 미경과자

(2) 신규임용

교사의 신규임용은 교원자격증을 가진 자를 대상으로 국·공립학교는 이른바 임용고사를 통하여 임용하며 사립학교는 해당 학교 나름의 선발 규정을 통하여 임용하고 있다. 임용고사의 경우 각 시·도별 1, 2, 3차에 걸쳐 전형이 실시되고 있다. 전공 교과별로 1차는 객관식 지필고사, 2차는 논술고사, 3차는 수업실기 및 면접의 형식으로 이루어지고 있다.

교원의 기산호봉은 2급 정교사는 8호봉, 1급 정교사는 9호봉으로 하고 있다.

(3) 부장교사

부장교사의 임용은 초등학교는 교무, 연구, 학년, 생활, 윤리, 환경, 체육, 지역사회교육, 과학, 분교부장교사, 기타 특수업무 또는 교과담당 부장교사로 하되, 종류 및 업무분장은 학교장이 정하도록 되어 있다. 한편, 중·고등학교는 교무, 연구, 학생, 윤리, 환경, 과학, 체육, 진로상담, 지역사회교육, 실과, 분교부장교사, 기타 특수업무 또는 교과담당 부장교사로 하되 종류 및 업무분장은 학교장이 정하도록 되어 있다.

(4) 기간제 교사의 임용

학교장은 교원이 휴직, 파견, 연수, 정직, 직위해제, 휴가, 파면, 징계재심청구 등의 사유로 후임교사의 보충이 불가피할 경우, 특정교과의 한시적 필요시에 1년 이내에서 기간제 교사를 임용하게 되는데 필요한 경우에 3년 범위 안에서 이를 연장할 수 있도록 되어 있다.

(5) 교장의 중임

교장은 4년 임기로 1차에 한하여 중임할 수 있는데 1차 임기를 마치고 정년 잔여기간이 4년 미만인자는 특별한 결격 사유가 없는 한 교장으로 재임용하게 되며, 정년 전에 임기 만료 교장으로서 교사로 근무할 것을 희망하는 경우에는 수업능력 및 건강 등을 참작하여 원로교사로 임명할 수 있도록 되어 있다. 초빙교장제 또는 초빙교사제를 실시하려고 할 경우에는 학교운영위원회의 심의를 거쳐 임용권자에게 초빙을 요청하여야 한다.

2) 승진

승진은 동일 직렬 내에서 하위 직에서 상위 직으로 임용되는 것을 말하는데, 근무평정 대상은 교사, 교(원)감, 장학사, 연구사 등이다. 근무평정의 종류에는 경력평정, 근무성적 평정, 연수성적 및 가산점 평정 등으로 되어 있다.

① 경력평정은 기본경력(평정시기로부터 20년)과 초과경력(기본경력 전 5년간)으로 구분하여 평정한다.

② 근무성적평정은 근무실적, 근무수행능력, 근무수행태도 등에 관해 평정하게 된다.

③ 연수성적평정은 교육성적평정과 연구실적평정으로 구분하여 평정한다.

④ 가산점평정은 교사들의 직무수행에 대한 동기부여를 하기 위하여 특별한 자격을 획득하거나 어려운 직무를 수행하였을 경우에 그 대가로 인사행정에 그 실적을 반영해 주는 것을 말한다.

3) 강임

동종의 직무 내에서 하위의 직위에 임명되는 것을 강임이라고 하는데, 강임은 직제 및 정원의 변경이나 예산의 감소 등으로 인하여 직위가 폐직되거나 강등되어 과원이 된 때 또는 본인이 동의한 경우에 이루어지는 것이 일반적이다.

4) 전보 및 전직

A학교 교사가 B학교 교사로 근무지가 바뀌는 것과 같이 동일 직위 또는 자격 내에서 근무기관이나 부서를 달리하여 임용되는 것을 전보라고 하는데, 교사는 5년 범위 내에서 매년 3월 1일과 9월 1일 자로 이루어지고 있다. 한편 교사 · 교감 · 교장이 장학사나 연구사와 같은 교육전문직으로 임용되는 것과 같이 종별과 자격, 또는 직렬을 달리하여 임용하는 것을 전직이라고 한다.

(1) 전보계획의 원칙

교원의 전보는 안정된 교직 수행과 장기 근무로 인해 침체를 방지하기 위하여 시행하는 것으로 임용권자는 합리적인 계획을 세워 신중하게 시행해야 하는데 그 원칙을 살펴보면 다음과 같다.

첫째, 임용권자는 소속 교원이 동일 직위에 있어서의 장기근무로 인한 침체를 방지하기 위하여 매년 전보계획을 수립하여 전보를 하여야 한다.

둘째, 임용권자는 교원의 생활근거지 근무 또는 희망근무지 배치를 최대한으로 보장하여 사기진작 및 생활안정을 도모하고 전보의 공정성을 확보하기 위하여 최대한 노력하여야 한다.

(2) 정기전보

첫째, 교원의 학교 간 전보는 임용권자가 정하는 기간 동안 동일 직위에 근속한자를 대상으로 정기적으로 실시한다. 다만, 교육상 특히 필요하다고 인정할 때에는 임용권자가 정하는 기간 동안 전보를 유예할 수 있다.

둘째, 임용권자가 소속 교육공무원에 대하여 전보 희망자가 적은 지역에 장기근무를 하게 할 때에는 임용권자가 정하는 특별한 경우를 제외하고는 당해 교육공무원의 근무성적이 '우' 이상이어야 한다.

셋째, 교육부장관이 지정한 전문계 고등학교(종합고등학교를 포함)에 근무하는 교장 · 교감 및 전문교과 담당 교사에 대하여는 위의 규정에도 불구하고 근속기간에 제한을 두지 아니할 수 있으며, 당해 학교장의 추천에 의하여 전보할 수 있다.

(3) 비정기 전보

임용권자는 교육상 전보가 불가피하다고 인정할 때에는 동일 직위 근속기간이 정기 전보기간 이내라 하더라도 전보할 수 있으나 교권이 침해되지 않도록 신중해야 하며 전보기준에 비추어 보편타당한 사유가 있어야 한다.

5. 교원의 권리 및 징계관련 법규

1) 교원의 권리

(1) 적극적인 권리

1 자율성 신장

모든 전문직은 그 전문직과 관련된 활동에 있어서 나름대로 권위를 인정받고 있다. 그리고 사회는 그들이 전문적 능력을 자율적으로 발휘할 수 있도록 제반여건을 조성해 주고 그게 따르는 사회적 책임을 질 수 있도록 하고 있다. 우리 사회에서 교직을 전문직으로 보는 데에는 별다른 이견이 없을 것이다. 그렇다면 교육전문가들이 그 직무를 수행하는 데 따르는 권위와 자율성이 보장될 수 있는 여건이 조성되어야 하고 이 여건의 대부분은 교수 및 학문 연구의 자유와 관련된 것이라고 할 수 있다.

2 생활 보장

생활 보장이란 교원이 안정된 생활기반 위에서 가르치는 일에 몰두할 수 있는 여건을 마련해 주어야 함을 뜻한다. 교육기본법 제14조 1항의 '교원의 경제적 · 사회적 지위는 우대되고 그 신분은 보장되어야 한다.'는 규정과 교육공무원법 제34조의 '교육공무원의 보수는 우대되어야 한다.'는 규정은 자위권이 약한 교원에 대해서 타 직종보다 우대를 받도록 국가 · 사회가 특별한 배려를 한 것이라고 할 수 있다.

(2) 소극적인 권리

1 신분 보장

모든 교원은 국가공무원법(제68조~74조)에 나타나 있는 신분 보장은 물론이고 교육공무원법에 의하여 더 강력한 신분 보장의 권리를 인정받고 있다. 교육기본법 제14조에서는 '교원의 경제적 · 사회적 지위는 우대되고 그 신분은 보장된다.'고 밝히고 있고 교육공무원법 제7장에서도 교육공무원의 의사에 반한 신분조치를 금지하고 직권휴직, 정년퇴직 등 신분조치의 법적인 한계와 처분사유 설명서의 교부 및 절차를 명시하고 있다. 또한 권고사직 금지, 불체포특권 등의 규정에서 보는 바와 같이 일반 공무원보다 더 강력한 신분 보장을 규정하고 있는데 이것은 교직의 전문성과 특수성을 인정하는 법제도의 표현이라고 할 수 있다.

2 쟁송제기권

교육공무원은 법에 어긋나는 부당한 처분을 받았을 때는 소청, 기타 행정상 쟁송제기권을 가질 수 있다. 소청은 징계처분에 대하여 재심을 청구할 수 있는 제도인데 이에는 징계처분권자가 징계위원회의 의결이 가볍다고 볼 때 재심을 청구하는 경우와 징계처분 대상자가 징계위원회의 의결이 너무 과중하다고 느낄 때 이에 불복하고 재심을 청구하는 두 가지 경우가 있다.

3 불체포특권

교육공무원법 제48조와 사립학교법 제60조를 보면 '교원은 현행범인 경우를 제외하고는 소속 학교장의 동의 없이 학원 안에서 체포되지 아니 한다.'라고 되어 있다. 이러한 교원의 불체포특권은 국회의원과 선거관리위원회의 위원 외의 여타 공무원에게는 인정되지 않는 권리이다. 교원에게 이러한 특권을 인정하는 것은 학원의 자유를 보장하고 교원으로 하여금 교육 및 연구 활동을 수행함에 있어서 권력기관의 부당한 압력을 배제하려는 데 그 목적이 있다.

4 교직단체 활동권

교원은 교원의 권리를 확보하고 교원으로서 직업을 효과적으로 수행하기 위한 단체 활동을 할 수가 있다. 다시 말해 교원들은 단체를 조직하고 그 적극적 운영을 통하여 회원들의 상호 유대 강화, 복지 향상, 자질 향상 등의 공동목표를 추구할 수 있다. 현행 법규상에는 교원들이 상호 협동하여 교육의 진흥과 문화의 창건에 진력하며 경제적 · 사회적 지위를 향상시키기 위해 각 지방자치단체 및 중앙에 교원단체를 조직할 수 있도록 규정하고 있다(교육기본법 제15조), '또한 교원은 교원의 노동조합설립 및 운영 등에 관한 법률에 의해 노동조합을 설립할 수 있으며(동법 제4조) 노동조합을 통해 교섭 및 체결 권한 등을 가지되(동법 제6조) 쟁의행위의 금지(동법 제8조) 및 정치활동의 금지(동법 제3조)를 규정하고 있다.'

2) 휴직

① 휴직(교육공무원법 제44, 45조)은 신분은 보유하나 직무에는 종사하지 못하는 것인데, 교원의 휴직에는 직권휴직과 청원휴직이 있다.

② 직권휴직에는 병(요양 · 공상)휴직, 생사소재불명 휴직, 기타 법률 규정에 의한 의무수행을 위한 직무이탈 등이 있다.

③ 청원휴직에는 해외유학(연구 · 연수), 외국기관 고용, 양육휴직, 국내연수, 가족간호, 배우자 동반 등이 있다.

④ 휴직기간 동안 원칙적으로 봉급(공무원 보수규정 제15조, 28조)은 지급되지 아니하나 요양휴직일 경우에 70%(결핵성일 경우에는 80%), 공상휴직일 경우에는 전액 지급을 하고 연구 · 연수를 위한 해외유학이나 국내연수일 경우에는

50%를 지급하도록 되어 있다.

⑤ 휴직사유가 소멸되면 30일 이내에 복직신고를 하여야 한다.

⑥ 휴직 사유 및 기간은 다음과 같다.

표 14-1 휴직사유 및 기간

<table>
<tr><th rowspan="2">휴직
종류</th><th rowspan="2">휴직관련
호별사유</th><th rowspan="2">휴직조건</th><th rowspan="2">휴직기간</th><th colspan="2">경력인정 여부</th><th rowspan="2">봉 급</th><th rowspan="2">구비서류</th></tr>
<tr><th>보수</th><th>승진</th></tr>
<tr><td rowspan="6">직권
휴직</td><td>1. 병휴직
(요양)</td><td>· 신체 · 정신상의 장애로 장기요양</td><td>1년 이내</td><td>불인정</td><td>불인정</td><td>7할(결핵성 : 8할)</td><td rowspan="2">휴직원 진단서(공상 증명서)</td></tr>
<tr><td>(공상)</td><td>· 공상으로 장기요양</td><td>1년 이내</td><td>인정</td><td>인정</td><td>전액지급</td></tr>
<tr><td>2. 병역의무
(병역)</td><td>· 병역복무를 위한 징집 또는 소집</td><td>복무기간</td><td>인정</td><td>인정</td><td>불지급</td><td>휴직원
입영증명서</td></tr>
<tr><td>3. 생사소재
불명(행불)</td><td>· 천재 · 지변 · 전시 · 사변 기타 사유로 생사 · 소재 불명</td><td>3월 이내</td><td>불인정</td><td>불인정</td><td>불지급</td><td>휴직원
증빙서류</td></tr>
<tr><td>4. 법정의무
수행(의무)</td><td>· 법률의 규정에 의무수행을 위하여 직무이탈</td><td>복무기간</td><td>인정</td><td>인정</td><td>불지급</td><td>휴직원
증빙서류</td></tr>
<tr><td>11. 교원노조
전임자</td><td>· 교원의 노동조합설립 및 운영 법률</td><td>전임기간</td><td>불인정</td><td>인정</td><td>불지급</td><td>휴직원
증빙서류</td></tr>
<tr><td rowspan="2">청원
휴직</td><td>5. 해외유학
(연구 · 연수)</td><td>· 학위취득 목적 해외유학, 1년 이상 외국에서 연구 또는 연수</td><td>3년 이내
(3년 연장 가능)</td><td>인정</td><td>인정
(5할)</td><td>5할</td><td>휴직원
입학허가서, 유학계획서 등</td></tr>
<tr><td>6. 외국기관
고용</td><td>· 국제기구 · 외국기관
· 재외국민교육기관 임시고용</td><td>고용기간</td><td>인정
(상근 10할 비상근 5할)</td><td>인정
(상근 10할 비상근 5할)</td><td>불지급</td><td>휴직원
고용계약서</td></tr>
</table>

휴직 종류	휴직관련 호별사유	휴직조건	휴직기간	경력인정 여부		봉 급	구비서류
				보수	승진		
청원 휴직	7. 양육휴직	· 자녀(1세 미만) 양육이나 여교원이 임신 또는 출산하게 된 때	1년 이내 (여교원 2년 연장 가능)	인정	최초 1년 이내 인정	불지급	휴직원 진단서 주민등록등본
	8. 국내연구 (연수)	· 교육부장관이 지정하는 국내 연구기관 · 교육기관 등에서 연수	3년 이내	인정	인정 (5할)	불지급	휴직원 입학허가서
	9. 간병휴직 (간호)	· 사고 · 질병으로 장기요양을 요하는 부모, 배우자, 자녀 또는 배우자의 부모간호	1년 이내 (재직기간 중 3년 이내)	불인정	불인정	불지급	휴직원 진단서 간병확인서
	10. 배우자 동반	· 배우자 외국근무, 또는 제5호에 해당된 때	3년 이내 (3년 연장 가능)	불인정	불인정	불지급	휴직원 증빙서류

3) 직위해제 및 직권면직

교원은 '직무수행 능력이 부족하거나 근무성적이 극히 불량할 경우', '징계의결 요구 중인 경우', '형사사건으로 기소된 경우' 등의 사유가 있을 때 직위해제될 수 있다. 또한 다음과 같은 사유가 발생할 경우에는 직권면직 처분을 받게 된다.

첫째, 직제와 정원의 개폐, 예산 감소 등에 의하여 폐직 또는 과원이 발생할 경우

둘째, 휴직 만료, 휴직사유 소멸 후 직무복귀 불응 또는 직무감당 불능일 경우

셋째, 직위해제되어 대기명령을 받은 자가 능력 또는 근무성적 향상이 어려운 경우

넷째, 전직시험에서 3회 이상 불합격자로 직무수행 능력이 부족할 경우

다섯째, 징병검사, 입영 또는 소집명령을 받고 정당한 이유 없이 이를 기피하거나 재영 중 군무를 이탈한 경우

4) 당연퇴직과 명예퇴직

교원은 62세 정년이 달한 날이 속하는 학기 말에 정년퇴직을 하게 되며, 20년 이상 근속한 교원이 정년퇴직부터 1년 이상 10년 이내에 자진 퇴직하는 경우에 예산의 범위 안에서 명예퇴직 수당을 받을 수 있다.

5) 징계

① 교원은 국가공무원법, 사립학교법 및 교육관계법 등 제 법령에 의한 명령위반, 직무상의 의무위반, 직무태만, 직무 내 · 외 불문 체면 또는 위신의 손상행위와 같은 품위손상 등이 있을 경우에 징계에 회부되게 된다. 따라서 교원의 징계는 국가공무원법 78조 1항과 사립학교법 61조 1항에 의거하여 국 · 공 · 사립학교의 교원들에게 동일하게 적용된다고 볼 수 있다.

② 징계를 요구하기 위한 구체적인 비위 유형을 살펴보면, 성실의무 위반(직무태만 또는 회계질서 문란), 복종의무 위반, 직장이탈금지 위반, 친절 · 공정의무 위반, 비밀엄수의무 위반, 청렴의무 위반, 품위유지의무 위반, 영리업무 및 겸직금지의무 위반, 집단행위금지 위반 등이 있다.

③ 징계요구 시기는 징계사유가 발생되는 당시부터이며, 징계사유의 시효는 징계사유 발생일로부터 2년(금품 및 향응수수, 송금횡령의 경우에는 3년)이 경과되면 징계의결 요구가 불가능하도록 되어 있다. 징계는 징계의결요구서가

접수된 날로부터 60일 이내에 징계의결을 끝내야 하며, 부득이한 경우에는 당해 징계위원회의 의결로 30일 연장이 가능하도록 되어 있다. 징계의결요구와 동시에 징계대상자에게 징계의결요구서 사본(사립의 경우에는 징계사유설명서)을 송부해야 한다.

④ 징계의결을 요구할 수 있는 사람은 국 · 공립학교의 경우에는 소속 교육기관의 장, 교육행정기관의 장, 교육연구기관의 장 등인데, 좀 더 구체적으로 살펴보면, 대학의 총 · 학장, 초 · 중등학교의 교장, 교육감, 교육장, 연구원장 등이다. 사립학교의 경우에는 당해 교원 임면권자인 학교법인의 이사장 또는 경영자, 정관에 의하여 위임된 경우에는 총 · 학장이 요구하게 된다. 또한 국 · 공립학교의 경우에는 관할 징계위원회에 징계를 요구하게 되면, 사립의 경우에는 자체 교원징계위원회에, 그리고 관할청은 임면권자에게 징계를 요구하게 된다.

⑤ 징계위원회는 징계의결 전에 징계 대상자의 진술을 반드시 들어야 하며 본인에게 진술기회를 주지 아니한 의결은 무효이다. 그러나 징계혐의자가 2회 이상의 출석 통지에도 불구하고 불응하는 경우에는 서면 심사로 징계의결이 가능하도록 되어 있다. 징계위원이 피징계자와 친족관계이거나 그 징계사건과 관계가 있는 경우에는 심의에 관여할 수 없도록 제척할 수 있으며, 피징계자는 불공정한 의결을 할 우려가 있는 징계위원에 대하여 기피를 신청할 수 있다. 만약에 기피 신청이 있으면 위원회의 의결로 기피 여부를 결정하게 된다. 징계위원회는 징계 사건을 의결할 때 징계 대상자의 소행, 근무성적, 공적, 개전의 정, 징계요구내용, 기타 정상을 참작하도록 되어 있다.

⑥ 징계위원회가 징계의결을 할 때에는 징계의결서를 작성하고 징계요구권자에게 지체없이 통고하여야 한다. 징계를 집행할 때에는 징계처분 사유설명서를 필히 교부해야 하며, 징계면직시에는 30일간 후임자 보충 발령을 유예하여야 한다. 또한 징계에 의한 파면, 해임, 또는 근무성적 불량을 이유로 면직한 경우 임명권자는 그 처분일로부터 30일 이내에 후임자 보충 발령

을 하지 못하도록 되어 있다.

⑦ 징계의 종류에는 파면, 해임, 정직 등과 같은 중징계가 있고, 감봉과 견책과 같은 경징계가 있다. 파면과 해임은 신분이 배제되는 것으로 파면은 5년간, 해임은 3년간 공무원에 임용될 수 없도록 되어 있다. 파면인 경우에 재직기간이 5년 미만인 자는 퇴직급여액의 1/4을, 5년 이상인 자는 1/2을 감액하여 지급하고, 해임인 경우에는 퇴직급여 전액을 지급하도록 되어 있다. 정직인 경우에는 보수의 2/3를 감액하고, 정직처분 기간에 18개월을 합산하여 승급을 제한하게 된다. 감봉인 경우에는 보수의 1/3을 감액하고, 감봉처분 기간에 12개월을 합산한 기간만큼 승급이 제한되게 된다. 견책의 경우에는 6개월간 승급이 제한되게 된다.

표 14-2 징계의 종류와 효력

<table>
<tr><th colspan="2">종류
(국가공무원법 제79조,
교육공무원징계령 제1조의 2</th><th>기간
(국가공무원법 제80조)</th><th>신분
(국가공무원법 제33조)
(공무원임용령 제32조)</th><th>보수, 퇴직급여 등
(국가공무원법 제 80조,
공무원보수규정 제14조,
공무원연금법시행령 제55조)</th></tr>
<tr><td rowspan="3">중징계</td><td>파면</td><td>-</td><td>· 공무원 관계로부터 배제
· 5년간 공무원에 임용될 수 없음</td><td>· 재직기간 5년 미만자 퇴직 급여액의 1/4, 5년 이상인자 1/2 감액 지급</td></tr>
<tr><td>해임</td><td>-</td><td>· 공무원 관계로부터 배제
· 3년간 공무원에 임용될 수 없음</td><td>· 퇴직급여 전액 지급</td></tr>
<tr><td>정직</td><td>1월~3월</td><td>· 신분은 보유하나 직무에 종사 못함
· 18월+정직처분 기간 승진 제한
· 처분기간 경력평정에서 제외</td><td>· 18월+정직처분 기간 승급 제한
· 보수의 2/3 감액</td></tr>
<tr><td rowspan="2">경징계</td><td>감봉</td><td>1월~3월</td><td>· 12월+감봉처분 기간 승진 제한</td><td>· 12월+감봉처분 기간 승급 제한
· 보수의 1/3 감액</td></tr>
<tr><td>견책</td><td>-</td><td>· 6월간 승진 제한</td><td>· 6월간 승급 제한</td></tr>
</table>

표 14-3 징계양정의 기준(교육공무원징계양정 등에 관한 규칙)

비위의 도 및 과실 비위의 유형	비위의 도가 중하고, 고의가 있는 경우	비위의 도가 중하고 중과실이거나, 비위의 도가 경하고 고의가 있는 경우	비위의 도가 중하고 경과실이거나, 비위의 도가 경하고 중과실인 경우	비위의 도가 경하고, 경과실인 경우
1. 성실의무 위반 가. 직무태만 또는 회계질서 문란	파면	해임	정직-감봉	견책
나. 기타	파면-해임	정직	감봉	견책
2. 복종의무 위반	파면	해임	정직-감봉	견책
3. 직장이탈금지 위반	파면-해임	정직	감봉	견책
4. 친절 · 공정의 의무 위반	파면-해임	정직	감봉	견책
5. 비밀엄수의무 위반	파면	해임	정직	감봉-견책
6. 청렴의무 위반	파면	해임	정직	감봉-견책
7. 품위유지의무 위반	파면-해임	정직	감봉	견책
8. 영리업무 및 겸직 금지의무 위반	파면-해임	정직	감봉	견책
9. 집단행위금지 위반	파면-책임	정직	감봉	견책

⑧ 징계위원회가 징계의결을 한 때에는 징계의결서를 작성하고, 징계요구권자에게 즉시 통고하여야 한다. 징계를 집행할 때에는 필히 징계처분사유 설명서를 교부하여야 한다. 징계처분권자는 징계의결서를 받은 날로부터 15일(사립은 7일) 이내에 이를 집행하여야 하며 징계처분사유 설명서에 징계의결서 사본을 첨부하여 교부함으로써 징계가 집행되게 된다. 징계에 의한 파면, 해임 또는 근무성적 불량을 이유로 면직된 경우 임면권자는 그 처분일로부터 30일 이내에 후임자의 보충 발령을 하지 못하도록 되어 있다.

⑨ 징계처분에 대한 불복이 있을 경우에 국 · 공립학교의 교원은 징계처분

사유 설명서를 받은 날로부터 20일 이내에 재심청구를, 30일 이내에 행정자치부에 설치된 소청심사위원회에 소청심사청구서를 제출할 수 있다. 또한 의사에 반한 불리한 처분(면직, 대기명령, 전직 등)을 받았을 경우에는 그 처분이 있은 사실을 안 날로부터 30일 이내에 재심을 청구를 할 수 있다. 사립학교 교원은 징계의결서를 받은 날로부터 10일 이내에 관할 교육청이나 교육부 등 관할청에 설치된 재심위원회에 재심을 청구할 수 있다. 이와 같이 교원의 재심청구는 국 · 공 · 사립학교의 교원으로서 징계처분 기타 의사에 반하는 불리한 인사처분을 받았을 경우에 할 수 있도록 되어 있다.

⑩ 소청심사는 접수일로부터 60일(사립은 30일) 이내에 청구에 대한 심사를 하여야 하며, 불가피한 경우에 30일을 연장할 수 있다. 재심 결과에 불복이 있을 경우에 60일 이내에 관할 고등법원에 행정소송을 할 수 있도록 되어 있다. 사립학교 교원은 관할 지방법원에 민사소송을 제기할 수 있다.

6) 교원의 고충처리

교원은 누구나 인사 · 조직 · 처우 등 각종 직무조건과 기타 신상문제에 대하여 인사상담이나 고충의 심사를 청구할 수 있으며, 이를 이유로 불이익한 처분이나 대우를 받지 아니하도록 되어 있다. 교원의 고충을 심사하기 위하여 교육부에 교육공무원 중앙고충처리위원회를, 임용제청권자 단위로 교육공무원 보통고충처리위원회를 두도록 되어 있다. 고충처리의 청구를 받은 임용권자 또는 임용제청권자는 이를 고충처리위원회에 부의하여 심사하게 하거나 소속공무원으로 하여금 상담하게 하고, 그 결과에 따라 고충의 해소 등 공정한 처리를 위하여 노력하여야 한다.

6. 교원의 복무 관련 법규

1) 교원의 의무와 책임

(1) 의무

1 적극적인 의무

① **교육 및 연구활동의 의무** : 교육기본법 및 교육공무원법상 가장 중요한 교원의 의무는 항상 사표가 될 품성과 자질의 향상에 힘쓰며, 학문의 연찬과 교육의 원리 · 방법을 탐구 · 연마하여 교육에 전심전력하는 일이다.

② **선서, 성실, 복종의 의무** : 교육공무원법은 교원의 복무에 관한 사항을 동법에 모두 규정하지 않고 국가공무원법을 준용하도록 하고 있다. 따라서 교육공무원은 국가공무원법에 규정된 공무원의 모든 의무를 이행해야 한다. 그것은 선서의 의무(국가공무원법 第55條), 성실의 의무(국가공무원법 第56條), 복종의 의무(국가공무원법 第57條) 등이다.

③ **품위 유지의 의무** : 공무원은 국민 전체에 대한 봉사자로서 공무를 성실하게 집행하는 위치에 있으므로 직무의 내외를 불문하고 그 품위를 손상하는 행위를 해서는 안 된다고 규정하고 있다(국가공무원법 第63條).

또한 공무원은 국민 전체의 봉사자로서 친절하고 공정하게 집무해야 할 의무가 있다고 명시되어 있으며(국가공무원법 第59條), 그 밖에도 공무원은 직무상의 관계여하를 불문하고 그 소속 상관에게 증여하거나 소속 공무원으로부터 증여를 받아서는 안 된다고 규정하고 있다(국가공무원법 第61條).

④ **비밀 엄수의 의무** : 공무원은 재직 중은 물론 퇴직 후에도 직무상 알게 된 비밀을 엄수해야 한다(국가공무원법 제60조). 이러한 비밀 엄수의 의무를 위반할 경우 징계의 사유가 될 뿐만 아니라 형법상의 범죄를 구성한다.

2 소극적인 의무

① **정치활동의 금지** : 공무원의 신분과 정치적 중립성은 헌법에 보장되어 있고, 이와 관련하여 공무원의 정치활동 금지 및 정치적 행위의 범위를 규정하고 있다. 공무원의 정치적 중립성을 보장하는 것은 직업공무원제의 확립에 따라 행정기술의 향상과 능률을 기함과 아울러 국민 전체의 봉사자로서 공평성을 유지하여 정권 교체에 따른 행정의 혼란을 억제하고 지속성을 유지하는데 그 목적이 있다. 교육공무원도 일반직 공무원과 마찬가지로 정치활동에 관하여 중립을 지킬 것을 요구하고 있다.

② **집단행위의 제한** : 공무원은 노동운동, 기타 공무 이외의 일을 위한 집단행위를 해서는 안 된다고 규정하고 있다(국가공무원법 제66조). 이것은 공무원인 근로자는 법률이 정하는 자에 한하여 단결권, 단체교섭권, 그리고 단체행동권을 가진다고 규정한 헌법 제33조에 근거를 두고 있다. 그러나 교육공무원의 경우, 부분적으로 노동운동을 인정받고 있다. 즉, 교원들에게는 단체행동권을 제외한 단결권과 단체교섭권을 보장해 주고 있는데, 「교육기본법」에 의한 교원단체와 「교원의 노동조합 설립 및 운영에 관한 법률」에 의한 노동조합이 현재 활동하고 있다.

③ **영리업무 및 겸직의 금지** : 공무원은 공무 이외의 영리를 목적으로 하는 사업에 종사하지 못하며 소속기관 장의 허가 없이 다른 직무를 겸할 수 없다고 규정하고 있다(국가공무원법 제64조).

이것은 모든 국민의 자유와 권리는 국가의 안전보장, 질서 유지 또는 공공복리를 위하여 필요한 경우에는 법률로써 제한할 수 있다는 헌법 조항(헌법 제37조)에 근거를 두고 있따. 교원 역시 동일한 규제를 받지 않을 수 없다.

(2) 책임

교원은 국민 전체의 봉사자로서 창의와 성실하게 책임을 완수해야 하는데, 행정상의 책임, 변상책임, 형사상의 책임 등을 지고 있다. 교원은 품위를 유지할 수 있는 단정한 복장을 착용하도록 되어 있다(국가공무원법 복무규정 8조의 2).

2) 근무시간

① 초 · 중등학교 교원의 근무시간은 09:00부터 17:00시까지로 되어 있고, 직무상의 성질 또는 학교의 특수성으로 교육활동을 위해 필요할 경우에 학교장은 소속 교원의 출 · 퇴근 시간을 변경, 지정할 수 있다.

② 특히 학교장은 보충수업, 자율학습지도, 등 · 하교 및 방과후의 생활지도, 학사 사무처리, 기타 필요하다고 인정하는 경우에 정규 근무시간 외 근무를 명할 수 있고, 특별한 사유가 발생할 경우에는 공휴일 근무를 명령하는 것이 가능하며 그 대신에 다음 정상 근무일을 휴무로 할 수 있도록 되어 있다.

③ 근무시간 외 근무자 및 휴일 근무자에 대하여 예산의 범위 내에서 수당을 지급할 수 있다.

3) 휴가

① 휴가에는 연가, 병가, 공가, 특별휴가 등이 있는데, 휴가는 원하는 시기에 법정 일수 및 업무 공백이 없는 범위에서 실시하게 된다. 연가와 장기근속휴가는 학생들의 수업과 학교교육 활동에 지장이 없는 기간에 실시하여야 한다.

② 휴가는 미리 신청하여 허가를 받아야 하는데, 학교장의 휴가는 상급기관장의 허가를 받아야 한다. 휴가 기간 중의 공휴일은 그 휴가 일수에 산입하지 않으나 휴가일수가 연속하여 30일 이상인 경우에는 공휴일도 산입하도록 되어 있다. 휴가 중 수업 및 담당사무 등이 지장이 없도록 인계하여 업무의 연속성이 유지되어야 하고, 긴급 연락이 가능하도록 연락체계도 유지되어야 한다.

③ 교원의 연가는 재직기간이 최소한 3개월 이상이어야 하며 재직기간에 따라 최소 4일부터 23일까지 받을 수 있도록 되어 있는데, 1회당 6일 이내의 연가를 허가받을 수 있다.

④ 연가를 활용하여 국외여행을 하는 경우와 병가기간을 모두 사용한 후에도 직무를 수행할 수 없거나 계속 요양을 할 필요가 있는 경우, 방송통신대학교 출석수업에 참석하는 경우 및 기타 상당한 이유가 있다고 학교장이 인정하는 경우에는 본인의 법정 연가일수 안에서 필요한 기간에 대하여 허가할 수 있도록 되어 있다.

⑤ 또한 당해 연도에 결근 · 휴직 · 정직 · 직위해제 사실이 없고 병가를 활용하지 않았으며, 연가 실시 일수가 3일 미만인 경우에는 다음 해에 한해 1일의 연가를 더 가산하여 사용할 수 있다.

4) 병가

① 교원이 질병 또는 부상으로 인하여 직무를 수행할 수 없을 때, 전염병으로 다른 사람에게 영향을 미칠 우려가 있을 때, 연간 60일 범위 안에서 병가를 받을 수 있는데, 질병 · 부상으로 인한 조퇴 · 외출은 구분 없이 누계하여 8시간을 병가 1일로 처리하게 된다.

② 공무상 질병 또는 부상으로 직무를 수행할 수 없거나 요양을 요할 경우에는 연간 180일의 범위 안에서 병가를 받을 수 있도록 되어 있다. 병가

일이 연속 7일 이상인 경우에는 진단서를 제출하여야 한다.

③ 공무상 병가기간이 만료 후에도 직무수행이 어렵거나 계속 요양을 요할 경우에는 일반 병가를 허가할 수 있는데, 일반 병가 허용기간 만료 후에는 법정 연가 일수 내에서 연가를 허가할 수 있으며 병가 · 연가를 모두 사용한 후에도 직무수행이 어려울 경우에는 휴직조치를 하여야 한다.

5) 공가 및 특별휴가

(1) 공가

병역법 기타 다른 법령에 의한 징병검사 · 소집 · 검열점호 · 동원훈련 등에 참가, 공무로 국가기관에 소환되거나, 법률의 규정에 의한 투표에 참가, 승진 · 전직 시험에 응시, 원격지간의 전보발령으로 인한 부임, 건강진단, 국가적 행사에 참가, 천재 · 지변 · 교통차단 기타의 사유로 출근 불가능한 경우 등에는 필요한 기간만큼 공가를 받을 수 있다.

(2) 특별휴가

1 경조사 휴가

경조사별 휴가일수(국가공무원 복무규정 제20조 제1항 관련)는 다음과 같다.

구분	대 상	일 수
결혼	본인	5
	자녀	1
출산	배우자	5
사망	배우자, 본인 및 배우자의 부모	5
	본인 및 배우자의 조부모 · 외조부모	2

구분	대 상	일 수
	자녀와 그 자녀의 배우자	2
	본인 및 배우자의 형제자매	1

* 휴가기간 중의 토요일 또는 공휴일은 그 휴가 일수에 산입하지 아니한다.
다만, 휴가일수가 30일 이상 계속되는 경우에는 그 휴가 일수에 토요일 또는 공휴일은 산입한다.

① 원격지일 경우 실제 필요 왕복 소요일수를 가산할 수 있다(가산할 수 있는 왕복소요일수는 2일을 초과할 수 없음).

② 경조사 휴가가 2일 이상인 경우 그 사유가 발생한 날을 포함하여 전후에 연속하여 실시하여야 한다.

③ 직계존속의 범위(민법)은 다음과 같다.

i) 부모 · 조부모 · 증조부모 · 외조부모 · 외증조부모 포함

ii) 양자 · 양녀로 입적된 경우에는 양부모와 친생부모 포함

iii) 계부 · 계모는 인척으로 직계존속이 아님

2 기타 특별휴가

종류	대상	시기	일수
출산휴가	· 임신 중의 여자공무원	· 출산 전후	90일
여성보건 휴가	· 여자공무원	· 매 생리기와 임신한 경우 검진	1일
육아시간	· 여자공무원	· 생후 1년 미만의 유아	1일 1시간
수업휴가	· 한국방송통신대학 재학 공무원으로 연가일수를 초과하는 출석수업을 받는 공무원	· 출석 수업시간	연가일수 초과 출석 수업시간
포상휴가	· 상훈법에 의한 훈 · 포장 · 국무총리 이상 표창 · 모범공무원 규정에 의한 모범공무원으로 선발 · 주요 업무의 성공적 수행공무원	· 수상 후 3개월 이내	6일 이내

종류	대상	시기	일수
장기재직 휴가	· 20년 이상 재직한 공무원	· 재직기간 20년된 날부터	10일
재해구호 휴가	· 재해 · 재난 피해 공무원 · 재해 · 재난 발생지역에서 자원봉사활동을 희망하는 공무원	· 재해복구상 필요시	5일 이내
퇴직준비 휴가	· 정년퇴직 및 명예퇴직할 공무원	· 퇴직예정일 전 3월이 되는 날부터 퇴직 예정일 전일까지	3월

7. 초 · 중등교육법시행령 중 주요내용

제1조(목적)

이 영은 (대통령령 제22955호) 「초 · 중등교육법」에서 위임된 사항과 그 시행에 관하여 필요한 사항을 규정함을 목적으로 한다.〈개정 2005.9.29〉

제31조(학생의 징계 등)

① 법 제18조 제1항 본문의 규정에 의하여 학교의 장은 교육상 필요하다고 인정할 때에는 학생에 대하여 다음 각 호의 어느 하나에 해당하는 징계를 할 수 있다.〈개정 2011.3.18〉

1. 학교 내의 봉사
2. 사회봉사
3. 특별교육이수
4. 1회 10일 이내, 연간 30일 이내의 출석정지

5. 퇴학처분

② 학교의 장은 제1항의 규정에 의한 징계를 할 때에는 학생의 인격이 존중되는 교육적인 방법으로 하여야 하며, 그 사유의 경중에 따라 징계의 종류를 단계별로 적용하여 학생에게 개전의 기회를 주어야 한다.

③ 학교의 장은 제1항에 따른 징계를 할 때에는 학생의 보호자와 학생의 지도에 관하여 상담을 할 수 있다.〈신설 2011.3.18〉

④ 교육감은 제1항 제3호 및 제4호의 특별교육이수 및 출석정지의 징계를 받은 학생을 교육하는데 필요한 교육방법을 마련 · 운영하고, 이에 따른 교원 및 시설 · 설비의 확보 등 필요한 조치를 하여야 한다.〈개정 2011.3.18〉

⑤ 제1항 제5호의 퇴학처분은 의무교육과정에 있는 학생 외의 자로서 다음 각 호의 어느 하나에 해당하는 자에 한하여 행하여야 한다.〈개정 2011.3.18〉

1. 품행이 불량하여 개전의 가망이 없다고 인정된 자
2. 정당한 이유없이 결석이 잦은 자
3. 기타 학칙에 위반한 자

⑥ 학교의 장은 퇴학처분을 하기 전에 일정기간 동안 가정학습을 하게 할 수 있다.〈개정 2011.3.18〉

⑦ 학교의 장은 퇴학처분을 한 때에는 당해 학생 및 보호자와 진로상담을 하여야 하며, 지역사회와 협력하여 다른 학교 또는 직업교육훈련기관 등을 알선하는데 노력하여야 한다.〈개정 2011.3.18〉

⑧ 학교의 장은 법 제18조 제1항 본문에 따라 지도를 할 때에는 학칙으로 정하는 바에 따라 훈육 · 훈계 등의 방법으로 하되, 도구, 신체 등을 이용하여 학생의 신체에 고통을 가하는 방법을 사용해서는 아니 된다.〈개정 2011.3.18〉

제33조(초등학교 교원의 배치기준)

① 법 제19조의 규정에 의하여 초등학교에는 교장 · 교감 외에 학급마다 교사 1인을 배치하며, 6학급 이상의 분교장에는 따로 교감을 배치할 수 있다. 이 경우 6학급 미만인 학교에서는 교장 및 교감이, 12학급 미만인 학교에서는 교감이 각각 학급을 담다할 수 있으며, 분교장에 배치된 교감은 학급을 담당하여야 한다.

② 초등학교에는 각 학급담당 교사 외에 체육 · 음악 · 미술 · 영어 기타 교과의 전담을 위하여 교과전담 교사를 둘 수 있으며, 그 산정기준은 학교별로 3학년 이상 3학급마다 0.75인으로 하되, 학교별 배치기준은 관할청이 정한다.

③ 초등학교에는 제1항 및 제2항의 교사 외에 보건교사 · 전문상담교사 및 사서교사를 둘 수 있다. 다만, 18학급 이상의 초등학교에는 보건교사 1인을 두어야 한다.〈개정 2004.2.17〉

④ 초등학교에는 교사 중에서 다음 각호의 구분에 따른 수의 보직교사를 둘 수 있다. 다만, 교육부장관이 지정하는 연구학교에는 다음 각호의 구분에 따른 수보다 보직교사 1인을 더 둘 수 있다.〈개정 2000.12.27, 2001.1.29, 2004.2.17, 2008.2.29〉

1. 6학급 이상 11학급 이하의 학교에는 2인
2. 12학급 이상 17학급 이하의 학교에는 4인 이내
3. 18학급 이상 35학급 이하의 학교에는 6인 이내
4. 36학급 이상의 학교에는 12인 이내
5. 5학급 이하인 학교로서 교감을 두지 아니하는 학교 또는 5학급 이하의 분교장에는 1인

⑤ 제4항의 규정에 의한 보직교사의 명칭은 관할청이, 학교별 보직교사의 종류 및 그 업무분장은 학교의 장이 이를 정한다.

제34조(중학교 교원의 배치기준)

① 법 제19조의 규정에 의하여 중학교에는 교장 · 교감 외에 3학급까지는 학급마다 3인 교사를, 3학급을 초과할 때에는 1학급이 증가할 때마다 1.5인 이상의 비율로 이를 더 배치하며, 3학급 이상의 분교장에는 따로 교감을 배치할 수 있다.

② 중학교에는 제1항의 교사 외에 3학급마다 1인 이상의 실업과 담당 교사를 더 둔다.

③ 중학교에는 제1항 및 제2항의 교사 외에 실기교사 · 보건교사 · 전문상담교사 및 사서교사를 둘 수 있다.〈개정 2004.2.17.〉

④ 중학교에는 교사 중에서 다음 각호의 구분에 따른 수의 보직교사를 둘 수 있다. 다만, 체육중학교의 경우와 11학급 이하의 학교로서 교육부장관이 지정하는 연구학교의 경우에는 다음 각호의 구분에 따른 수보다 보직교사 각 1인을 더 둘 수 있다.〈개정 2001.1.29, 2008.2.29〉

1. 3학급 이상 8학급 이하의 학교에는 1인
2. 9학급 이상 11학급 이하의 학교에는 2인
3. 12학급 이상 17학급 이하의 학교에는 8인 이내
4. 18학급 이상의 학교에는 11인 이내
5. 2학급 이하의 분교장에는 1인

⑤ 중학교의 장은 미리 교육감(「국립학교 설치령」 별표 1의 규정에 의한 특수학교 및 각종학교의 장의 경우에는 교육과학기술부장관, 동설치령 별표 5 및 「서울대학교 설치령」 제10조의 규정에 의한 부설중학교의 장의 경우에는 당해 학교가 부설된 대학의 사범계 단과대학의 장, 「한국교원대학교 설치령」 제9조의 규정에 의한 부설중학교의 장의 경우에는 총장)의 승인을 얻어 제4항의 규정에 의한 수의 보직교사 외에 필요한 보직교사를 더 둘 수 있다.〈개정 2004.2.17, 2005.9.29, 2008.2.29〉

⑥ 삭제〈2010.6.29〉

⑦ 제33조 제5항의 규정은 중학교에 두는 보직교사의 명칭 등에 관하여

이를 준용한다.

第35조(고등학교 교원의 배치기준)

① 법 제19조의 규정에 의하여 고등학교에는 교장 · 교감 외에 3학급까지는 학급마다 교사 3인을, 3학급을 초과할 때에는 1학급이 증가할 때마다 2인 이상의 비율로 이를 더 배치한다.

② 고등학교에는 제1항의 교사 외에 3학급마다 1인 이상의 실업과 담당교사를 더 둔다.

③ 고등학교에는 제1항 및 제2항의 교사 외에 실기교사 · 보건교사 · 전문상담교사 및 사서교사를 둘 수 있다.〈개정 2004.2.17〉

④ 고등학교에는 교사 중에서 다음 각호의 구분에 따른 수의 보직교사를 둘 수 있다. 다만, 실업과를 설치한 고등학교 및 체육고등학교의 경우와 8학급 이하의 학교로서 교육과학기술부장관이 지정하는 연구학교의 경우에는 다음 각호의 구분에 따른 수보다 보직교사 각 1인을 더 둘 수 있다.〈개정 2001.1.29, 2008.2.29〉

1. 3학급 이상 5학급 이하의 학교에는 2인
2. 5학급 이상 8학급 이하의 학교에는 3인
3. 9학급 이상 17학급 이하의 학교에는 8인 이내
4. 18학급 이상의 학교에는 11인 이내

第36조(교감의 증치)

① 제33조 제1항 전단 · 제34조 제1항 및 제35조 제1항의 규정에 불구하고 43학급 이상의 초등학교 · 중학교 및 고등학교에는 교감 1인을 더 둘 수 있으며, 이 경우 교감 중 1인은 수업을 담당할 수 있다.

② 중학교 및 고등학교에 야간학급을 두는 경우에는 야간학급을 담당하는 교감을 따로 둘 수 있다.

제36조의 2(교감의 미배치)

① 법 제19조 제1항 제2호 단서에서 "대통령령으로 정하는 일정규모 이하의 학교"라 함은 학급수 5학급 이하인 학교 중 제33조 내지 제35조의 규정에 의한 교원의 배치기준에 따라 배치된 교원의 수가 최소 배치기준 이하에 해당하는 학교를 말한다.

② 제1항의 규정에 불구하고 교육감이 교육인력이나 교육재정 등을 고려하여 특히 필요하다고 인정하는 경우에는 교감 1인을 둘 수 있다. 이 경우 교감은 수업을 담당하여야 한다.

제44조(학기)

① 법 제24조 제3항의 규정에 의한 학교의 학기는 매학년도를 두 학기로 나누되, 제1학기는 3월 1일부터 학교의 수업일수 · 휴업일 및 교육과정 운영을 고려하여 학교의 장이 정한 날까지, 제2학기는 제1학기 종료일 다음 날부터 다음 해 2월 말일까지로 한다.〈개정 2004.2.17, 2010.6.29〉

제45조(수업일수)

법 제24조 제3항의 규정에 의한 학교의 수업일수는 다음 각호의 기준에 따라 학교의 장이 정한다.〈개정 2007.2.1〉

초등학교 · 중학교 · 고등학교 · 고등기술학교 및 특수학교(유치부를 제외한다)는 매학년 220일 이상. 다만, 학교의 장은 천재 · 지변이나 주 5일 수업의 실시, 연구학교의 운영 또는 제105조의 규정에 의한 자율학교의 운영 등 교육과정의 운영상 필요한 경우에는 10분의 1의 범위에서 수업일수를 감축할 수 있으며, 수업일수를 감축한 경우 다음 학년도 개시 30일 전에 관할청에 보고해야 한다.

제49조(수업시각)

수업이 시작되는 시각과 끝나는 시각은 학교의 장이 정한다.

제50조(수료 및 졸업 등)

① 학교의 장은 학생의 교육과정의 이수 정도 등을 평가하여 학생의 각 학년과정의 수료 또는 졸업을 인정한다.

② 학생의 각 학년과정의 수료에 필요한 출석일수는 제45조의 규정에 의한 수업일수의 3분의 2 이상으로 한다.

③ 학교의 장은 당해 학교의 교육과정을 이수하였다고 인정하는 자에게 졸업장을 수여한다.

제51조(학급수 · 학생수)

학교의 학습수 및 학급당 학생수는 교육감이 정한다. 이 경우 다음 각 호의 1에 해당하는 자는 학생수에 포함하지 아니할 수 있다.〈개정 2005.9.29〉

1. 유급생
2. 재입학 · 전학 또는 편입학하는 자
3. 「국가유공자 등 예우 및 지원에 관한 법률」에 의한 국가유공자의 자녀
4. 기타 지역 실정에 따라 교육감이 정하는 자

제15장
교육제도론

1. 교육제도의 개념
2. 국가와 학교제도
3. 교육제도의 유형
4. 우리나라의 교육제도

1. 교육제도의 개념

1) 교육제도의 의미

(1) 교육제도의 뜻

교육제도(educational system)는 교육을 행하기 위한 사회적 조직 기구라고 말할 수 있다. 즉 국민교육을 가장 적절하게 실시하기 위하여 제정된 교육운영상의 법적 기제 일체를 의미한다.

국민교육은 국민의 권리이며 또한 의무이므로 교육제도는 법률로서 정해지고 있다.

교육제도는 국민이 이상으로 삼고 있는 교육을 실현하기 위한 기제이고, 국가교육정책 실현을 위한 법적 기구이며, 국민교육을 위한 행정조직인 것이다.

(2) 학교제도의 뜻

학교제도(school system)란 각종 각급학교의 전체적 조직이라고 정의된다.

여기서 말하는 학교란 근대국가 성립 후에 공교육(public education)을 실현하기 위해서 마련된 교육기관을 뜻하며, 각종 학교란 여러 가지 학교계통, 즉 학교종별을 말하며, 각급학교란 학교단계, 즉 학교급별을 의미한다.

따라서 학교제도란 각종 각층의 학교 성격에 관한, 학교간의 종적 연결과 계열, 학교계열간의 연계를 의미한다.

교육제도란 국민교육 전반에 관한 법규, 조직, 기구 등 포괄적인 의미로 사용하고, 학교제도란 각종 학교의 조직을 의미하므로 그 범위가 좁다. 즉 학교제도는 사회교육제도, 교육행정제도와 더불어 교육제도의 일부인 것이다.

2) 교육제도의 일반적 원리

교육이 국가의 요구와 사회의 필요성에 의하여 공적으로 운영되는 국민교육제도가 성립되면서부터 그 실시에는 몇 가지 원리가 있다.

(1) 공교육의 원리

교육이 사회의 요구와 국가의 요구에 의하여 이루어질 때 그 사회의 성원이면 누구나 교육을 받을 수 있는 기회를 공적으로 마련해 주어야 한다. 이런 이유에서 공교육의 필요성이 요청되며 교육의 자유와 교육의 자주성이 요청되는 것이다.

(2) 기회균등의 원리

민주주의는 그 자체가 개인의 자유와 평등을 기본으로 한 체제이기 때문에 모든 국민을 위한 교육의 기회균등이라는 사상이 내포되어 있다.

교육의 평등이란 교육의 기회균등을 의미하는 것이다. 따라서 교육제도는 교육의 기회균등이 보장되도록 수립되어야 한다.

(3) 의무교육의 원리

국민교육의 권리와 의무를 가장 강력하게 나타낸 제도는 의무교육 제도인 것이다. 그것은 국가가 공적으로 학교를 세워야 할 의무가 있고 아동이 국민의 한 사람으로 교육받을 권리가 있음을 규정한 제도이다. 의무교육 실시는 국민교육제도 형성의 가장 원초적인 성립 요건인 것이다.

2. 국가와 학교제도

1) 국가적 학교체계

(1) 국가와 학교제도와의 관계

국가는 교육적 요구의 제출자인 동시에 학교의 설립자이다. 그리고 사회단체의 교육적 요구나 학교제도의 조정자 내지 규제자적 입장을 취하기도 한다. 각 사회단체에서 발생한 교육적 요구나 개인적 요구는 병존적, 집합적인 상태에서 국가의 조정, 규제에 의하여 국가를 단위로 하여 전체적, 통일적, 구조적인 차원에서 검토받게 된다.

(2) 국가적 학교체계

학교제도 · 학교체계는 역사적 소산이기도 하다. 학교제도는 시대적으로 또는 사회적으로 많은 요인에 의해 구성되기 때문에 내용적으로는 모순이 내재될 수도 있다. 국가적 규제가 비교적 늦은 국가, 즉 교육정책에 있어서 자유주의, 방임주의적인 국가에서는 국가적 학교체계의 성립이 늦어졌다.

이런 나라에서의 학교제도를 좌우하는 것은 사회이었다. 사회에 의하여 학교제도가 발달한 전형적인 예는 영국의 학교제도라고 볼 수 있다. 한편

프랑스의 학제는 1800년 이래 나폴레옹에 의하여 확립된 국가적 전체계획에 의해 이루어진 학교체계로서 가장 대표적인 것이다.

국가적 학교체계는 그 나라의 정치이념, 교육이념 등에 의하여 상이하게 형성되고 있다.

(3) 국가적 학교체계의 역사적 경향

국가적 학교체계를 역사적으로 살펴보면, 종석으로 지배계급의 자녀를 위한 학교체계에서 피지배계급의 자녀교육이 이루어지도록 확대되었고, 횡적으로는 남자 중심의 학교체계에서 여성의 교육으로까지 확대되었다.

2) 학교체계의 계통적 구조

(1) 보통학교의 계통

보통교육은 실업교육과 대조적으로 사용된다. 보통교육을 교육대상면에서 본다면 특수교육이 아닌 정상아를 상대로 하는 교육이며, 교육목표나 교육내용면에서 본다면 기초교육 내지 의무교육을 뜻하게 된다.

결국 보통교육을 행하는 보통학교는 기초교육, 교양교육, 전인교육, 의무교육을 실시하는 학교라고 볼 수 있고, 그 기능은 사회인 공통으로 필요한 태도, 지식, 기능의 교육을 행하는 데서 특징을 찾을 수 있다.

즉 보통학교는 사회적 일반교육(social general education)을 하는 계통이다.

(2) 실업학교의 계통

직업교육은 의무교육제도의 확립으로 말미암아 일반 국가 학교체계에 있어서 기초학교인 보통학교에서는 행해지지 않고 고등학교 이상의 단계에

가서 시작되는데 그 연한이 상승되는 경향이 있다.

즉 직업교육은 보통교육인 기초학교를 필한 후에야 직업교육이 실질적으로 이루어지게끔 계통화되어 있다.

3) 학교체계의 단계적 구조

(1) 학교체계의 단계성

학교체계의 단계는 보통 초등학교, 중등학교, 대학교의 3단계로 구분된다. 근대에 이르러서 학령전 교육과 대학원 교육이 발전하여 5단계로 되어가는 경향이 있지만 학교체계의 대종은 역시 3단계로 나누는 것이 보통이다.

우리나라 학제가 6 · 3 · 3 · 4제로서 기간학제는 16년을 잡고 있는 것도 초등학교, 중등학교, 대학교의 3단계를 규정한 것이다.

(2) 학교체계의 기능적 구조

1단계의 학교를 기초학교, 3단계의 학교를 종국학교, 2단계 학교를 중간학교 또는 매개학교라고 한다.

종국학교는 전문교육이기 때문에 항상 분화된 교육목적과 내용을 가지고 있으며, 중간학교는 기초학교의 교육을 발전 · 확충시킴과 동시에 종국학교의 기초를 쌓고 진로 지도를 할 필요가 있다. 기초학교에서는 단지 교육정도가 낮다는 것만이 아니고 교육이 내용적으로 일반성을 갖는 것이다.

기초란 뜻은 문화적 일반성에 관한 기초 내지 인간성의 기초, 개발면에서의 기초를 말하는 것이지 전문교육의 기초교육은 뜻하지 않는다.

3. 교육제도의 유형

1) 교육제도의 규정요인

(1) 정치적 요인

그 나라의 정치이념 및 정치체제가 교육정책을 결정하며 그것은 곧 교육제도를 직접 결정하는 요인이 된다. 전체국가나 군국주의 국가에서는 복선형의 학교체제가 발전하고 근대적 민주국가에서는 단선형을 취하는 경향이 있다.

독재국가에서는 정치적 목적을 달성하기 위한 수단으로서의 교육제도를 수립하기도 한다.

(2) 사회경제적 요인

사회구조적으로 볼 때 계층적 사회는 복선형의 교육제를 취하고 있고 민주사회일수록 단선형을 취하고 있다.

특정국가의 국민 각층의 경제적 조건의 차이나 가족제도, 노동제도 등의 요인이 복선형을 취하는 근본적 계기가 되는 수가 많다.

(3) 문화적 요인

교육의 문화적 유산의 전달, 보존적 기능에 비추어 본 요인이다. 언어정책, 문화정책 등 문화시책은 결정적으로 영향을 줄 수 있는 것이다.

(4) 교육이념적 요인

교육이념은 학교제도의 형태를 좌우한다. 민주주의적 교육이념은 교육의 기회균등을 중핵으로 하여 의무교육제도를 구현하고 학교제도의 단선형을 가져오게 한다. 국가주의적인 교육이념은 지도자 양성을 목적으로 하는 등의 학교체제가 성립되는 것이다.

(5) 학습자 요인

학습자 요인이란 취학자 그 자체가 학교제도를 직접 규제하는 한 요인이 된다. 6년제의 중학교를 초급중학 3년, 고급중학 3년(또는 고등학교 3년)으로 나누는 제도도 학습자의 심신 발달을 고려한 제도인 것이다.

한편 학습자의 능력, 적성, 흥미를 고려해서 학교계통이 성립될 수도 있다.

2) 단선형과 복선형

(1) 단선형

단선형(single system)이란 초등학교에 입학하여 중등학교를 졸업할 때까지 모든 국민이 원칙적으로 같은 종류의 학교(동일한 이수 연한, 동일한 교육내용)에 다니게 하는 민주적 학교체계를 말한다.

이런 학제는 일찍이 미국에서 발생했기 때문에 '미국형'이라고도 하며 이에 대하여 복선형(dual system)을 '유럽형'이라고도 한다.

단선형은 부국강병을 위한 국가정책과 교육기회 균등이라는 민주정신의 발로에 따라 모든 청소년이 출생신분, 경제적 계층 구애됨이 없이 능력에 따라 고루 교육을 받을 수 있는, 즉 모든 국민에게 교육의 기회균등이 정책실현을 가능하게 하는 학교체계인 것이다.

복선형의 상대 개념인 단선형의 이념을 좀더 구체적으로 살펴보면 다음과 같다.

① 모든 국민은 연결된 단일의 학교계제(school ladder)를 거친다.

② 그 거치는 과정의 유일한 척도는 취학자의 연령에 의거함으로 연령단계형이다.

③ 보통은 초등교육 · 중등교육 · 고등교육의 3단계를 가진다. 중등교육 또는 고등교육은 계급별이 아닌 교육목적별로 계통화한다.

④ 각 단계의 학교는 교육내용은 다르다 할지라도 다음 단계의 학교에 동격적으로 접촉된다. 이 네 가지 특징으로 인해서 단선형은 미국에서 보는 바와 같이 국민의 계층적 분화를 막고 교육을 널리 대중화함으로써 국가발전에 교육이 지대한 공헌을 해 왔던 것이다.

(2) 복선형

교육사적으로 본다면 지배자 계급, 귀족계급을 위한 '문법학교'와 그 예과, 그리고 피지배자 계급과 서민계급을 위한 모국어를 중심으로 하는 '독서산학교' 등 두 계통의 학교가 별도로 독립적으로, 제울타리를 지켜 발전하면서 근세에 들어와서 두 개의 학교체계를 굳힌 것이 복선형 학교체계인 것이다. 이 제도는 아직도 유럽지역에서 많이 실시되고 있으며, 수학 과정이나 입학, 진학의 기회를 균등히 주지 않는 비민주적 학교체계로서 단선형과 대조되는 개념인 것이다.

복선형 제도는 상층계급을 위한 학교계통과 일반대중을 위한 학교체제가 병존하여 전체의 학교체계를 구성하는 것인데 20세기에 들어와서 단선형의 학교체계로 개조하려는 통일학교운동이 전개되어 많은 진전을 보였지만 유럽지역에서는 아직도 복선형이 지배적이라 하겠다.

3) 현대 학교체계는 제도적 성격

현대 학교체계의 제도적 성격은 대량교육성, 사회적 통제성, 국민대중성의 세 특징을 지니고 있다. 대량교육성이란 학교의 양적 팽창과 더불어 수용인원의 대량화를 말하며, 사회적 통제성이란 설립자 내지 관리자가 공공단체 또는 사회적 기관이 주류를 나타내고 있고 재정적 지출은 각 종류의 세금에 의하여 충당되고 있음을 말하며, 국민대중성이란 교육의 기회균등의 확대와 일반대중을 위한 교육제도가 널리 발전된 교육의 세속화 현상을 가리키는 말이다.

4. 우리나라 교육제도

현재 우리나라의 교육제도는 헌법 및 교육기본법은 기본법규로 하여 성립되어 있다.

1) 우리나라 교육제도 관련 법규

우리나라에서는 1948년 대한민국 정부가 수립되어 제헌헌법에 적어도 초등교육은 의무교육으로 할 것을 명시하고 있으며 교육법의 공포를 거쳐 1950년부터 그 실시를 보았다.

(1) 헌법의 규정

우리나라의 의무교육제도에 관한 국가 정책은 제헌헌법(1948. 7. 17 공포) 이래 8차에 걸쳐 개정된 헌법에서 한결같이 강조 또는 보장되고 있다. 국회의결을 거쳐 국민투표에 의해 개정 공포된(1987. 10. 29.) 새헌법(8차 개정) 제31조의 내용은 다음과 같다.

① 모든 국민은 능력에 따라 균등하게 교육받을 권리를 가진다.

② 모든 국민은 그 보호하는 자녀에게 적어도 초등교육과 법률이 정하는 교육을 받게 할 의무를 진다.

③ 의무교육은 무상으로 한다.

④ 교육의 자주성 · 전문성 · 정치적 중립성 및 대학의 자율성은 법률이 정하는 바에 의하여 보장된다.

⑤ 국가는 평생교육을 진흥하여야 한다.

⑥ 학교교육 및 평생교육을 포함한 교육제도와 그 운영, 교육재정 및 교원의 지위에 관한 기본적인 사항은 법률로 정한다.

(2) 교육기본법의 규정

위 ②항의 '법률이 정하는 교육을 받게 할 의무를 진다'는 뜻은 대통령령에 의해 '중학교에 취학시킬 의무'를 진다는 뜻이다. 이를 뒷받침해 주는 교육기본법 조항들을 찾아보면 다음과 같다.

1 제8조 의무교육

① 모든 국민은 6년의 초등교육과 3년의 중등교육을 받을 권리가 있다.

② 모든 국민은 그 보호하는 자녀에게 제1항의 규정에 의한 교육을 받게

할 의무를 진다.

③ 국가는 제2항의 규정에 의한 의무교육을 실시해야 하며, 이를 위한 시설을 확보함에 필요한 모든 조치를 설치 · 경영해야 한다.

④ 지방자치단체는 그 관할구역안의 의무교육 학령대상아동 전원을 취학시킴에 필요한 초등학교와 중학교를 설치 · 경영하여야 한다.

[2] 제96조 초등학교에 취학시킬 의무

모든 국민은 그 보호하는 자녀가 만 6세가 된 다음 날 이후의 최초 학년초로부터 만 12세가 되는 날이 속하는 학년 말까지 그 자녀를 초등학교에 취학시켜야 한다.

[3] 제102조의 2 중학교에 취학시킬 의무

① 모든 국민은 그가 보호하는 자녀가 초등학교를 졸업한 다음의 학년초로부터 만 15세가 되는 날이 속하는 학년 말까지 그 자녀를 중학교에 취학시켜야 한다.

② 제1항의 규정에 의한 의무의 독려에 관한 사항은 대통령령으로 정한다.

2) 학교제도의 체계와 성격

우리나라의 학교제도의 특색은 단선형으로 되어 있다. 이와 같은 제도는 미국의 교육제도에서 영향을 받은 것이라고 하겠다.

우리나라 학교제도의 각종 학교의 기본적 구조는 6 · 3 · 3 · 4제의 명칭이 표시하고 있는 바와 같이 초등학교 6년이며, 중학교 3년, 고등학교 3년이고, 대학은 4년으로 되어 있다. 그 밖의 초등학교 이전의 만 4세부터 입원할 수 있는 유치원이 있으며, 대학졸업자를 입학시키는 대학원이 설치되어 있다.

특수교육기관으로서 맹아학교, 농아학교, 그리고 정신박약자나 신체부자유아를 위한 특수학교가 있다. 초등학교는 기초학교이며, 중등학교는 중간학교, 대학은 종국(종결)학교를 의미한다.

3) 학교제도의 특징

초등학교는 초등보통교육을, 중학교는 중등보통교육을, 고등학교는 고등보통교육을, 대학은 고등교육을 실시함을 목적으로 한다.

특히 우리나라의 고등학교는 교육적 성격으로 보아서 이중성을 가지고 있다. 즉 중학교와 합하여 대학을 종국학교로 보는 중간학교로서의 고등보통교육과 고등학교 자체를 종국학교로 보는 전문교육기관으로서의 임무를 띠고 있다.

6 · 3 · 3 · 4제라는 네 가지 단계의 학교계통은 그 교육적 성격상으로 첫째는, 초등학교를 기초학교로, 중학교 및 고등학교(보통교육)을 중간학교, 대학을 종국학교로 하는 계통과 둘째로, 초등학교를 기초학교, 중학교만을 중간학교, 고등학교를 종국학교로 하는 계통과의 두 가지로 생각할 수 있다.

대학교는 4년제 대학 외 2-3년제 전문대학과 6년제(의과대학, 치과대학 등) 대학이 설치되어 있으며, 대학원은 일반대학원의 석 · 박사과정 외, 특수대학원(교육대학원 등 야간대학원)과 전문대학원(의학전문대학원, 법학전문대학원 등)이 설치되어 있다. 한국의 교육제도는 〈표 15-1〉과 같다.

표 15-1 한국교육학제표

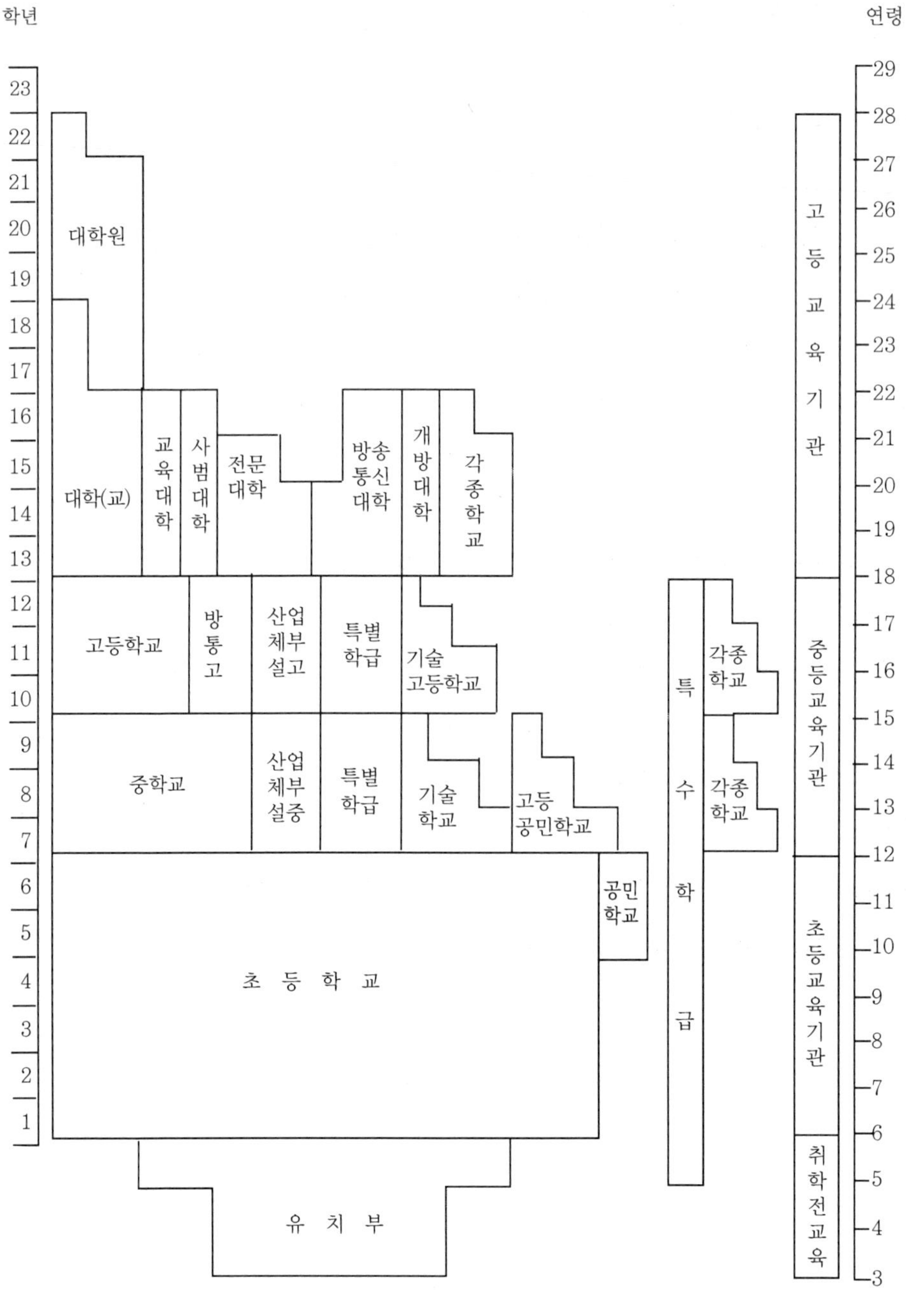

참고 문헌

김영식. **교육경영과 체제분석**. 서울 : 교육출판사, 1995.

김영식 · 주삼환 공역. **신장학론**. 서울 : 교육출판사, 1999.

김윤태. **교육행정 · 경영 및 정책의 탐구**. 서울 : 동문사, 2006.

김종철. **교육행정의 이론과 실제**. 서울 : 형설출판사, 1992

남정걸. **교육행정 및 교육경영**. 서울 : 교육과학사, 2006

박세훈 외. **교육행정 및 교육경영**. 서울 : 학지사, 2008.

송화섭(역). **최신교육행정의 이론과 탐색**. 서울 : 학문사, 1999.

오석홍(1990). **조직이론**. 서울 : 박영사, 1990.

윤정일 · 송기창 · 조동섭 · 김병주. **교육행정학원론**(5판). 서울 : 학지사, 2008.

이형행 · 고전. **교육행정론**(개정판). 파주 : 양서원, 2001.

정태범. **학교경영론**. 파주 : 교육과학사, 2000.

조남두 외. **교육행정론**. 서울 : 원미사, 2006.

한국교육행정학연구회편. **현대교육행정이론**. 서울 : 형설출판사, 1970.

Atkinson, J. W. *An Introduction to Motivatio*n. New York : Van Nostrand Reinhold, 1984.

Banghart, Frank W. *Educational System Analysis*. London : The Macmillan Co., 2011.

Barnard, C. I. *The Functions of the Executive*. Cambridge, Mass. : Harvard University Press, 1968.

Blau, P. M. and Scott, W. R. *Formal Organizations*. San Francisco : Chandler, 1962.

Brent, D. & Ellison, L. *School Leadership for the 21st Century : A Competence and Knowledge Approach*. New York : Routledge, 1998.

Cogan, Morris L. *Clinical Supervision*. Boston : Houghton Mufflin Co., 1995.

Etzion, A. *Modern Organizations*. New Jersey : Prentice Hall Inc., 1984.

Fayol, H. *General and Industrial Management*. London : Sir Issac Pitman & Sons, 1979.

Fiedler, F. E. *A Theory of Leadership Effectiveness*. New York : McGraw-Hill Book Company, 1983.

Forsyth, P. B. *Educational Administration : A Decade of Reform*. California : Corwin Press, Inc., 1999.

Getzels, J. W., Lipham, J. M. and Campbell, R. F. *Educational Administration as A Social Process*. New York : Harper & Publishers, 1968.

Griffiths, D. E. *Administrative Theory*. New York : Appleton-Century-Corfts, Inc., 1989.

Griffiths, D. E. *Human Relations in School Administration*. New York : Appleton Century Crofts Inc., 1991.

Halpin, A. W. & Croft, D. B. *The Organizational Climate of School*. Midwest Administration Center, University of Chicago, 1983.

Hertzberg, F., Mausner B., and Synderman, B. *Motivation to Work*. New York : John Wiley & Sons, Inc., 1969.

Hicks, H. G. and Guller, C. R. *The Management of Organizations*. New York : McGraw-Hill, 1976.

Hoy, W. K. and Miskel, C. C. *Educational Administration Theory*. New York : McGraw-Hill, Inc., 2008.

Kaufman, Roger A. *Educational System Planning*. Englewood Cliffs, N.J. : Prentice-Hall Inc., 1992.

Kast, F. E. and Rosenweig, J. E. *Organization and Management : A Systems Approach*. New York : McGraw-Hill Book Co., 1990.

Keith, D. *Human Relations at Work*. New York : McGraw-Hill Book Co., 2009.

Lunenburg, F. C. & Allan, C. O. *Educational Administration*. Belmont, California : A Division of Wadsworth, Inc., 2005.

Mouzelis, N. P. *Organzation and Bureaucracy*. Chicago : Aldine Publishing Co., 1992.

Tannenbaum, R. Weschler, I. R., & Massarik, F. *Leadership and Organization : A Bebaviorl Science Approach*. New York : McGraw-Hill Book Company, 1999.

Yukl, G. *Leadership in Organizations*. New Jersey : Prentice-Hall International, Inc., 2010.

저자 소개

✍ 최미리

교육학박사(연세대)

현, 덕성여자대학교 교수

✍ 강봉규

교육학박사(연세대)

현, 가톨릭대학교(성의 교정) 명예교수

새로운
교육행정 및 교육경영

초판발행 2013년 3월 10일
4판발행 2018년 8월 30일

저 자 최미리 · 강봉규
발행인 김현태
발행처 태영출판사

주 소 (08301) 서울 구로구 구로동 104-10 동남오피스텔 201호
전 화 02 · 839-3757, 839-3752
팩 스 02 · 837-3754
등 록 2005년 5월 30일 제12-421호
http://www.taeyeongbook.co.kr
E-mail tys2005@hanmail.net
ISBN 978-89-6302-111-9 93370
정 가 16,000원

NAVER 태영출판사

* 잘못 만들어진 책은 교환해 드립니다.